高等院校"十三五"旅游管理经典案例丛书

旅游规划与开发案例

Tourism planning and development cases

主　编　刘丽梅　吕　君
副主编　王　雪　杨　娇　李　彪　游喜喜

经济管理出版社
ECONOMY & MANAGEMENT PUBLISHING HOUSE

图书在版编目（CIP）数据

旅游规划与开发案例／刘丽梅，吕君主编 . --北京：经济管理出版社，2018.1
ISBN 978-7-5096-5253-4

Ⅰ. ①旅⋯　Ⅱ. ①刘⋯　②吕⋯　Ⅲ. ①旅游规划—案例②旅游资源开发—案例
Ⅳ. ①F590

中国版本图书馆 CIP 数据核字（2017）第 168386 号

组稿编辑：王光艳
责任编辑：赵亚荣
责任印制：黄章平
责任校对：赵天宇

出版发行：经济管理出版社
　　　　　（北京市海淀区北蜂窝 8 号中雅大厦 A 座 11 层　100038）
网　　址：www. E-mp. com. cn
电　　话：（010）51915602
印　　刷：三河市延风印装有限公司
经　　销：新华书店
开　　本：720mm×1000mm/16
印　　张：17
字　　数：297 千字
版　　次：2018 年 1 月第 1 版　　2018 年 1 月第 1 次印刷
书　　号：ISBN 978-7-5096-5253-4
定　　价：58.00 元

目 录

第一章

旅游资源分类、调查与评价

本章导读

　　旅游规划的重要目的之一是科学、合理地开发利用旅游资源，在旅游资源调查的基础上，发掘规划区域旅游资源的特色、等级及开发次序，最终形成对旅游资源的可持续加工，组织成符合市场需求、特色鲜明、对旅游者有吸引力的旅游产品，进而给规划区域带来经济效益、社会效益和环境效益。

　　旅游资源可按照景观属性和吸引力级别等标准划分，而目前用于旅游开发与规划的较详细、权威的分类体系是国家标准《旅游资源分类、调查与评价》（GB/T 18972—2003）的划分体系。

　　旅游资源调查是指运用科学的方法和手段，有目的、系统地收集、记录、整理、分析和总结旅游资源及其相关因素的信息与资料，以确定某一区域旅游资源的存量状况，并为旅游经营、管理、规划、开发和决策提供客观、科学依据的活动①。旅游资源的调查可以分为旅游详查和旅游资源概查，两者的方法、精度等都有所区别。旅游资源的调查可以利用已有的资料和研究成果，也必须有实地的观察、访问、测量、记录等。

　　旅游资源评价是旅游资源开发利用的前提，它关系到旅游资源的开发模式、开发程度、开发规模及开发方式。国内外的旅游资源评价均由定性评价开始，后来逐渐将旅游资源评价的因子进行分解，结合一定的模型进行计算，形成了定量评价。

第一节
旅游资源调查

　　旅游资源调查需要达到的目的是运用科学、合理、可行的调查方法，

---

　　① 郑朝贵. 旅游地理学 ［M］. 合肥：安徽大学出版社，2009.

对规划区域已经开发和尚待开发的旅游资源进行系统的、有重点的调查，查清旅游资源的数量、规模、类型、性质，为未来的旅游规划与开发提供直接的数据资料，以便建立在旅游资源基础上的规划是科学的、经得起推敲的，更好地促进规划区域旅游业的可持续发展。

旅游资源调查工作的重点是充分利用与旅游资源相关的各种资料，完成统计、填表和编写调查文件等项工作。调查方式既可包括借鉴已有文字资料及研究成果等二手资料，也必须包括对旅游资源单体进行实地调查。在实地调查中，可以采用实地观察、访问、发放调查问卷、测量、绘图、摄影，必要时刻进行采样和室内分析等多种方式对旅游资源形成较为全面的、具体的、可靠的认识。

旅游资源调查根据调查方式和精度的不同，可分为三种：旅游资源概查一般侧重对旅游资源的概略性调查或探测性调查；旅游资源普查则是对旅游资源开发区的各种旅游资源及其相关因素进行综合调查；旅游资源详查则是将概查和普查提出的结果，经过筛选，确定一定数量高品位、高质量的旅游资源景观作为开发对象，针对这些开发对象进行更详细的实地勘查。

 案例 1

来宾市旅游局关于开展旅游资源普查的通知

一、来宾市基本概况介绍

来宾（壮文为 Laizbinh），隶属广西壮族自治区，地处东经 108°24′~110°28′，北纬 23°16′~24°29′，位居广西壮族自治区中部，故有"桂中腹地"之称。来宾市是桂北与桂南、桂西与桂东的连接部，北与柳州市、桂林市、河池市交界，东与梧州市、桂林市、贵港市相邻，西与河池市、南宁市相交，南与贵港市、南宁市毗邻，是广西壮族自治区北部湾经济区"4+2"城市，珠江—西江经济带城市，同时也是西南出海大通道的重要组成部分。

来宾市总面积 13411 平方千米，辖兴宾区、象州县、武宣县、忻城县、金秀瑶族自治县、合山市，是一座以壮族为主体的多民族和睦聚居城市，

2015 年末总人口为 265.84 万人，常住人口为 218.2 万人，有壮族、苗族、瑶族等 12 个民族，壮族等少数民族人口占 75%。

来宾市享有"世界瑶都""中国观赏石之城""广西煤都"等美称，被评为首批"国家公共文化服务体系示范区"创建城市、"全国全民健身示范城市""全国文明城市提名城市""全国双拥模范城""国家森林城市""广西园林城市"。

二、2011 年来宾市旅游局关于开展旅游资源普查的工作安排

(一) 旅游资源调查的范围

旅游资源调查的范围涉及全市境内 6 个县级行政区 (1 个市辖区、1 个县级市、3 个县、1 个自治县) 的人文资源、自然资源的调查，包括已开发的、正在开发的、尚未开发的有价值旅游资源，以县区为基本调查单位 (小区)。

(二) 普查的具体对象

选定有开发价值的旅游资源单体进行重点调查，即能够反映调查区旅游资源的总体情况，并能充分体现当地旅游资源特色的单体；同时在国外、国内占有重要地位，或在自治区占有一定地位的资源。

对下列资源单体暂时不进行调查：①旅游资源品位低、不具备开发价值的；②与现行法律、法规相违背的；③开发有损于社会现象，造成环境问题的；④影响国计民生的；⑤位于特定区域内的。

(三) 调查的内容

1. 旅游资源本体的调查

其包括对旅游资源的类型、特征、成因、级别、规模、组合特征等基本情况的调查 (具体主要是旅游资源单体调查表的内容，详见实地调查部分)。

2. 旅游资源形成的背景条件

(1) 自然环境的调查。其包括自然环境概况、地质地貌要素、水体要素、气候气象要素、土壤和动植物要素等。

(2) 人文环境的调查。其包括该地历史沿革，调查区的经济社会环境

和发展水平、制度措施、法制环境、交通、邮政通信、供水、文化医疗卫生等基础条件，当地旅游业发展水平，当地居民对发展旅游业的态度。

（3）环境质量调查，调查影响旅游资源开发利用的环境保护情况，包括大气、水体、土壤、噪声污染状况和治理程度，以及自然灾害、传染病、放射性物质、易燃易爆物质等。

3. 旅游资源开发现状及开发条件的调查

（1）旅游要素调查。其包括与"六要素"相应的餐饮、饭店、交通、游览、购物、娱乐等软硬件设施的调查。

（2）客源市场的调查。其包括旅游地和周围客源地居民的消费水平与出游率，以及形成客源的大致范围。

（3）邻近资源及区域间资源的关系调查。其包括邻近资源及区域间资源与旅游资源本体的互补性、竞争性，各要素的组合及协调性，景观的积聚程度，资源单体在区域旅游中的地位。

（四）旅游资源普查的程序和步骤

1. 前期准备

（1）组织准备。成立调查小组，调查组成员应具备与旅游资源、旅游开发有关的专业知识，并比较熟悉该调查区的自然、人文社会等地域概况。

（2）器材准备。器材包括简易的测量工具或仪器。

（3）资料收集。资料包括与旅游资源调查有关的各类文字描述资料，与旅游资源调查有关的各类地图资料，与旅游资源调查有关的各种照片、视频资料。

（4）准备工作地图。工作地图包括等高线地形图、行政区划图、交通地图；比例尺视调查区域的大小而定，一般市级为 1：100000～1：500000，县级为 1：50000，具体根据实际情况提供。

2. 实地调查

（1）设计调查路线。以县（市、区）为单位，进行调查线路的设置，一般要求能够贯穿调查区内主要旅游资源单体所在的地点。

（2）实际调查对象。旅游资源的调查和评价是以旅游资源单体为对象的。在现实中，很多资源已经被开发为成熟的旅游景区、景点，如果景区是单一性质个体，或者是单一性质结合体，则填写一份《旅游资源单体调查表》；有些景区是由不同类型、不同性质的单体构成，则根据其具备突出特色的单体分别填写，次要的忽略。

注意：对于成熟的旅游景区，仅调查与描述其形成旅游吸引力的核心资源，而不考虑构成旅游产品整体的其他因素；界定调查与描述的单位为"作为整体开发与观赏的若干独立单体的集合体"；选择能够反映辖区内旅游资源的总体状况，并能充分体现当地旅游资源特色的单体；避免漏查一些重要的、体量大的、特色性强的旅游资源单体。

3. 填写《旅游资源单体调查表》

每一个调查单体分别填写一份《旅游资源单体调查表》，调查表中的内容按照国家的标准进行填写。调查表填写内容大体如下：单体序号、单体名称、代号项、行政位置、地理位置、性质与特征、旅游区域及进出条件、保护与开发现状、共有因子评价回答等。

讨论与作业

> 1. 旅游资源调查的意义是什么？在旅游规划中旅游资源调查可以起到什么样的作用？
>
> 2. 以小组为单位，按照旅游资源调查的要求和步骤完成 3 ~ 5 个《旅游资源单体调查表》的填写任务。
>
> 3. 结合案例归纳旅游资源调查的内容。

案例2

伊岭岩旅游资源单体调查

一、本案例涉及的基本知识

（一）单体名称项

1. 单体序号

其是指调查者对旅游资源单体编的序号，为阿拉伯数字，可以按填写顺序写成流水号,调查结束后按类型、行政区域重新排序。

2. 单体名称

其是指旅游资源单体的实际和习惯中文名称,要求通俗、简明、常用。若名称特指性很强,不会产生歧义,则直接写出实际名称;如单体并非唯一,或并非广为人知,则加上所属地区名称。

(二) 基本类型项

根据国家标准《旅游资源分类、调查与评价(GB/T 18972—2003)》填写单体所属的单体类型,为该名称的汉语拼音代号加中文名称,如:

桂林象鼻山,单体的基本类型写"ACE 奇特与象形山石";

阳朔西街,单体的基本类型写"FDB 特色街巷";

有时同一单体可能同时属于其他基本类型,如南宁雷沛鸿故居,同时属于"名人故居与纪念地"和"传统与乡土建筑",则根据资源从哪个角度开发更具备吸引力填写,或者同时列出两个。对旅游资源基本类型的解释如下:

(三) 代号项

代号是旅游资源单体身份的标记,根据国标为"单体所处位置的汉语拼音字母—表示单体所属类型的汉语拼音—表示单体在调查区内次序的阿拉伯数字"。

如果单体所处的调查区是县级和县级以上行政区,则单体代号按"国家标准行政代码(省代号2位-地区代号3位-县代号3位,参见中华人民共和国行政区代码)-旅游资源基本类型代号3位-旅游资源单体序号2位"的方式设置,共5组13位数,每组之间用"—"连接。

如果单体所处的调查区是县级以下的行政区,则旅游资源单体代号按"国家标准行政代码(省代号2位-地区代号3位-县代号3位,参见中华人民共和国行政区代码)-乡镇代号(由调查组自定2位)-旅游资源基本类型代号3位-旅游资源单体序号2位"的方式设置,共6组15位数,每组之间用"—"连接。

注意:调查中很多风景区是由多种类型资源单体组合而成的复合型旅游区,如果其中一种类型的资源单体能够形成独立的景区,并且具有单独调查的必要和价值,则分别填写《旅游资源单体调查表》。

有的风景区虽然由多种资源要素组成,但是作为整体才具备吸引力,并且单体没有形成独立的景点，则依据其中具有特色、价值的资源认定基本类型，不再对其他旅游资源单体进行重叠调查。

（四）行政位置项

填写单体所在地的行政归属，从高到低填写行政区域名称，按地区级、县级、乡镇级、行政村顺序排列。

（五）地理位置项

填写旅游资源单体主体部分的经度和纬度，可以在国家统一出版的航测地形图上查取，亦可以在实地调查时使用 GPS 直接读出数据。

物质型旅游资源单体将其中心作为定位点；非物质型旅游资源单体，寻求与其关系密切的物质型旅游资源单体作为载体，将载体作为定位点。

（六）性质与特征项

此项需要填写的内容较多，可按以下三步依次描述：①填写单体的外部表现和内部结构，包括单体的外在形态、结构、规模与体量，单体的内在性质、组成成分；②填写单体的形成原因、形成过程、演化历史与演化方式；③填写单体的周围环境、与单体有关的人物与事件。具体提示如下：

1. 外观形态与结构类

旅游资源单体的整体状况、形态和突出点；代表形象部分的细节变化；整体色彩和色彩变化、奇异华美状况，装饰艺术特色等；组成单体整体部分的搭配关系和安排情况，构成单体主体部分的构造细节、构景要素等。

2. 内在性质类

旅游资源单体的性质，如功能特性、历史文化内涵与格调、科学价值、艺术价值、经济背景、实际用途等。

3. 组成成分

构成旅游资源单体的组成物质、建筑材料、原料等。

4. 成因机制与演化过程类

表现旅游资源单体发生、演化过程、演变的时序数值；生成和运行方式，如形成机制、形成年龄和初建年代、废弃时代、发现或制造时间、盛衰变化、历史演变、现代运动过程、生长情况、存在方式、展示演示及活动内容、开发时间等。

5. 规模与体量类

表现旅游资源单体的空间数值（如占地面积、建筑面积、体积、容积等）、个体数值（如长度、宽度、高度、深度、直径、周长、进深、面宽、海拔、高差、产值、数值、生长期等）、比率关系数值（如矿化度、曲度、比降、覆盖度、圆度等）。

6. 环境背景类

旅游资源单体周围的境况，包括：所处具体位置及外部环境，如目前与其共存并成为单体不可分离的自然要素和人文要素，如气候、水文、生物、文物、民族等；影响单体存在与发展的外在条件，如特殊功能、雪线高度、重要战事、主要矿物质等；单体的旅游价值和社会地位、级别、知名度等。

7. 关联事物类

与旅游资源单体形成、演化存在着密切关系的典型的历史人物与事件等。

（七）旅游区域及进出条件项

此项包括旅游资源单体所在区域的具体区位、进出交通、与周边旅游集散地和主要旅游区（点）之间的关系。

（八）保护与开发现状项

此项包括旅游资源单体保存现状、保护措施、开发情况等。

（九）共有因子评价

此项包括旅游资源单体的观赏游憩价值、历史文化科学艺术价值、珍稀或奇特程度、规模丰度与概率、完整性、知名度和影响力、适游期和适用范围、污染状况与环境安全。根据旅游资源评价共有因子提出八个答项，每个答项设置四个答案作为评价依据，每个答案赋以相应分值区间，经过对单体的分析判断，确定其中一个答案的分值。将八个答案的分值相加，得出该旅游资源单体得分。

二、《旅游资源单体调查表》的成果形式

《旅游资源单体调查表》的成果形式如表1-1所示。

表1-1 （伊岭岩）旅游资源单体调查

代　　号	GX-NNG-YLY-ACL-01
行政位置	南宁市武鸣县伊岭村
地理位置	东经104°26′，北纬20°54′
性质与特征（单体性质、形态、结构、组成成分的外在表现和内在因素，以及单体生成过程、演化历史、人事影响等主要环境因素）	
① 外观形态与结构类	洞窟出露地表，位于梁满山腹中，外部形状如同海螺；岩洞分为三层，曲折迂回，钟乳石形态各异；洞外依山有干栏式建筑，以及民族特色的亭台楼阁
② 内在性质类	大自然的艺术宝库，"地下宫殿"，造型多姿多彩，具备较高的科学研究价值和旅游景观价值
③ 成因机制与演化过程类	据推算，伊岭岩岩洞形成于100多万年前；此岩原为一段地下河道，因地壳上升而成洞，洞内石灰岩石在水和二氧化碳的溶蚀作用下，形成典型的石灰岩喀斯特地貌
④ 组成成分	石灰岩的主要成分是碳酸钙（$CaCO_3$），在有水和二氧化碳时发生化学反应生成碳酸氢钙 [$Ca(HCO_3)_2$]
⑤ 规模与体量	洞深45米，面积24000平方米；现开发程1100米
⑥ 环境背景类	伊岭岩所在的武鸣县属亚热带季风区
⑦ 关联事物类	壮民族文化；伊岭岩由仙人用锄头点化而成的传说；《眼儿媚·伊岭岩》等
旅游区域及进出条件 [单体所在地区的具体部位、进出交通、与周边旅游集散地和主要旅游区（点）之间关系]	
① 单体所在地区的具体部位	武鸣县位于广西中南部，属南宁市辖县；伊岭岩风景区所在地双桥镇位于南宁市北部，距县城6千米，距南宁市区21千米
② 进出交通	交通网络发达，210国道，南武一级、二级贯穿全镇南北；黔桂与云桂国道交汇于此，是南宁至贵州、云南、百色、河池等地的重要通道
③ 与周边集散地和主要旅游区（点）之间关系	附近有私家花园"明秀园"、大明山自然保护区、花花大世界等景区，形成景观互补
保护与开发现状（单体保存现状、保护措施、开发情况）	
① 保存现状	资源保存良好，发展旅游业只利用其部分资源
② 保护措施	对资源进行初级的包装、简单的基础设施和娱乐设施建设，尽量避免现代化的技术介入对喀斯特地貌的破坏
③ 开发情况	自1975年开放以来，共接待游客550万人次，其中外国游客达20万人次；开发主要分为洞内岩溶观赏（大小景点100多个）和洞外民族风情长廊、壮家民俗风情表演等游乐项目

讨论与作业

1. 探讨旅游资源单体调查的内容。
2. 试选择价值较高的旅游资源单体进行调查，随后完成调查表填写。

第二节
旅游资源定性评价

旅游资源评价的目的是在合理开发和资源保护的基础上，为得到合理的经济效益、社会效益和环境效益，运用某种或者某几种方法，在旅游资源调查的基础上，对规划区域旅游资源的价值、等级、特性、开发条件等有一个全面而客观的认知，从而确定旅游资源的开发次序、旅游资源开发的类型及旅游资源开发的规模等。

旅游资源评价是比较困难的一项工作，因为旅游资源的类型及性质差别巨大，评价标准很难统一。总结现有的国内外旅游资源评价方法，大体可以归为两类：一类是定性评价方法，另一类是定量评价方法。

定性评价方法是一种描述性评价方法，又称经验法，是评价者在收集大量的旅游资源信息的基础上，凭经验通过人们的感性认识，主观判定旅游资源的价值。一般采用民意测验法和专家评议法。

20世纪70年代末我国处于旅游业开发之初，旅游学者对旅游资源评价的方法大多以定性研究为主，最具代表性的方法有黄辉实的"六字七标准"评价法、卢云亭的"三三六"评价法、魏小安的综合评价法、一般体验性评价、条件价值法以及美感质量评价法等。

定性评价的内容一般涉及以下内容：①旅游资源本身的评价，主要包括旅游资源的质量特征（如其美感度、奇特度、医疗价值、体育价值等）、丰度和集聚程度、环境容量、开发利用现状和开发潜力分析。②旅游资源的开发利用可行性分析，包括气候条件对旅游行为的影响，旅游地环境质量现状，铁路、公路、航空交通现状及交通建设的难易程度，服务、配套设施建设现状，旅游资源所在的区位距中心城市的距离，地区经济发展水平及对发展旅游业的扶持能力。③客源市场分析则包括旅游资源对各层次游客的吸引力分析，进而确定目标市场、潜在市场及市场的地理区域。

定性评价的优点在于用简单明确的语言总结出旅游资源的主要特点，特别是对旅游资源的类型、基本属性与级别、资源的优劣判断、成长性、开发资源可延展性可进行宏观的概况，便于人们了解和接受。但是定性评价也会带有主观色彩，在文字描述上普遍存在"最大""最强""最优"等说法，这样的夸张和片面使得科学性受到制约；同时对不同地点、不同性质的旅游资源也难以进行对比。旅游资源定性评价往往同研究者的学科领域、经历及素质有关，带有明显的主观性。

 案例 1

准格尔旅游资源开发条件评价

一、旅游资源开发的政策背景条件评价

（一）国家层面政策支持

中国旅游业在经历了 20 多年的初级发展阶段后，正在进入一个历史最佳的黄金发展期。2009 年，国务院印发的《国务院关于加快发展旅游业的意见》将旅游业确定为国民经济的战略支柱产业和人民群众更加满意的现代服务业；2013 年 2 月，《国民旅游休闲纲要》发布，确定了落实居民带薪休假制度的目标；2013 年 10 月，《中华人民共和国旅游法》正式颁布实施，开启了中国旅游业有法可依的发展阶段；2014 年 8 月，国务院出台《关于促进旅游业改革发展的若干意见》(31 号文件)，进一步促进旅游业改革发展，为当前和今后一个时期的旅游业改革发展指明了方向，并明确提出"坚持融合发展，推动旅游业发展与新型工业化、信息化、城镇化和农业现代化相结合"，从土地利用政策等方面给予大力支持；2014 年 9 月 16 日，为贯彻落实《中华人民共和国旅游法》，加强部门间协调配合，促进旅游业

持续健康发展，建立了国务院旅游工作部际联席会议制度，由国务院领导，统筹协调全国旅游工作，形成了综合产业综合抓的体制机制。

（二）自治区旅游政策处于最佳战略机遇期

内蒙古自治区党委、政府在"8337"发展思路中提出了建设"体现草原文化、独具北疆特色的旅游观光、休闲度假基地"的战略构想，并具体制定了促进旅游业发展的一系列方针政策，明确了将内蒙古建设成为草原文化旅游大区的战略定位。

2015年初，内蒙古自治区旅游局以"以交通和人才为基础支撑，以推广营销和企业创建为主导方式，在旅游品牌打造上出亮点，进而全面推进体现草原文化、独具北疆特色的旅游观光、休闲度假基地建设"为工作思路，具体制定了《内蒙古自治区品牌旅游景区创建三年行动计划》，提出每个盟市集中力量打造一个品牌旅游景区，力争用三年时间基本建成5A级旅游景区或国家旅游度假区。

二、准格尔旅游发展多维区位条件评价

（一）地理区位

准格尔旗地处内蒙古西南部，呼和浩特、包头、鄂尔多斯"金三角"的腹地，北与包头、呼和浩特市隔黄河相望，西邻鄂尔多斯达拉特旗、东胜区、伊金霍洛旗，东南、南部与山西省的偏关县、河曲县以河为界，西南与陕西省的府谷县接壤。黄河沿北、东、南流经准格尔旗境内，总长197千米。因隔河与山西、陕西毗邻，故准格尔有"鸡鸣三省"之称。

（二）交通区位

准格尔旗旗府所在地距鄂尔多斯市东胜区150千米，东北到内蒙古自治区首府呼和浩特市120多千米，北到包头市190多千米，距北京市600千米，南经万家寨到太原市350千米。准格尔旗境内有大准电气化铁路、准东铁路和在建的呼准鄂城际快速铁路以及拟建的准河铁路，年货运能力接近1亿吨，是出省到北京、秦皇岛、黄骅港的重要通道。109国道横贯东西，刚刚建成的呼准鄂高速公路由北向南向西穿境而过，与呼包高速、包东高速

连为一体，共同构成"呼准鄂包"高速环线，全部行程不到3小时。

（三）经济区位

准格尔旗位于内蒙古"金三角"呼包鄂经济圈中的核心区。呼包鄂经济圈主要由呼和浩特、包头、鄂尔多斯三城市组成。呼和浩特是内蒙古自治区首府、政治中心；包头是内蒙古最大的城市、内蒙古最大的工业城市，也是内蒙古的火车头；鄂尔多斯则是经济新兴城市和国家改革开放近40年来的典型地区。三市呈"品"字形分布，有着非常密切的经贸和社会联系，是内蒙古最具活力的城市经济圈，被誉为内蒙古的"金三角"地区，也是中国最富裕的地区之一。2015年呼包鄂三市GDP总额超过万亿元，占全区GDP总量的59%，经济发展水平已与沿海发达地区比肩。

（四）旅游区位

准格尔旗地处内蒙古、陕西、山西三省（区）交界的三角地带，是内蒙古旅游同时面向晋陕两省客源市场的南部门户。从内蒙古内部看，准格尔旗处于全省八大核心旅游圈之一——呼包鄂都市旅游圈内，紧邻呼和浩特旅游集散中心，同时又位于沿黄旅游带上，这里是西部旅游的腹地，也是内蒙古离京津都市圈较近的一个旅游目的地。

三、准格尔旅游发展自然条件评价

（一）地质地貌

准格尔旗地处鄂尔多斯高原东部，地势由东南向西北逐渐升高。中部以西边的坝梁为起点，沿东向到点素敖包一线略有隆起，形成准格尔旗地区的"脊梁"，为旗境南北的"分水岭"，也是南北自然差异的分界线。东部边缘翘起，为盆地边缘。境内大部分地区沟谷发育，沟网纵横密布，地表被切割得支离破碎。沟川河流大部分由西北向东南流入黄河，河床比降由北向南逐步增大。"屋脊"以北的部分河川径流则北向入黄河。境内无高大山脉，但相对高差较大，最低处马栅村海拔仅820米，最高处在乌兰哈达乡，海拔1584.6米。按南北地貌差异其可划分为黄河南岸平原区、北部库布其沙漠区、中部丘陵沟壑区、南部黄土丘陵沟壑区四个地貌单元。

（二）气候环境

准格尔旗远离海洋，大陆性气候突出，属典型的半干旱地区。受季风影响，冬季多西北风，漫长而寒冷，夏季受偏南暖湿气流影响，短暂、炎热、雨水集中，春季风多、少雨，多干旱，秋季凉爽。由于地处中温带，又在鄂尔多斯高原东侧斜坡上，海拔高度相对偏低，故气温偏暖，四季分明，无霜期较长，日照充足，相对湿度为52%。

（三）河流水文

旗境地表沟谷发育，沟纹密布，河网密度为0.25千米/平方千米。北部、东部及东南部有黄河过境197千米。地表径流均属黄河水系，除呼斯太河常年有水外，大多为季节性河流，以大气降水补给为主。

主要河川有：西部的束会川、四道柳川、暖水川、五字湾川、西营子川、虎石沟川等，北部的呼斯太河、大沟等，中部的纳林川，东部的长川、黑岱沟、塔哈拉川、龙王沟、孔兑沟、灌子沟。这些沟川的主要特征是：径流量小、年纪变化大，年内分配不均，一般是春秋流水，冬夏干涸，河流短，比降大，水流湍急，水土流失较为严重。

四、准格尔历史文化条件评价

准格尔旗历史悠久，早在距今5000多年前，这里就有古人类活动的足迹。因其独特的地理位置，造就了准格尔旗独特的历史文化。在这里，黄河文化、长城文化、农耕文化和草原文化碰撞、交融。

（一）黄河文明与长城文明相拥

先秦以来，从阴山地区到内蒙古黄河一带就是国家戍边卫国的军事重地。作为中原边塞、草原前沿的准格尔旗，就曾有魏、秦、明三个朝代在此修筑长城。

（二）草原文化与中原文化共融

在这里，草原文化与黄河文化，游牧文明与农耕文明汇聚、融合、传承、积淀，这是千古草原与中原文化大融合的历史佐证。明代以前，这里是茂盛的草原和河谷森林，黄河提供了难得的四季用水。因而，这一地区乃是包括鲜卑、敕勒等民族在内的许多古代游牧民族十分向往的冬夏两宜的肥美牧场。"百蛮之国"的匈奴帝国曾在这里跃马驰骋，弯弓射雕；和平使者王昭君曾在这里播下了汉匈和平睦邻的种子；成吉思汗曾在这里攻打西夏，统一中国；这里也闪过汉代名将卫青、霍去病的身影。它映照着农耕文化与游牧文化的碰撞与磨合，验证着"万里长城挡不住，蒙汉人民一家亲"的中华民族凝聚力。

（三）鸡鸣三省，多元文化绽放

准格尔旗地处蒙晋陕三省（区）交界处，历来为三省经济文化交通通衢要塞，有"鸡鸣三省"之说。这一特殊的地理区位，使其文化具有很强的开放性、包容性和兼容性特征。历史上，内蒙古地区的招垦，促使成千上万晋陕等地百姓涌入地广人稀的内蒙古中西部地区谋生。大批的"走西口"者将山西等地的文化因子及模式移入他们在内蒙古的新居留地，使当地文化打上了晋文化的烙印，他们给处于游牧状态的内蒙古中西部带去了先进的农耕文化，使当地的整个文化风貌发生了改变，中原文化开始越来越多地影响准格尔旗地区，多元文化在这里相互碰撞、融合，共同发展，和谐绽放。

五、社会经济条件评价

近年来，乘国家西部大开发和能源战略西移的东风，准格尔旗依托资源、地域等的优势，坚持全面、协调、可持续的科学发展观，建设"六大基地"，构筑"四大体系"，促进了全旗经济跨越式发展、社会全面进步、人民生活水平显著提高。2012年，完成地区生产总值1000.4亿元，财政收入242.9亿元，固定资产投资550.1亿元，城乡居民收入分别达到34604元和11452元，县域经济基本竞争力名列全国百强第10位、西部百强第1位。2013年，完成地区生产总值1050.5亿元，公共财政预算收入73.9亿元，固定资产投资620.5亿元，城乡居民收入分别为37586元和12828元；且主要经济指标继续保持两位数增长，产业结构调整不断优化，连续四年保持西部百强县第1名。

六、客源市场条件分析评价

从国内游客构成上看，内蒙古"金三角"地区（呼和浩特—包头—鄂尔多斯）占据整个准格尔旗旅游市场的绝大部分，其次就是紧靠准格尔旗的山西、陕西北部区域内的重要节点城市。以上市场随着目的地接待设施的逐渐完善，增长比较明显且相对稳定。游客主要是以体验蒙古族风情和宗教文化为主，同时还可以欣赏黄河大峡谷风光，本地旅游市场对准格尔召等地方宗教类产品很有兴趣。

由于旅游业处于起步阶段，接待条件也十分有限，游客停留时间相对较短，以观光为主，行程大多是1~2天，或者是在旅途中经过此地做短暂的停留。这同时也导致游客的总体消费结构特征是以常规的大众消费为主，中高端消费相对较低，人均消费水平偏低。比较特殊的是，准格尔旗本地旅游市场的消费能力比较强，本地出游意愿强烈，具有良好的本地市场需要，这对于西部地区来说，是难能可贵的。准格尔旗拥有130多个煤矿，拥有相当数量的煤炭企业中高层、私企高管、征地拆迁人群和个体工商户等消费客群，具有很高的消费能力和出游欲望，是非常值得重视的市场。

旅游方式主要以散客出游为主，通常是个人或亲朋结伴而来；其次是团队出游，其中又以周边企事业单位组织和旅行社组团为最多。随着周边省市，尤其是内蒙古"金三角"地区经济的迅速发展，私家车拥有量的急剧增长，自驾车旅游以及家庭出游将呈现强劲的发展态势。

讨论与作业

1. 讨论旅游资源开发条件评价的基本内容有哪些。
2. 评析旅游资源的地理位置和交通条件如何影响准格尔旗旅游资源开发，如何改善交通条件。
3. 结合实例讨论旅游资源的开发条件如何影响旅游资源开发。

案例 2

乌兰察布市商都县旅游资源自身价值定性评价

一、旅游资源的类型评价

旅游资源分类是旅游资源评价的前提。本书通过旅游资源单体现状调查表填报、相关文献资料整理提取、重要旅游资源单体的实地考察以及与当地各部门座谈调查等途径与方法，对商都县域范围内旅游资源进行了调查、整理与筛选。

本规划依据国家标准《旅游资源分类、调查与评价（GB/T 18972—2003）》（以下简称《标准》）中的旅游资源分类体系进行分类，旅游资源分类结构为"主类""亚类""基本类型"三个层次。其中，"主类"包含地文景观、水域风光、生物景观、天象与气候景观、遗址遗迹、建筑与设施、旅游商品和人文活动八大类（见表 1-2）。另外，需要特别说明的是，由于调查中发现商都县的个别旅游资源单体未包含在《标准》中，因此本规划对《标准》进行了扩展，补充了基本类型的数量。

表 1-2　商都县旅游资源类型

主类	亚类	基本类型	主要单体名称
A 地文景观	AA 综合自然旅游地	AAA 山丘型旅游地	公鸡山、八台大敖包山、西山、麻黄山、铜顶山、莲花山、十三敖包山
	AC 地质地貌过程形迹	ACD 石（土）林	大石架石林
	AD 自然变动遗迹	ADG 冰川侵蚀遗迹	大石架石林冰川遗迹
B 水域风光	BB 天然湖泊与池沼	BBA 观光游憩湖区	察汗淖尔湖
		BBB 沼泽与湿地	察汗淖尔湿地、南湖湿地

续表

主类	亚类	基本类型	主要单体名称
C 生物景观	CA 树木	CAA 林地	八股地林场、十八顷林场、军民绿化基地
	CB 草原与草地	CBA 草地	察汗淖尔草原
D 天象与气候景观	DB 天气与气候现象	DBB 避暑气候地	商都全境避暑地
E 遗址遗迹	EA 史前人类活动场所	EAA 人类活动遗址	大库伦乡风旋卜子遗址
		EAC 文物散落地	北魏窑藏
	EB 社会经济文化活动遗址遗迹	EBA 历史事件发生地	董其武指挥商都攻坚战、耶律楚材西征过木怜栈道
		EBB 军事遗址与古战场	牌楼村军事基地设施
		EBE 交通遗迹	张库大道、阿尔泰军台驿道、木怜站道
		EBF 废城与聚落遗迹	公主城
		EBG 长城遗迹	北魏长城、金界壕
F 建筑与设施	FA 综合人文旅游地	FAB 康体游乐休闲度假地	德立海生态苑
		FAC 宗教与祭祀活动场所	莲蓬寺
		FAD 园林游憩区域	水漩公园、不冻河水库公园
		FAG 社会与商贸活动场所	县城、主要旅游商品购物点
		FAH 动物与植物展示地	麻黄山中草药基地
		FAZ 产业观光园区	绿娃农业科技示范园、小海子镇观光农业景区、长盛工业园区（359 陶瓷产业园、奥淳酒业、恰青蔬菜、太美薯业）
	FD 居住地与社区	FDA 传统与乡土建筑	七台镇旧城区老建筑保护区
		FDB 特色街巷	七台镇明清商业一条街，商都四街八巷古貌微缩景观
	FF 交通建筑	FFB 车站	商都汽车站、商都火车站
	FG 水工建筑	FGA 水库观光游憩区段	不冻河水库、八股地水库、公鸡山水库

主类	亚类	基本类型	主要单体名称
G 旅游商品	GA 地方旅游商品	GAA 菜品饮食	奥淳白酒、冷凉蔬菜、薯条、莜面
		GAB 农林畜产品与制品	商都马铃薯、绿轩果蔬、林青牧业
		GAD 中草药材及制品	麻黄山中草药基地
		GAF 日用工业品	陶瓷
H 人文活动	HA 人事记录	HAA 人物	吉鸿昌、董其武、四世达赖等
		HAB 事件	忽必烈北迁走木怜栈道、四世达赖出生在察汗淖尔草原
	HB 艺术	HBB 文学艺术作品	东路二人台
	HC 民间习俗	HCC 民间演艺	灯会、踩高跷、二人台演唱
		HCF 庙会与民间集会	庙会、元宵灯会

商都旅游资源 8 个主类全部具备；31 个亚类中拥有 17 种，156 个基本类型（《标准》中含 155 种，另补充"产业观光园区"这一基本类型）中拥有 34 种，分别占旅游资源亚类和基本类型的 54.8% 和 21.8%。

二、旅游资源综合定性评价

（一）消夏避暑气候优越

商都县地处内蒙古、河北、山西三省（区）交界处，平均海拔 1400 多米，属中温带大陆性季风气候，阳光资源丰富，干燥少雨，地下水富集，全年平均气温为 3.1℃，无霜期 120 天左右，年均降水量 351.5 毫米。商都县夏季短促凉爽，全年中最热的 7 月平均气温也只有 18.9℃（比主要客源市场京津冀等地低 6℃左右），凉风习习，植被繁茂，蔬果充足，是中国北方理想的消夏避暑胜地。

（二）生态环境优良

商都县是守卫京津的生态屏障。全县天然草场占总面积的 37.1%，其中，有效草场占草场总面积的 57%。1988 年开始，历经四年的苦战完成了对西山小流域的水保治理，治理水土流失面积 30000 余亩，使流域内的植被迅速恢复，保护了下游 10000 多亩农田，彻底根除了困扰七台镇的水患。全县解放前林木奇缺，只有树木百余株，基本没有天然林，新中国成立后才从无到有、从少到多逐渐发展起来。近年来又与北京军区合作，在集商公路和呼满公路两侧，建起了军民绿化基地，构筑起了一条守卫京津的生态屏障，同时也具有重要的爱国主义教育功能。该区域东西长 12 千米、南北宽 4 千米，宜林面积 5.5 万亩，栽植各类树木 137 万株，成活率达到 90% 以上。天蓝草绿、绿树成荫的商都让久居在钢筋水泥丛林中的现代都市人有了亲近大自然、远离雾霾、呼吸新鲜空气的机会。

（三）以大石架石林为代表的山地资源景观独特

商都县拥有一批可供开发的山地景观，包括公鸡山、八台大敖包山、西山、麻黄山、铜顶山、莲花山、十三敖包山等，其中以大石架石林特色最为鲜明，景色最为秀丽，面积最为开阔。大石架冰川石林位于七台镇和八台遗址之间的西沟子村处，属第四季冰川遗迹。它主要是由冰盖冰川的刨蚀、掘蚀和冰川融化时形成的大量冰川融水的冲蚀作用形成的。这里奇石林立，视野开阔，巨石浑厚粗犷，形态多变，引人遐想，富于乐趣，让人不禁感叹大自然的鬼斧神工。有些石头上布满了嫩绿的青苔，如同油画一般点缀在巨石上，在蓝天的映衬下美不胜收。西山石林之"奇"让人称道，其开发潜力巨大。与此毗邻的赤峰市阿斯哈图石林就是冰川石林成功开发的代表，对大石架石林的开发具有重要的借鉴意义。

（四）以察汗淖尔湖为代表的水体景观风光秀丽

商都县境内的水体景观包括自然水体和水工建筑两大类。其中，自然水体有察汗淖尔湖、二吉淖尔盐湖等，水工建筑包括不冻河水库、八股地水库、公鸡山水库等。察汗淖尔湖和八股地水库等不仅具有蓄水功能，同时也可作为水上游乐项目的场所。而以二吉淖尔为代表的盐湖是传统的古盐湖，它紧依呼满公路，交通便捷，是三大顷乡三虎地村—七台镇—玻璃忽镜乡专线的结点，又是商都通往锡林郭勒盟的重要出口，连同周边的北魏长城和金界壕等古文化遗址，可以以盐文化为主题，将这里打造成塞外高原独特的盐文化景观区。

（五）产业旅游潜力无穷

近几年，商都县结合自身优势，发展建设了一批工农业产业园区，为开展产业旅游奠定了基础。在工业观光游方面，长盛工业园初具规模。景区以359陶瓷产业园为重点，结合园区内的奥淳酒业、恪青蔬菜等现代工业特色企业，打造以工业旅游为特色的观光园区，展示商都现代工业发展的脉络和成就。

在农业观光体验方面，商都县现有小海子镇观光农业景区和绿娃农业科技示范园两处园区，为开展农业观光旅游提供了条件。小海子镇观光农业景区包含小海子农牧业产业园和设施农业示范区两个景点。秀丽的田野风光、特色种植业是这里的亮点。应以小海子农牧业产业园和设施农业示范区为主，突出乌兰察布市"全国十大食品安全城市"和商都马铃薯、蔬菜、甜菜种植大县的特色，向游客集中展示八十五号的西芹、向阳的辣椒、麻泥卜子的圆葱、水泉梁的马铃薯等特色农产品的种植、管理、采摘、加工，建设绿色农业观光体验区。与之类似，位于七台镇的绿娃农业科技示范园现有绿色、有机瓜菜种植示范基地1260亩，塑料大棚300亩，简易温室100座，恒温库700平方米，可在此开展观光、采摘等活动，打造休闲农业旅游。

（六）商道文化源远流长

商都是塞外一处重要的商品集散地。历代王朝均把这里作为中原和北方少数民族茶马互市的重要交易场所。自汉唐以来，在商都地区一直存在着一条起自中原、蜿蜒深入大漠的商道。近代形成的从张家口至库伦（今蒙古乌兰巴托）的著名"草原茶叶之路"——张库大道，就从这里经过，向北延伸到俄罗斯的恰克图、莫斯科和白俄罗斯的明斯克，以其繁荣的贸易惠及欧亚大陆，成为与丝绸之路、茶马古道和海上丝绸之路并称的重要国际商贸通道。近年来，商都以建设物流园区、发展现代物流业为突破口，努力提升第三产业整体发育水平，着力打造乌兰察布市北部重要的商贸物流中心。

旧时的七台镇是张库大道进入商都县境后的第三站。如今的七台镇作为商都政治、经济、文化的中心，城镇功能日趋完善。七台镇未来应着力规划建设城区内的明清商业一条街和商都四街八巷古貌微缩景观，彰显商都的商贸特色，传承历史悠久的商道文化。张库大道昔日的繁华为未来商都旅游的开发留下了丰厚的文化积淀，五台、六台、七台、八台在商都县绵延近150千米，并将商都县的察汗淖尔、七台古驿、大敖包山以及西山石林串接成线，形成文化浓郁的旅游线路。

（七）宗教文化影响广泛

商都县是开放包容的地区。在这里，道教、佛教、伊斯兰教、基督教和谐共存。据专家考证，察汗淖尔地区是四世达赖喇嘛云丹嘉措（1589～1616年）的出生地。云丹嘉措在这里随父母生活了14年之久。乾隆六年（1741年）始，清政府曾在商都县东的莲花山下（今十八顷镇小庙子嘎查），历时13年建成拥有莲蓬寺、久达布独宫、王独宫等八座庙宇的巴达木图庙，其时占地11.2万平方米，藏经470余部，鼎盛时期有喇嘛500多人，拥有草滩5万余亩，是正黄旗著名的五大庙之一。主庙莲蓬寺为蒙古式三层楼阁，底层49间。寺庙主要从事佛事活动和大型法会。原庙在1967年毁坏，1984年修复了莲蓬寺，修缮了山门，1996年围了庙墙，并在此举办了商都县首届民族文化艺术节。

（八）民俗艺术独树一帜

商都县的二人台也称东路二人台，是乌兰察布地区独有的地方剧种，已被国家正式确认，并收入《中国戏曲志·内蒙古卷》。二人台是一个融合了蒙、汉两族艺术营养的新的地方剧种，融合了内蒙古西部民间文学、民间音乐及民间舞蹈。

商都县的民间老艺人高乐美先生是东路二人台著名传承人，已被审定为非物质文化传承人。他早年投身二人台艺术，有着丰富的表演实践和舞台阅历，是二人台艺术在乌兰察布地区生成、繁衍、发展、变革的重要亲历者和参与人。高乐美先生收集整理的《东路二人台艺术资料》文字翔实、谱列清晰、传承有序，是分门别类系统性搜索东路二人台艺术文献的大作。现在，这部《东路二人台艺术资料》保存在市文化局群众艺术馆的非物质文化遗产中心。

（九）旅游商品富有地方特色

商都县在瓜果蔬菜精加工和深加工方面有着巨大的资源优势，以马铃薯、蔬菜、甜菜为主导产品，培育了太美薯业、冷山糖业、恰青蔬菜等一批龙头企业。得天独厚的自然条件使商都的马铃薯保持了优良的品质，鲜薯销往全国各地，并成为了一些世界知名快餐企业马铃薯的供应地。商都县地处温寒地带，牛羊肉味道鲜美、脂肪率低、蛋白质含量多、营养丰富。因此，商都县成为特色农畜产品生产加工基地。县内知名企业奥淳酒业以生产奥淳牌功能性营养白酒为龙头产品，被中国食品工业协会授予"中国名优食品""中国优质白酒"等称号。

讨论与作业

> 1. 该案例设计的旅游资源评价属于哪一类资源评价？
> 2. 该案例中，旅游资源本身的综合评价包括哪些？
> 3. 试着做某一景区的旅游资源本身综合评价。

第三节
旅游资源定量评价

20世纪70年代后国外旅游学者开始将影响旅游资源的因素进行分解和量化，进而建立起旅游资源评价系统，应用数学模型等方法进行定量分析。此方法使得对旅游资源评价的精确程度和实用程度大大提升。旅游资源定量研究方法也在20世纪80年代进入中国，常用的方法有层次分析法（AHP）、模糊数学方法及一些模型方法。

定量评价又可分为技术单因子定量评价方法和综合评价方法。

技术单因子定量评价是评价者在进行评价时，针对温泉旅游资源的旅游功能，集中考虑某些起决定作用的关键因素，并对这些因素进行适宜性评价或优劣评判。这种评价的基本特点是运用了大量的技术性指标，它一般只限于自然旅游资源评价，对于开展专项旅游，如登山、滑雪、海水浴等尤为适用。目前比较成熟的有旅游湖泊评价、海滩评价、海水浴场评价、康乐气候分析、溶洞的评价、滑雪旅游资源的评价、地形适宜性评价等。

综合性的定量评价是在考虑多因子的基础上，运用一些数学的方法建模，对旅游资源自身价值、环境条件及开发条件进行综合定量评价。评价的结果为量化指标，便于不同资源评价结果的比较。此类方法更为客观、准确和全面。旅游资源综合量化评价方法较多，我国目前多采用综合评分法、层次分析法、指数表示法、价值工程法、美学评分法、模糊数学评价法等。

综合性多因子评价方法是着眼于旅游资源的整体价值，在考虑多个因子的基础上用一定的数学模型对旅游资源进行综合的评价。此类方法首先要确定评价的指标体系和权重，然后确定指标的取值，再寻求合适的数学方法模型对旅游资源进行综合评价，得出评价对象的综合得分值，最后对所评价的旅游资源进行排序或分类。

作为旅游资源综合评分法一种特殊形式的《旅游资源分类、调查与评价》国家标准于 2003 年 5 月 1 日开始实施，标准依据"旅游资源共有因子综合评价系统"赋分，设"评价项目"和"评价因子"两个层次，评价项目和评价因子均用量值表示，然后针对旅游资源单体的实际情况进行打分，依据其总分划分旅游资源的等级。国标评价法总体上较为全面，技术也比较规范，便于操作，它的实施使我国旅游资源评价的研究和应用初步达到有序的地步。

 案例 1

技术单因子评价

一、青岛海水浴场评价

青岛市内沙滩及游泳水域面积较大，有名气的海水浴场有五处，从栈桥风景区到石老人风景区由西向东依次是第六海水浴场（紧挨栈桥西侧）、第一海水浴场（汇泉湾浴场）、第二海水浴场（太平湾西侧）、第三海水浴场（浮山湾西侧）、石老人海水浴场（青岛市区沿海最东端）。这些海水浴场大多海滩辽阔、沙滩细软。

以下选取了青岛市南海岸最有代表性的四个主要海水浴场——第一海水浴场、第二海水浴场、第六海水浴场和石老人海水浴场对青岛市各海水浴场之间的资源与功能做出了评价和比较，如表1-3所示。

表1-3　青岛海水浴场技术单因子评价

序号	资源项目	要求条件	第一海水浴场	第二海水浴场	第六海水浴场	石老人海水浴场
1	海滨宽度	50~100 米	240 米	170 米	80 米	400 米
2	海底倾斜	1/60~1/10	1/40	1/40	1/30	1/100
3	水质	悬浮物	符合要求	符合要求	符合要求	符合要求
		无异色、臭味	符合要求	符合要求	符合要求	符合要求
		漂浮物质	符合要求	符合要求	有时有油膜等	符合要求
		pH7.3~8.8	pH7.6	pH7.6	pH7.6	pH7.6
		COD（4mg/L）	COD>2mg/L	COD>2mg/L	COD>2mg/L	COD<2mg/L
		大肠菌数<10MPN/ml	符合要求	符合要求	符合要求	符合要求
		透明度>0.3 米	透明度>0.5 米	透明度>0.5 米	透明度>0.5 米略为混浊	透明度>0.5 米
		有害物质	无	无	无	无
4	地质粒径	无泥和岩石	适宜	人工补沙，沙质优良	沙较粗，有岩石	细沙，优良
5	有害生物	不能辨认	无	无	无	无
6	藻类	不能接触游泳者	少量可见	很常见	少见	少见
7	危险物	无	无	无	无	无
8	浮游物	无	有时可见	有时可见	较多	无

续表

序号	资源项目	要求条件	第一海水浴场	第二海水浴场	第六海水浴场	石老人海水浴场
9	流速	游泳对流速要求：0.2~0.3米/秒；极限流速0.5米/秒	0.2，<0.32米/秒	0.2，<0.5米/秒	0.3，<0.5米/秒	0.3，<0.5米/秒
10	波高	0.6米以下	<0.5米	<0.5米	<0.6米	<0.6米
11	水温	23摄氏度以上	6月、7月、8月<23摄氏度	6月、7月、8月<23摄氏度	6月、7月、8月<23摄氏度	6月、7月、8月<23摄氏度
12	气温	23摄氏度以上	6月、7月、8月适宜	6月、7月、8月适宜	6月、7月、8月适宜	6月、7月、8月适宜
13	风速	5米/秒以下	4.8米/秒	4.8米/秒	4.8米/秒	4.8米/秒

二、滑雪旅游资源评价

新疆位于欧亚大陆中部，地处东经73°40′~96°23′，北纬34°35′~49°18′；有三大山脉，东西横亘，北部为阿尔泰山脉，中部天山山脉，南部昆仑山脉；冬季多雪，冰雪期长，120天左右，每年从11月至次年2月为冰雪期，且积雪较厚，在1.2米左右；具有适宜开设滑雪场的海拔高度，且跨度比较大，从1000多米到4000多米；雪场山体坡度从缓至陡，适合建造国际滑雪场；滑雪场区的温度较适宜，气温一般在-12~-0℃，滑雪时无须穿很厚的衣服。

依据美国土地管理局对滑雪旅游资源的技术性评估标准与计分（见表1-4），可以对新疆滑雪资源各项技术指标进行评价（见表1-5）。我国滑雪旅游产业发展较好的省是黑龙江和吉林，可以选择与这两个省进行比较分析。

表1-4　美国土地管理局对滑雪旅游资源的技术性评估标准与计分

决定因素	评估标准与计分			
雪季长度	6个月（6）	5个月（5）	4个月（4）	3个月（2）
积雪深度	>1.22米（6）	0.92~1.22米（4）	0.61~0.92米（2）	0.61米以下（1）
干雪	3/4季节时间（4）	1/2季节时间（3）	1/4季节时间（2）	季节时间（1）
海拔	>762.5米（6）	457.5~762.5米（4）	152.5~457.5米（2）	45.75~152.5米（1）
坡度	很好（4）	好（3）	一般（2）	差（1）
温度	>10℃（3）	−17.8~6.7℃（2）	<−17.8℃（1）	—
风力	轻微（4）	偶尔变动（3）	偶尔偏高（2）	易变（1）

注：分等 A＝29~33，B＝21~28，C＝8~20。坡度，最理想的坡度必须兼具下列三等坡度：初等坡度（10%~20%）占全区的15%~25%；中等坡度（20%~35%）占全区的25%~40%；高等坡度（35%~65%）占全区的30%~40%。

表1-5　新疆滑雪资源各项技术指标评价

地区	雪场平均气温	冰雪期	积雪深度	海拔	坡度	风力	干雪	评估分
黑龙江	−30~−18℃	120天左右	30~70厘米	300~1000米	好	—	—	13分
吉林	−20~−14℃	100天左右	40~50厘米	500~1000米	好	—	—	13分
新疆	−12~−10℃	120天左右	35~100厘米	1000~2000米	好			16分

　　从表1-5可以看出，新疆滑雪旅游资源的冰雪期、海拔、坡度评分与黑龙江、吉林一致，在雪场平均气温、积雪深度上得分高，总的评估分高于前两个地区，说明新疆的滑雪旅游资源是比较优越的，开展滑雪旅游的前景比较好。

讨论与作业

　　1. 依据案例，海水浴场的技术评价内容有什么？
　　2. 依据案例，滑雪旅游资源评价的内容有哪些方面？
　　3. 技术单因子评价方法的优点是什么？
　　4. 技术单因子评价适用于评价什么旅游资源？

案例2

乌兰察布市凉城县旅游资源综合评价

一、凉城县旅游资源类型与丰度分析

通过旅游资源单体现状调查表填报、相关文献资料整理提取、重要旅游资源单体的实地考察以及与当地各部门座谈调查等途径与方法，对凉城县域范围内旅游资源进行了调查，经整理与筛选，本规划共提取了116处旅游资源单体。

本规划依据国家标准《旅游资源分类、调查与评价（GB/T 18972—2003）》（以下简称《标准》）中的旅游资源分类体系进行分类，旅游资源分类结构为"主类""亚类""基本类型"三个层次，每个层次的旅游资源类型有相应的汉语拼音代号，结果如表1-6所示。

表1-6 凉城县旅游资源类型调查

主类	亚类	基本类型	主要单体名称	数量
A 地文景观	AA 综合自然旅游地	AAA 山丘型旅游地	蛮汉山、洞金山、马头山	3
	AC 地质地貌过程形迹	ACD 石（土）林	蛮汉山地质景观	1
		ACE 奇特与象形山石	洞金山卧佛	1
		CAN 岸滩	岱海湖岸沙滩	1
B 水域风光	BB 天然湖泊与池沼	BBA 观光游憩湖区	岱海、永兴湖	2
		BBB 沼泽与湿地	岱海湖泊湿地省级自然保护区、永兴湖湿地	2
	BD 泉	BDB 地热与温泉	岱海中水塘温泉	2
	BF 冰雪地	BFA 冰川观光地	二龙什台万年冰窖	1

主类	亚类	基本类型	主要单体名称	数量
C 生物景观	CA 树木	CAA 林地	二龙什台国家级森林公园、马头山森林公园、九龙口松林公园	4
	CB 草原与草地	CBA 草地	岱海湖岸草原、蛮汉山高山草甸	2
	CC 花卉地	CCB 林间花卉地	成片万寿菊种植、岱海花海	1
	CD 野生动物栖息地	CDA 水生动物栖息地	岱海鱼类栖息地、永兴湖鱼类栖息地	2
		CDB 陆地动物观赏地	二龙什台野生动物栖息地、马头山野生动物栖息地	2
		CDC 鸟类栖息地	岱海鸟类栖息地、永兴湖鸟类栖息地、二龙什台鸟类栖息地	3
D 天象与气候景观	DA 光现象	DAA 日月星辰观察地	蛮汉山顶、岱海四季四时湖光	2
	DB 天气与气候现象	DBB 避暑气候地	凉城全境避暑地	1
		DBE 物候景观	岱海秋红、特有果种123	1
E 遗址遗迹	EA 史前人类活动场所	EAA 人类活动遗址	西口古道凉城段、环岱海遗址群、明烽火台、汉长城、大庙	5
	EB 社会经济文化活动遗址遗迹	EBA 历史事件发生地	花木兰代父出征途经地、李广牧守边关地、李牧驻守边关地	3
		EBB 军事遗址与古战场	贺龙革命活动旧址	1

主类	亚类	基本类型	主要单体名称	数量
F 建筑与设施	FA 综合人文旅游地	FAA 教学科研实验场所	京能集团培训中心、凉城职业技术学校	2
		FAB 康体游乐休闲度假地	岱海度假区、金隅岱海庄园、日式温泉城、岱海滑雪场、永兴湖度假村、岱海湿地公园、索力德绿色小山庄、赵家村农家乐旅游、双古城大东山西口农家乐生态园	9
		FAC 宗教祭祀活动场所	汇祥寺、卧佛寺、龙华三会寺、慈善寺、县城基督教堂	5
		FAG 社会与商贸活动场所	县城、主要旅游商品购物点	2
		FAH 动物与植物展示地	蛮汉山中草药基地	1
	FB 单体活动场馆	FBC 展示演示场馆	凉城展览馆、鸿茅文化馆	2
		FBD 体育健身馆场	二龙什台野外拓展训练基地、岱海温泉酒店各类运动场	2
		FBE 歌舞游乐场馆	岱海温泉酒店歌舞厅、岱海旅游区演艺广场、县城各演出场	2
	FC 景观建筑与附属型建筑	FCE 长城段落	明长城	1
		FCF 城（堡）	岱海欧式城堡酒店	1
		FCH 碑碣（林）	田家镇惨案纪念碑、路碑	2
		FCI 广场	县城文化广场、岱海广场	2
		FCK 建筑小品	花木兰雕塑、岱海休闲度假区建筑小品	2
		FDD 名人故居与历史纪念建筑	贺龙革命活动旧址、榆树坡（拓跋珪诞生之地）、程家营左卫窑汉代古城、元代宣宁县故城	4

主类	亚类	基本类型	主要单体名称	数量
F 建筑与设施	FE 归葬地	FEA 陵区陵园	鞍子山革命烈士陵园、厂汉营革命烈士陵园	2
	FF 交通建筑	FFB 车站	凉城汽车站	1
		FFC 港口渡口与码头	岱海码头、金隅岱海码头、京能电厂码头	3
		FFE 栈道	岱海木栈道	1
	FG 水工建筑	FGA 水库观光游憩区段	双古城水库	1
G 旅游商品	GA 地方旅游商品	GAA 菜品饮食	岱海全鱼宴、粗粮宴、绿色有机蔬菜、莜面、荞面、烤羊腿	5
		GAB 农林畜产品与制品	农副土特产、杂粮、林果产品、白瓜子	4
		GAC 水产品与水制品	天然矿泉水、温泉	2
		GAD 中草药材及制品	中草药基地、鸿茅药酒	2
H 人文活动	HA 人事记录	HAA 人物	拓跋珪、赵武灵王、李牧、李广、班禅、郑天翔、贺龙、李井泉、宋时轮	8
		HAB 事件	胡服骑射、岱海模式、飞将军李广英雄事迹、花木兰从军	5
	HC 民间习俗	HCD 民间健身活动与赛事	登山健身、蒙古族各种民间活动	2
	HD 现代节庆	HDB 文化节	蒙古族草原文化节、岱海啤酒文化节、鸿茅文化节	3

凉城旅游资源 8 个主类全部具备；31 个亚类中拥有 22 种，155 个基本类型中拥有 47 种，分别占全国旅游资源亚类和基本类型的 70.97% 和 30.32%。

二、旅游资源定量评价

依据《旅游资源分类、调查与评价（GB/T18972—2003）》中的"旅游资源共有因子综合评价系统"划分等级，该系统设置了"资源要素价值""资源影响力"和"附加值"三个评价项目，包括"观赏游憩使用价值""历史文化科学艺术价值""珍稀奇特程度""规模、丰度与概率""完整性""知名度和影响力""适游期或使用范围"和"环境保护与环境安全"八个评价因子，总分为 100 分。按得分高低可将旅游资源分为五个等级，其中五级、四级、三级旅游资源统称为"优良级旅游资源"，二级、一级旅游资源统称为"普通级旅游资源"。

由于对凉城县旅游资源初步调查的精度和对各旅游资源基本类型单体掌握程度不一，在确定质量等级时除了结合实地调查获取的初步资料和直接感受印象以外，还参考了当地提供的地方志等文字材料，包括各主要景区（点）的说明介绍、有关部门提供的资料及对当地旅游发展的设想。另外，此次评价中有 31 处单体尚未有较为统一或公认的评判标准，如旅游商品主类和人文活动主类等，故未予以评价。

质量等级评定结果如表 1-7 所示。85 处参评的旅游资源单体中，没有五级旅游资源单体；四级旅游资源单体 6 处，占总数的 7.05%；三级旅游资源单体 20 处，占总数的 23.5%；普通级旅游资源单体 59 处，占总数的 69.4%；未参加评价的旅游资源单体 31 处，占旅游资源单体总数的 26.72%。由表 1-7 可知，凉城县优良级旅游资源单体为 26 处，占旅游资源单体总量的 30.55%，旅游资源总体质量处于中等水平。

表1-7 凉城县旅游资源单体等级评价

等级		旅游资源单体名称（单体数目）
优良级	五级	无（0处）
	四级	岱海（岱海湖、岱海湖岸草原）、蛮汉山（二龙什台国家森林公园）、贺龙革命活动旧址、环岱海遗址群、岱海中水塘温泉、凉城全境避暑地（6处）
	三级	蛮汉山（其他区域）、马头山森林公园、蛮汉山地质景观、岱海湖泊湿地省级自然保护区、京能岱海旅游度假区核心区、万年冰窖、岱海文化苑、西口古道凉城段、岱海滑雪场、永兴湖度假村、金隅岱海庄园、双古城西口农家乐生态园、汇祥寺、洞金山大卧佛、岱海度假区、鸿茅文化馆、榆树坡（拓跋珪出生地）、马头山（万亩松林）、永兴湖、鸿茅药酒（20处）
普通级	一级、二级	洞金山、岱海沙滩、永兴湖湿地、蛮汉山高山草甸、岱海花海、岱海鱼类栖息地、永兴湖鱼类栖息地、二龙什台野生动物栖息地、马头山野生动物栖息地、岱海鸟类栖息地、永兴湖鸟类栖息地、二龙什台鸟类栖息地、蛮汉山顶、苹果树（123）、明烽火台、汉长城、大庙、花木兰代父出征途经地、李广牧守边关地、京能集团培训中心、凉城职业技术学校、索力德绿色小山庄、赵家村农家乐旅游、卧佛寺、龙华三汇寺、慈善寺、县城基督教堂、县城主要旅游商品购物点、蛮汉山中草药基地、凉城展览馆、二龙什台野外拓展训练基地、岱海温泉酒店各类运动场、岱海温泉酒店歌舞厅、岱海旅游区演艺广场、明长城、岱海欧式城堡酒店、田家镇惨案纪念碑、路碑、县城文化广场、岱海广场、花木兰雕塑、岱海休闲度假区建筑小品、鞍子山革命烈士陵园、厂汉营革命烈士陵园、凉城汽车站、岱海码头、金隅岱海码头、京能电厂码头、岱海木栈道、双古城水库、海高牧场、蒙荣牧场、岱海鱼、凉城杂粮、凉城工艺品、郑天翔旧居（59处）

三、旅游资源总体特征与优势定位

（一）总体特征

1. 资源类型丰富，红绿蓝白四色俱全，区域组合极佳

凉城旅游资源具有8个主类，22个亚类，47个基本类型，旅游资源类型较为丰富。在3400平方千米的凉城县境内，凉城县红绿蓝白四色俱全，聚集了典型的红色革命旧址、绿色森林草原、蓝色湖泊河流与厚重的凉城历史文化、白色冰雪资源等，既有优良的自然旅游资源，也有丰富独特的文化旅游资源，既有丰富多样的高山、峡谷等自然地貌资源，又有湖泊湿地、森林草原等多样的生态系统，以及大量的动植物资源。凉城县历史文化积淀深厚，有震撼力，是鲜卑文化的重要区域，蒙古族、满族、汉族民俗文化地域特色鲜明。凉城县自然旅游资源与人文旅游资源相互交融，合为一体，形成完美的多种资源类型的空间有机组合，区域组合俱佳。

2. 历史文化旅游资源类型丰富，品位较高

凉城县历史文化悠久，具有丰富的人文旅游资源，而且资源品位较高。凉城具有116处旅游资源单体，其中人文类旅游资源为85处，占总量的73.28%。人文旅游资源单体中有13处为优良级旅游资源单体，其中四级旅游资源单体为两处，分别为贺龙革命活动旧址和环岱海遗址群，均为国家级文物保护单位，而三级旅游资源单体为11处。在凉城47种旅游资源基本类型中，有30种均为人文类旅游资源类型，占总类型数的63.83%。由此可见，凉城县旅游资源历史文化悠久，其人文类旅游资源品位较高。

3. 自然景观多样，资源禀赋优良，单体雄奇险秀

凉城县拥有蛮汉山、岱海、岱海中水塘温泉、万年冰窖、二龙什台国家森公园、滨湖避暑胜地等旅游资源，这些典型的地文景观、水域风光、生物景观、气象与气候景观汇聚在凉城县，呈现出17种具有很强观赏性的多样自然景观。自然类旅游资源单体总数为31处，11处为优良级旅游资源单体，旅游资源优良率达35.48%，以高原湖泊、原始次生林、地质景观、温泉资源、草原湿地等为核心的自然旅游资源呈现出资源禀赋优良的特点。就各自然旅游资源单体而言，具有雄奇险秀的特点。蛮汉山具有雄伟的特点，二龙什台等地具有大量的石林、峡谷、森林景观，岱海的湖泊水域景观均展现出凉城奇特、险峻、秀美的特点。

（二）优势定位

凉城县旅游资源优势定位如下：

其一，岱海（温泉、湖泊、草原、湿地）是凉城最具开发潜力的核心资源，将成为凉城打开京津等客源市场大门的钥匙。岱海是内蒙古第三大湖泊，自然景观良好，方便开展以水上娱乐为主题的各种水利生态旅游活动，岱海温泉是内蒙古中西部地区唯一的天然自涌温泉，品质优良、历史悠久。湖泊、温泉、湿地、草原、文化以及红色旅游资源组合度良好，具有很强的

吸引力。本次规划重点整合岱海南北两岸资源，环湖联动，在现有的温泉、湖泊旅游基础上，重点打造环湖草原，目标成为内蒙古中西部地区"草原——沙漠黄金旅游线路"中的第四块草原品牌，而且是水草相伴、湖草一色的精致草原，独具地域特点的文化草原，使岱海乃至凉城的旅游产品真正面向国内大旅游市场，成为内蒙古中西部旅游线路上名副其实的中心节点。

其二，以蛮汉山为主体的山岳和森林旅游资源是打造北方名山以及确立凉城山水之城旅游形象最重要的资源。蛮汉山作为历史文化名山，风光秀丽、历史遗存丰富，在二龙什台、赤老太、洞金山以及支脉马头山区域都具有优良的高山草甸、森林以及地质奇观，具备打造北方名山的资源禀赋。而凉城在北方地区山水相依、上山下海的旅游目的地形象在周边地区也是特色鲜明。

其三，旅游资源组合优势是将凉城打造成为区域性旅游目的地的核心竞争力。凉城县凝聚了47种旅游资源基本类型，其涵盖了山地、地质、森林、草原、湖泊、冰川、湿地、温泉、红色旅游、人文遗址、滑雪、度假、古城等高品位旅游资源，这对于旅游目的地建设具有十分强的组合优势，并且具有很强的吸引力。

其四，得天独厚的避暑气候是凉城未来主打的形象与品牌。凉城之名得自于自古以来的气候特点。凉城——清凉之城、凉爽之城，在全球变暖效应的大环境下，凉城自身的名字就极具吸引力。凉城夏季平均气温比呼和浩特等周边城市低2~3℃，比北京低6.5℃，是天然的避暑胜地。

其五，丰富的文化旅游资源是深度开发旅游产品的灵魂所在。凉城县具有环岱海遗址群、贺龙革命活动旧址等厚重的优良级旅游资源单体，这些文化资源将成为凉城旅游向纵深发展与可持续发展的根本基石所在。

由于有30余处旅游资源未参与评价，而这其中包含了凉城很多丰富的文化旅游资源，如北魏文化等，开发厚重的文化资源具有较强的游客参与性和娱乐性，能提升旅游产业的关联性，带动社区居民参与，因此将促进凉城县旅游快速发展。

四、旅游资源开发措施

（一）以岱海湖保护开发为前提，推动岱海休闲度假基地建设

岱海湖是内蒙古境内为数不多的五类水质天然湖泊，这是岱海旅游开

发得天独厚的条件。岱海水资源和生态资源保护是一切旅游开发的前提与基础。未来岱海旅游开发在北岸京能岱海旅游区不断完善休闲度假功能的基础上，重点打造南岸环湖草原、直通岱海的漂流项目，重点建设人工湖心岛工程，使岱海形成南北互动、水岸相连的景观格局，使岱海同时拥有草原观光、湖泊观光、滨水休闲、温泉养生、湿地体验等旅游产品，满足各层次的旅游需求，使岱海成为真正的休闲度假基地。

（二）加强蛮汉山保护开发，打造国家地质公园

蛮汉山不但是凉城县的生态屏障、景观花园，更是凉城县的历史文化源头。未来蛮汉山旅游开发要高起点、高标准，加强蛮汉山森林资源以及生物资源的保护是开发的基础。二龙什台现为国家森林公园，已经进行了观光产品的初步开发。要进一步挖掘蛮汉山的地质景观资源，积极申报国家地质公园，使蛮汉山成为同时拥有国家森林公园和国家地质公园的北方名山。

（三）整合岱海温泉资源，填补区域空白，打造特色温泉小镇

温泉越来越成为大都市区的休闲度假首选，呼包鄂都市区还没有一个成型的温泉特色城镇，岱海温泉自清代开发以来就在区域内有一定的知名度和美誉度，借助城镇化和旅游业大发展的机会，全力打造独具内蒙古休闲风格的温泉小镇，是凉城县旅游业未来发展的突破口和亮点。

（四）打造乡村休闲度假基地

乡村旅游的发展对加快推进社会主义新农村建设、拓宽农民增收渠道、增加农民就业机会、提升农村精神文明程度、丰富旅游产品、增强旅游业发展的活力、满足国内外游客的旅游文化消费需求，都具有十分重要的意义。凉城县可借助良好的乡村生态资源以及农渔业文化传统，打造乡村度假基地，通过乡村旅游带动旅游者认识乡村习俗，参与村民劳作，以科普观光、教育农场、体验农园、度假乡居、乡土饭庄等形式体现，以政府引导、社区协作、村民自主开发的经营模式进行运作。

（五）创建国家5A级景区

将岱海旅游度假区、岱海温泉小镇、岱海滑雪场、岱海草原旅游区

（规划中建设）、岱海漂流（规划中建设）等环岱海区域，以联合捆绑的形式申报国家5A级景区，以5A级景区标准为起点，提升岱海旅游度假区的管理水平，完善旅游六大产业要素的建设，达到岱海旅游资源的高度整合。

（六）创办区域性有影响力的旅游节庆

凉城县的旅游文化节庆活动主要集中在岱海，每年7~8月在岱海湖畔举办岱海消夏旅游节，主要活动包括岱海摄影展、横渡岱海（2005年著名游泳教练张健横渡岱海）、岱海沙滩节等体验性和参与性活动，但影响力一直不大，2008年后由于各种原因停办。未来凉城县的旅游节庆活动还应以岱海为基地全力提升规模和品质，目标成为乌兰察布市乃至呼包鄂旅游圈重要和特色鲜明的旅游节庆，成为融群众性、参与性和娱乐性于一体的大型旅游文化节庆活动。除传统的活动项目外，将举办包括大型开闭幕式、岱海赛马节、岱海捕鱼节、岱海水上运动会、岱海采摘节等系列文化旅游活动，节期也将持续一个月左右。

（七）申报国家爱国主义教育基地

凉城县域内红色资源众多，如贺龙抗日旧址、郑天翔旧居等，可以将这些资源大力整合，集体申报国家爱国主义教育基地，与内蒙古中西部地区红色旅游项目结合串线，打造红色旅游线路，建设红色旅游休闲度假基地，将凉城县红色旅游提档升级。

讨论与作业

1. 《旅游资源分类、调查与评价》中的定量评价指标有哪些，如何赋分？
2. 评述凉城县旅游资源的优势定位与资源定量评价的关系。
3. 选择熟悉的景区进行旅游资源定量评价。

案例 3

马鬃山现代农业休闲度假区旅游资源评价

一、旅游资源基本类型及定性评价

（一）旅游资源基本类型

依据《旅游资源分类、调查与评价》GB/T 18972—2003 标准，从旅游资源的本质属性出发，采用"二分法"将马鬃山现代农业休闲度假区所处区域小文公乡旅游资源分为自然旅游资源和人文旅游资源两大类，如表1-8所示。

表 1-8　马鬃山旅游资源调查

景系	主类（景类）	内　　　容
自然旅游资源	地文景观	马鬃山
	水域风光	塔布河西圪旦村段、马鬃山小溪
	生物景观	干草原、万亩防砂灌丛、油菜花、荞麦花、马铃薯花、葵花等大地景观
	天象与气候景观	雨、雪、日出、日落、避暑气候地
人文旅游资源	遗址遗迹	马鬃山寺庙
	建筑与设施	农家院、农家乐
	人文活动	二人台、农家说唱、剪纸活动、篝火晚会
	旅游商品	肉食品、奶食品、莜面、葵花、马铃薯加工产品等

（二）旅游资源定性评价

1. 自然景观丰富，人文旅游资源匮乏

自然旅游资源较为丰富，特别是生物景观包括干草原景观，荒漠化草原景观，马铃薯、葵花、玉米等大地景观，跳出了达茂旗自然资源只有草原景观的印象，丰富了小文公乡自然景观类型；与其相反的是，人文旅游资源比较匮乏，特别是建筑与设施类、人文活动类、旅游商品类的旅游资源。如何能够充分挖掘自然旅游资源，以此来带动人文旅游资源的开发，从而提高小文公乡旅游业的发展水平是小文公乡旅游业发展的瓶颈与面临的挑战。

2. 自然环境相对优越，现代农业旅游资源丰富

如前所述，小文公乡地形地貌以山石丘陵为主，兼有少量滩川河谷，境内有两条季节性河流，自西向东汇入塔布河流进四子王旗。年降水量293毫米，高于全旗平均值；年蒸发量2360毫米，低于全旗平均值；无霜期100天左右，是相对宜农地区。特别是种植的油菜花、荞麦花、马铃薯花、葵花、小麦等农作物，在一定的季节里形成的美丽的大地景观以及小文公特色农产品都为小文公乡乡村旅游的发展提供了便利的条件。

3. 旅游资源单体数量少，旅游资源类型单一

小文公乡旅游资源单体数量较少，特别是人文活动、旅游商品类型的人文旅游资源更是少之又少，严重制约着小文公乡旅游业的快速、健康发展。

4. 旅游资源开发深度不够

能够被人们开发利用到旅游业发展的旅游资源，才是"活的"旅游资源，对当地的旅游业发展才能起到推动作用，也是旅游资源实现多功能的前提和条件。由于存在位置偏远、交通不便、客源较少、资财不足、基础设施薄弱、景点分散、地形复杂、施工条件差等客观原因，小文公乡旅游资源开发深度不够，旅游资源所能创造的经济价值较小，大部分旅游资源只进行过简单的投资开发，开发深度远远不够。特别是一些有价值的遗迹遗址类的旅游资源得不到充分的利用，对于小文公乡旅游业的发展尤为不利。

5. 生态环境脆弱

小文公乡生态系统稳定性小，一旦人为利用不当，极易导致植物群落的衰退、风蚀与水蚀加剧和土地荒漠化，从而导致生态系统失衡。同时，由于草原区域很少有天然的沟壑或河流、山体作为游客活动范围的限制，有时旅游功能分区时很难把旅游活动区与生活服务区分离，这样使得旅游开发极易造成草原景观整体性的分割和草原生态环境的破坏。

二、主要旅游资源定量评价

为进一步比较和分析小文公乡各类自然旅游资源和人文旅游资源，本章使用打分评价方法对小文公乡各旅游资源进行评价，并将旅游资源分为不同等级，为《马鬃山现代农业休闲度假区旅游发展规划》的编制提供重要的参考依据。

关于评价体系的说明：

旅游资源评价体系以百分制为标准，评价指标由旅游效益、旅游价值和开发条件3个一级评价指标及对应的13个二级评价指标构成，各评价指标分值根据其重要性的不同而确定，具体分值分配如表1-9所示。

表1-9　各指标具体赋分值

一级评价指标	旅游效益			旅游价值				开发条件						总分
分值	30			40				30						
二级评价指标	经济效益	社会效益	环境效益	观赏价值	历史价值	科学价值	实用价值	交通区位	景观组合	旅游容量	建设施工	客源市场	投资开发	
分值	15	6	9	28	4	4	4	7.5	7.5	3	3	3	6	100

具体指标说明如下：

旅游效益是指对小文公乡旅游资源开发的经济效益、社会效益及环境效益三大指标的综合评价。其中，经济效益包括经营旅游业所带来的经济收益及旅游对国民经济的促进作用和相关产业的发展；社会效益体现为增加劳动就业机会，促进不同地区、不同国家人民间的信息、文化和感情交流；环境效益表现为旅游业促进环境的美化、绿化，使人们重视文物古迹的修复和重建，改变了乡村文化面貌。没有效益就没有旅游开发的价值和意义。

旅游价值包括观赏价值、历史价值、科学价值、实用价值。其中，观赏价值是指旅游资源（特别是自然旅游资源）的艺术特征给游客带来的审美享受，它是旅游动机的重要源泉；历史价值是指旅游资源（特别是人文旅游资源）久远的历史和深厚的文化寓意给游客带来非同寻常的旅游价值；

科学价值是指旅游资源的某种研究功能可以作为科研工作者或科学探索者的现场研究场所的价值；实用价值是指旅游资源除了提供人们观赏、求知或研究价值外，还能直接应用于人的生产和生活，或直接以其实用性吸引游客。

旅游资源的开发条件包括交通区位、景观组合、游客容量、建设施工、客源市场及投资开发等。其中，交通区位条件是确定景区开发规模、利用方向及旅游线路设计的重要依据；景观组合条件是指一个景区内各景点或景物的地域组合、资源匹配情况；旅游容量条件是指旅游景区的容人、容时量情况；建设施工条件主要是指旅游资源项目开发建设的难易程度和工程量的大小；客源市场条件是指客源地、客源数量、客源的季节变化等；投资条件是指开发旅游资源的人力、物力、财力情况，尤其是旅游项目投资资金的落实情况。

各评价指标得分由项目专家组进行打分并计算平均值得出。旅游资源评价等级分为两级，从高级到低级依次为：一级旅游资源，80≤得分≤100；二级旅游资源，70≤得分<80。小文公乡旅游资源综合评价得分结果及旅游资源等级分类情况如表1-10及表1-11所示。

表1-10　小文公乡旅游资源综合定量评价得分

一级评价指标		旅游效益			旅游价值			开发条件						总得分
分值		30			40			30						
二级评价指标		经济效益	社会效益	环境效益	观赏价值	历史价值	科学价值	实用价值	交通区位	景观组合	旅游容量	建设施工	客源市场	投资开发	
分值		15	6	9	28	4	4	4	7.5	7.5	3	3	3	6	100
资源名称	旅游资源类型	单项得分													
马鬃山	自然旅游资源	12.9	4.5	5.4	26.4	3.6	3.2	3.2	6.6	6	1.5	1.8	2.1	5.3	82.5
塔布河西圪旦村段	自然旅游资源	9	5	8.4	24	3.2	2.6	1.2	6.3	5.4	3	3	2.7	5.3	80
葵花、马铃薯大地景观	自然旅游资源	12.3	4.8	6.9	19.2	2	2	2.4	5.4	4.5	2.7	2.4	2.1	5.4	72.1
特色农家院	人文旅游资源	11.4	4.2	7.5	20.8	1.6	1.6	3.2	6.9	5.1	1.5	2.1	1.8	3.3	71

表 1-11　小文公乡旅游资源评价等级

二级旅游资源	一级旅游资源
以葵花、马铃薯为代表的植物大地景观 特色农家园	马鬃山 塔布河西圪旦村段

通过对小文公乡旅游资源的旅游效益、旅游价值和开发条件三大类指标的综合评价，可以得出以下结论：

第一，马鬃山及塔布河西圪旦村段是小文公乡旅游效益、旅游价值和开发条件最好的一级旅游资源，是小文公乡旅游资源保护、传承、宣传和发展的重中之重。

第二，大地景观、农家乐及特色农业产品属于二级旅游资源，是小文公乡需要保护、传承、研究和挖掘的重要旅游资源。

讨论与作业

1. 马鬃山现代农业休闲度假区旅游资源的分类依据是什么？
2. 马鬃山现代农业休闲度假区旅游资源的评价因子有哪些？谈谈如何确定不同区域旅游资源的评价因子。

第二章

旅游市场

本章导读

　　旅游市场是决定区域旅游规划成功与否的关键所在。因此，在进行旅游规划的过程中，必须对市场进行周密、细致的调查、分析与预测，并在此基础上做出针对旅游市场方面的具体规划举措。具体而言，旅游市场规划、开发涉及的内容有：旅游市场细分、旅游目标市场选择、旅游市场定位、销售渠道选择、形象树立与品牌推广等。旅游市场细分是从旅游消费者的需求差异出发，根据旅游消费者消费行为的差异性，将整个旅游景区市场划分为具有类似性的若干消费群体。市场细分需要遵循有效性、可衡量性、稳定性、差异性、同质性等原则。旅游市场细分的标准一般包含地理因素、人口特征因素、心理因素、购买行为因素等。旅游目标市场选择是指旅游企业在整体市场上选定某一或某些细分市场作为销售目标的过程。被选定的目标市场应当满足三个条件：有一定的市场规模和发展潜力，具有良好的吸引力，符合旅游景区的目标和资源能力。旅游目标市场选择的策略有：无差别市场策略、密集性市场策略、差异性市场策略。旅游市场定位是指旅游企业根据目标市场上的顾客偏好、竞争状况和自身优势，确定自身产品或服务在目标市场中应处于的竞争地位。市场定位的策略有：领先定位、比附定位、心理逆向定位、差异定位、市场空隙定位等。渠道是指使旅游者转移到旅游景区实现景区产品销售的全过程中所经历的各个环节和推动力量的总和。它的起点是旅游景区，终点是旅游消费者。中间环节包括各种代理商、批发商、零售商以及其他中介组织和个人，即旅游中间商。旅游景区销售渠道包括：旅行社、旅游行业协会、互联网平台等。旅游景区形象是指一定时期和一定环境下社会公众（包括旅游者）对旅游景区形成的一种总体评价，是景区的表现与特征在公众心目中的反映。对旅游者进行细致的分析是景区形象定位的基础，结合地理文脉和空间层次，分析旅游景区在同类型景点中的优劣是景区形象定位的关键。旅游品牌是指旅游经营者凭借其产品及服务确立的代表其产品及服务形象的名称、标记或符号，或它们的相互组合，是企业品牌和产品品牌的统一体，它体现着旅游产品的个性及消费者对此的高度认同。旅游品牌的推广需要以统一的标志、图案、颜色及格调开展市场营销，需要采取多种方式，全方位开展促销攻势。旅游景区（目的地）品牌推广可采用广告媒体（报刊、广播、电视、电影、互联网等）、室外广告（广告牌、空中广告、交通工具广告等）、印刷品广告、制作风光片、聘请旅游形象大使、策划节事活动等多种形式进行。

第一节
旅游市场细分、目标市场选择与定位

　　旅游市场细分、目标市场选择与定位一脉相承，次第推进，需要遵循科学的规范与程序。旅游市场细分是前提与基础，需要依照以下步骤逐步进行：①选择市场范围；②排列出所选市场范围内潜在顾客对产品的基本需求；③分析潜在顾客的不同需求；④移去潜在顾客的共同需求；⑤筛选出特征突出的需求因素作为细分标准；⑥重新划定各细分市场并加以命名；⑦对各细分市场进行综合评价；⑧测量各市场的大小。目标市场选择以市场细分为基础，需要综合考虑诸多因素，具体包括：旅游企业自身实力条件、旅游产品特征、旅游市场需求特征、旅游产品生命周期、旅游市场竞争状况、旅游市场营销环境等。旅游企业市场定位紧随市场细分与目标市场选择，需要遵循的步骤有：①确定旅游企业经营领域；②再次明确目标市场；③深入研究目标市场特征；④研究竞争者市场定位；⑤确定本企业市场定位；⑥实施市场定位。市场定位是市场决策的关键环节，定位是否准确，是否得到准确贯彻与执行，将严重影响经营成败，因此，市场定位需要反复论证、科学决策，避免盲目与激进。

案例1

南京中山陵景区细分市场分析报告

中山陵景区是国家首批颁布的 44 家风景名胜区之一，多年来和许多名山大川一样在国内旅游市场中拥有较高的地位。而近几年来旅游业发展迅猛，旅游市场竞争日益激烈。没有一个科学的市场细分和有效的营销手段，就无法满足旅游者日益扩大的消费需求和瞬息万变的市场竞争。现结合中山陵的实际情况，探讨市场细分的四类因素，如表 2-1 所示。

表 2-1　南京中山陵景区旅游市场分析

影响因素		影响程度	购买情况	旅游偏好
地理因素	地域	较大	少量	明显
	距离	较大	少量	明显
	气候	较小	较多	不明显
心理因素	个性特征	较大	一般	明显
	兴趣爱好	较大	一般	明显
	生活方式	一般	较多	不明显
购买行为因素	旅游动机	大	一般	明显
	度假旅游市场	一般	少量	不明显
	公务旅游	一般	较多	不明显
	奖励旅游	一般	一般	明显
人口因素	年龄	一般	一般	明显
	性别	较小	少量	不明显
	职业	较大	较多	不明显
	收入	大	一般	明显

一、地理因素

按地理因素细分旅游市场是一种传统但至今仍然得到重视的细分方法，主要以地域、距离、气候为划分依据。旅游景点、企业的接待对象来自世界各个地区，分布于不同地区的旅游消费者对同一类旅游产品或服务的需求、偏好存在着较大的差异，对旅游产品的价格、销售渠道和促销措施的反应也不同，而且地理因素相对来说是静态因素，利用比较容易，细分出的市场也较易辨认，按照细分市场所在地安排广告促销、布局销售网点，费用合理，营销力量也比较集中。这是旅游景区（点）、企业细分市场遵循的重要因素。

中山陵处我国南方地区，处省会城市，目前面对的市场主要是国内旅游市场，国际旅游市场占有份额非常小。国内旅游市场以市场占有额相对稳定的长江"金三角"地区为中心，循序渐进，向外辐射。近年来，在深圳、广州、天津等主要城市设立中山陵旅游服务咨询中心，与当地有一定影响的酒店、旅行社建立旅游协作关系，并通过一定形式的广告、信息宣传，使该地区成为中山陵旅游景区的重要客源市场，2000 年该地区游客量占到 52%。今后的营销目标应进一步向外延伸，主打交通较为便捷的京沪、宁沪、宁杭，使之成为旅游市场的新亮点。在气候方面，中山陵可根据自身优势把旅游市场划分为南、北两大市场。春夏的市场营销重心放在南方地区和交通较为便捷的地区，用秋冬品牌主打长江以北地区，效果会非常明显。国外旅游市场的营销必须突出区别于其他景区（点）的旅游产品，中山陵孙中山墓碑就是一个推向国际市场相当好的产品。

二、心理因素

按心理因素细分旅游市场，主要是以旅游者个性特征、兴趣和爱好、生活方式等因素作为划分旅游者群的基础，注重同一区域需求差异性，但具有相同心理因素的旅游者通常分散于不同的地理区域，增加了景区（点）针对各细分市场布置营销力量的难度，而且，心理因素是动态的，不如地理因素容易把握，因此，在旅游市场细分中，应着重考虑将心理因素与地理因素结合起来。

三、购买行为因素

购买行为因素是指以旅游者的旅游动机、旅游组织方式、购买时机、对企业营销的敏感程度、购买频率、购买数量及对品牌的信赖程度等因素为基础进行市场细分。

首先，按旅游动机细分，有探亲访友旅游、观光旅游、度假旅游、公务旅游和奖励旅游五类。探亲访友旅游客观条件影响较大。观光旅游市场是最常见、最主要，也是最原始的旅游市场。中山陵就有成千上万的观光旅游者。这属于相对稳定的市场，需要景区（点）的长期巩固，经常性地将风光介绍、图片、交通、价格、特色旅游活动等旅游信息通过媒体、旅行商推向目标市场，加大对旅游者的视觉冲击力，增强旅游者的选择信心。度假旅游市场主要以休闲、疗养、健身为目的，更强调宁静、安全的环境，对价格、距离、活动安排都有一定的要求。近年来，中山陵非常关注度假旅游市场，每年对学生寒暑假旅游市场调整价格、专题促销宣传，投入很大的营销精力，成效也较为突出。但是对带薪阶层旅游度假市场只是适应，营销手段处于被动。目前，国内旅游消费日趋理性化，旅游者对旅游目的地、出游时间的选择都非常理智，旅游产品安全、环境设施完善，完全可以实施目标市场的合理引导，逐渐消除旅游者"黄金周"怕出游的心理，加之景区（点）、森林公园的快速兴起，争抢"黄金周"旅游市场已迫在眉睫。公务旅游，即会展和商务旅游市场。从目前该市场的规模和发展势头来看，该市场已成为国内外旅游市场中的一支生力军。以西安为例，每年举办"贸洽会""博览会""交易会""研讨会""学术会""经济论坛"等各类会议不下百次，加之日益繁多的商务往来活动，不亚于一次次"黄金周"。奖励旅游市场，是一个新兴旅游市场，潜力较大，发展势头很猛。自20世纪90年代以来，东南亚旅游业较发达国家就开始接待为数可观的奖励旅行团，约占其接待总量的17%，尤其是泰国奖励旅游增长量每年在20%~30%。中山陵景区可以先行一步，对全国劳模、各大中城市的先进典型实行大幅度的旅游优惠，甚至可以全程免费服务。通过这些先进典型的传播，以及各地电视台的跟踪采访，不难做好奖励旅游市场这篇文章。

其次，按旅游组织方式可细分为团体旅游市场、散客旅游市场、组合旅游市场。团体旅游市场在中山陵旅游市场中占有较大的比例，2000年中山陵团队旅游人数占到全年游客量的61%。另外，在提供给旅行商的中山陵旅游线路上尽最大可能地拉长时间，力争改变"中山陵一日游"的现状。散客在当今旅游市场所占比例越来越大。可在散客聚集地进行固定、长期的旅游标识宣传，合理引导游客，保障游客进得来出得去。组合旅游市场是一种灵活、方便的旅游组织方式，是为完成某一项旅游活动临时组合的旅游者群，主要表现在大的商务活动中，景区（点）在环境、服务、市场引导上要给予高度重视。

最后，按购买时机、频率、数量细分为淡季旅游市场、旺季旅游市场和平季旅游市场。在当前市场条件下，可使用免费票价平抑淡、旺季旅游市场，同时充分利用中山陵季节变化形成的风光优势，进一步包装旅游产品，炒热淡季旅游。

四、人口因素

人口因素是一个复杂的变量系统，包括年龄、性别、职业、收入、教育、家庭状况、民族、国籍等。

按年龄可将旅游市场细分为青年旅游市场（15~24岁）、成年旅游市场（25~34岁）、中年旅游市场（35~54岁）和老年旅游市场（55岁以上）。青年旅游市场以求知、猎奇为主要动机，如探险、骑自行车、武术、修学、真人CS旅游等颇受青年人欢迎。但中山陵旅游产品包装过于单一，深层次地反映中山陵文化内涵的旅游产品挖掘不够，旅游者来中山陵除了爬山就是看孙中山的墓碑，其他旅游项目寥寥无几，缺乏活力。老年旅游市场是一个长期稳定的市场，休疗、消遣、度假、寻根是旅游的主要目标。寻根旅游是老年旅游市场和海外华侨旅游市场的一个亮点，在国内引起较大反响，中山陵也可以利用老人们的这种心理合理地安排旅游项目和一些具体活动。

五、针对细分市场的旅游开发策略

深层次地挖掘反映中山陵文化内涵的旅游产品，加大对外省的宣传力度。

依据不同的旅游者开展不同的活动，诸如猎奇类、寻根类的活动。

经营主体应进一步挖掘团队旅游市场潜力，在互惠互利的基础上，建立目标市场的旅行社营销网络，使中山陵旅游品牌遍地开花。

单从营销方面来讲，追求一个市场冲击力，可以在各大中城市来南京的火车上、飞机上分软卧、硬卧、硬座、头等舱、经济舱以不同形式宣传中山陵的风光，使客人一登上旅途就可以看到中山陵；与南京三星级以上宾馆达成经济协作意向，在客人的房间备放中山陵精美风光图片介绍（赠品）；与省内上档次的国际、国内旅行社在互惠互利的基础上共推中山陵旅游产品，在提高中山陵品牌感召力的同时，给旅游者来中山陵游览提供全方位的旅游服务和旅游咨询。

把握好商务旅游，该市场的旅游者身份和社会地位都普遍较高，抓住这个机遇本身就是一次极富说服力、影响力的宣传，而且该市场对消费价格并不十分看重，尤其是不受季节和地区限制，出游高峰期大多在每周一至周五，正好填补了中山陵旅游小淡季的空白。做好这个市场，产品包装、旅游环境、服务质量、营销方式、策略都必须体现一个高规格。

讨论与作业

> 1. 为什么要进行旅游市场细分？
> 2. 影响旅游市场细分的要素有哪些？
> 3. 结合案例试讨论旅游市场细分与旅游开发的关系。

案例2

延边民俗旅游市场细分及目标市场的选择

一、延边民俗旅游市场细分

旅游市场细分是指把旅游市场根据消费者的需求和购买行为的差异，分为多个具有相似需求的群体。笔者根据林南枝的《旅游市场学》中对市场细分的研究方法，结合《延边民俗旅游现状分析》《延边朝鲜族自治州旅游发展总体规划》《中国旅游统计年鉴》和延边地区民俗旅游实际情况综合分析，得出以下市场细分结论。

（一）按心理变量进行市场细分

客源市场可以具体依据生活方式、社会阶层、个性特征和出游动机进行划分：根据生活方式可划分为高雅型、传统型、新颖型、简朴型、奢侈型和潇洒型，其中奢侈型和高雅型比例略高；根据社会阶层划分为高收入群体和工薪阶层，其中高收入群体比例明显高于工薪阶层；根据个性特征可划分为内向型和外向型，外向型更倾向于参加旅游活动；根据出游动机可划分为观光旅游、民俗文化、度假旅游、商务会议和其他，就目前来看，观光旅游还是占据主导地位，民俗旅游略次之，但很有发展潜力。

（二）按行为变量进行市场细分

客源市场可以具体依据游客的购买数量、偏好程度、购买时间、购买次数和购买行为特征进行划分：根据购买数量可划分为散客和团体，笔者走访调查发现，团体游客比例很大，而散客之中又多以短途旅游者为主；根据偏好程度可划分为极度偏好、中等程度偏好、摆动偏好和无偏好，其中极度偏好的游客自然对民俗旅游非常感兴趣，是忠诚度最高的游客，具有摆动偏好的游客是应该尽力争取的客源市场；根据购买时间可划分为旅游淡季和旅游旺季，目前延边民俗旅游受长白山旅游季节影响较大，淡、旺季明显，旺季游客人数和淡季游客人数相差悬殊；根据购买次数可划分为一次购买和重复购买，多数游客属于一次购买，重复购买的客源市场主要是韩国游客，这受益于长白山观光旅游；根据购买行为特征可划分为理智型、冲动型、积极型、猎奇型和享受型，猎奇型的游客兴趣最大，与享受型的游客一样都很乐于前往他们感兴趣的旅游目的地进行旅游活动。

（三）延边民俗旅游市场细分研究结论

根据对延边民俗旅游客源市场的细分可以得出：第一，青年、中年游客是延边民俗旅游市场消费的主力，在吃、住、行、游、购、娱等方面消费能力突出，是其主要的目标市场。第二，延边民俗旅游的客源市场在收入因素上不存在人员分布差异，但在性别因素上，女性游客所占比例略高，主要得益于特色饮食和韩国进口商品消费。第三，由于延边旅游业起步较晚，距离发达的高收入地区地理位置较偏远，导致很多国内游客还属于首次旅游者，并且以团队形式为主，所以在营销方面，团队游客仍是重点，散客则是潜力市场。第四，以旺季旅游为主，一次购买游客比例大。第五，民俗旅游仍是以观赏为主，参与性不强。

二、延边民俗旅游客源市场选择

延边民俗旅游客源市场的选择是基于市场细分研究结论所指出的各种具有发展潜力的机会市场。这种选择必定是以延边民俗资源本身及其营销特征为根据。

（一）国内市场

国内市场划分如下：一级市场为吉林省乃至东北地区；二级市场为京津、上海、长三角经济发达地区；三级市场为东南沿海发达地区。

以上三级市场是根据地理区位来划分的。吉林省乃至东北地区是距离延边地区最近、区位优势最明显的地区，交通便利，营销影响大，旅游形象推广便利，旅游市场相对成熟。二级市场为京津、上海、长三角经济发达地区，距旅游目的地较近，消费能力强，游客文化素质较高，容易对民俗旅游产生兴趣。三级市场为东南沿海发达地区，经济水平、消费能力和文化素质不亚于二级市场，但地理位置相较于延边地区偏远。不过由于延吉市内有机场，所以在交通状况方面，东南沿海游客还不至于对延边地区望而却步。

（二）海外市场

海外市场划分如下：一级市场为韩国；二级市场为日本、俄罗斯、东南亚；三级市场为美国、欧洲发达国家。

延边旅游业海外客源市场虽发展势头良好，但结构单一，韩国游客占85%以上，而韩国游客主要是因长白山而来，民俗旅游目前对他们的吸引力不大。延边民俗旅游业应发挥主动性，广泛开辟客源市场，减少对韩国市场的依赖。但在实际营销活动中，韩国仍是延边旅游业的主要客源市场，是海外营销的重中之重。在保证韩国市场的同时，应积极开拓二级市场，包括日本、俄罗斯和东南亚地区。日本强大的经济实力、与延边地区较近的地理位置和东方游客侧重求同的旅游心理，都使延边民俗旅游不得不重视这个既有消费能力又有消费可能的非常有潜力的客源市场。俄罗斯出国旅游也日渐兴起，其国内东部较少有休闲度假胜地，所以出国到距离较近的延边地区，饱览长白山美景，体验朝鲜族风俗对俄罗斯游客也非常有吸引力。延边旅游对欧美发达国家客源市场的营销起步较晚，营销方式还很滞后，营销能力还属于初级开拓水平。但欧美发达国家这个庞大的客源市场不容小觑，消费能力强，对延边地区经济具有更大的带动作用。对海外三级客源市场的开发，应本着循序渐进，步步为营的方针，树立特色旅游形象，开发出适销对路的旅游产品，结合旅游产品开展有针对性的营销活动。

对延边民俗旅游市场细分及民俗旅游客源市场的选择有利于充分认识和深度挖掘市场，开发适销对路的民俗旅游产品，开拓新市场，有利于有针对性地制订和调整延边民俗旅游市场营销策略。

讨论与作业

> 1. 旅游目标市场选择的依据有哪些？
> 2. 旅游目标市场选择的意义是什么？

案例3

菏泽牡丹园的游客市场细分、目标市场选择与市场定位

一、景点简介

菏泽牡丹园位于山东省菏泽市内，又名"曹州牡丹园"，建于1982年，面积80公顷，是世界上品种最多、面积最大的牡丹园之一，集中了曹州牡丹从古至今的发展成果，是曹州牡丹观赏、旅游、生产、科研中心。菏泽牡丹栽培已有近千年历史，在中国牡丹发展史上，长盛明、清两代，管领

风骚500余年。它是在明清以来风格不一、大小不等的十几处牡丹园的基础上发展起来的,如清道光年间的赵氏园、桑篱园,创于明代的毛花园,以及当时的铁藜寨花园、大春家花园、军门花园等。曹州牡丹园也是菏泽牡丹民间科研中心,科研成果近百项,分别获国家、部委和省、市奖,1994年代表国家参加法国波尔多国际花卉博览会,获得大奖;在"99昆明世界园艺博览会"上,获牡丹单项奖81项,占世界牡丹总奖项的73%;在2002年全国牡丹催花大赛中,获得奖项114项,高居榜首。牡丹园被中国花协评为"全国花卉先进企业",被国家标准化委员会指定为"国家级牡丹芍药标准化示范园区",并作为国家高技术研究发展计划(863计划)菏泽科研育种基地。菏泽—曹州牡丹园最佳旅游时间为每年的4月下旬到5月上旬,这段时间内将会举办每年一次的牡丹花会,游览整个景区大约需要半天时间。

二、市场细分

(一) 基于地理因素的市场细分

综合考虑菏泽牡丹园的市场环境、资源状况及周边环境,经过调查,发现基于游客所处的地理位置以及社会环境,可以将游客市场按地理细分为:近程市场(山东省内);中程市场(国内市场);远程市场(国外市场)。

近程市场游客与中程市场游客的游览目的主要是观光休闲,而远程市场游客的游览目的主要是科研交流。

(二) 基于年龄与行为模式的市场细分

16~25岁群体,主要由青年学生组成,该群体一般经济能力不强,旅游消费属于底层消费,将旅游作为探险与体验新奇生活的经历,追求新奇、探险与欢快的旅游经历。

26~50岁群体,主要以已经工作的成年人为主,该群体一般有雄厚的经济能力,消费能力强,一般旅游可分为公务旅游与休闲旅游两种类型。

51~70岁及以上群体,主要以退休老人为主,该群体旅游消费一般需要更多的特殊照顾,旅游目的有休闲养生、探亲访友等。

（三）基于心理驱动因素的市场细分

16~25 岁群体，该群体追求新奇、探险与欢快的旅游经历。

26~50 岁群体，该群体追求经济利益与休闲娱乐。

51~70 岁及以上群体，该群体追求健康与情感体验。

三、确定目标市场

经过分析与整合，以心理驱动与行为模式为导向，最终确立菏泽牡丹园的三个目标市场：

16~25 岁群体，主要由青年学生组成，该群体一般经济能力不强，旅游消费属于底层消费，将旅游作为探险与体验新奇生活的经历，追求新奇、探险与欢快的旅游经历。他们来菏泽牡丹园的旅游目的主要是探求新事物，感受不同于其居住地的生活方式。

26~50 岁群体，主要以已经工作的成年人为主，该群体一般有雄厚的经济能力，消费能力强，一般旅游可分为公务旅游与休闲旅游两种类型。他们来菏泽牡丹园的旅游目的主要是假期旅游和关于牡丹种植与销售的科研商务交流。

51~70 岁及以上群体，主要以退休老人为主，该群体旅游消费一般需要更多的特殊照顾，旅游目的有休闲养生、探亲访友等。他们来菏泽牡丹园的旅游目的主要是欣赏牡丹、感受轻松生活以及探访亲友，回忆往昔。

四、市场定位

对菏泽牡丹园进行游客市场细分与目标市场选择后，分析其在现有目标市场上所处的位置，可以发现，在同一市场上，其强劲竞争对手为洛阳牡丹，洛阳牡丹因其开发完善，地理位置优越，以及以洛阳古都为依托，因此在市场上占有绝对优势。综合考虑市场状况及竞争环境，菏泽牡丹园应采取避强定位与创新定位的市场定位策略，针对三大目标市场制定适当的市场策略，在旅游市场上塑造出独特的市场形象，以吸引不同类型的旅游者。

针对 16~25 岁群体市场，在传统牡丹观赏项目上开发更多新奇、时尚的游乐活动，开发关于牡丹边沿的创新礼品等。

针对26~50岁群体市场，大力投入科研，栽培更多新品种、高品质的牡丹，开发多条牡丹商业产业链，以吸引更多以商务旅游为目的的游客；同时提高服务水平，加强配套设施建设，为商务客人提供高水平的服务。

针对51~70岁及以上群体市场，开发关于赏牡丹的多种艺术及休闲活动，如吟诗、绘画展览等。

通过以上对菏泽牡丹园的游客市场细分、目标市场确定与市场定位，菏泽牡丹园应该会吸引更多游客，树立其独特的市场形象，提高其在旅游市场的占有率。

讨论与作业

1. 为何要进行旅游市场细分？
2. 本案例是如何进行目标市场选择的？
3. 市场定位考虑的因素有哪些？

 案例4

香纸沟旅游市场的细分与定位

一、香纸沟旅游市场的细分

市场细分是指企业根据消费者需求的不同，把一整体市场划分为若干个消费者群体和市场面，每一个需求特点相类似的消费群体就是一个细分市场。它是由美国市场学家温德尔·斯密在1956年发表的《市场营销策略的产品差异化与市场细分》一文中提出的概念。其实际上是辨别具有不同需求的消费群体，把他们分别归类的过程，但它不同于一般的市场分类。

香纸沟位于贵阳市东北部的乌当区新堡布依族乡境内，距市区36千米，从贵阳市区乘车60分钟便到景区。香纸沟旅游市场的定位较为混乱，主要原因就在于市场细分。没有较好的市场细分，就不可能做出一个好的定位。

（一）香纸沟的旅游资源及其游客接待情况

香纸沟，沟谷深切，峰岳叠嶂，瀑布飞流。这里不仅有着迷人的峡谷风光、浓郁的布依风情，最令人称奇的是，景区保存着目前国内规模最大、最集中的古法蔡伦造纸作坊系统。当地布依同胞就地取材，伐竹、蒸竹、沤竹、水车碾竹、竹帘抄纸等72道工艺流程均显得古朴而奇特。这是一种远古文明，也是一个奇迹、一个秘密。整个香纸沟景区由龙井湾、锅底箐、马脚冲、南静寺、白水河、红子沟、葫芦冲、万丈沟等10余个景区组成，共有70余个景点。

香纸沟旅游资源按照旅游资源本身的属性及组成要素可分为：①自然风光。a. 地表类，有姊妹峰、洞窗、幽谷、关刀岩、一见天等；b. 水体类，有白水河、滴水岩瀑布、珍珠瀑布、天池、天外银河、水帘洞、琵琶潭等；c. 生物类，有红子沟、翠竹园。②人文旅游类。a. 历史类，有古蔡伦香纸生产景区、匪首洞、南静寺、长征路等；b. 民族风情类，有布依寨景区、"三月三"布依歌会、篝火晚会等。根据旅游活动的性质进行分类，主要有：①露营、野餐旅游资源；②骑马旅游资源；③攀岩旅游资源；④散步及远足旅游资源；⑤供观察欣赏的旅游资源。

香纸沟有着如此丰富的旅游资源，但旅游量却很少。笔者曾三次到香纸沟进行调查，对当地旅客的调查显示，其2007年11月~2008年2月的月均接待旅游人数不足1000人，3~4月月均为3000人，5~10月是其高峰期，月均约1.5万人，而五一黄金周接待游客约2万人，这与贵阳其他景区相比，是一个非常低的数据。2006年以来，五一黄金周，乌当区旅游最大的特点是自驾乡村旅游的人数猛增，香纸沟、偏坡、三江等已经成为乡村旅游首选。据统计，2007年五一节日期间，乌当区共接待旅游者13.89万人，比去年五一黄金周增长35.16%；实现旅游直接收入333.8万元，比上年同期增长80%。其中，乡村自助旅游人数为4.7万人，比上年同期增长86%，收入达159.6万元，同比增长189%。而香纸沟接待游客2万人，同比增长46%。2008年的五一小长假中，五一当天，就接待游客近5000人，和上年同期相比翻了4倍，这就体现了该景点的未来发展是具有巨大潜力的。

据贵州省各地假日办的信息统计，2007年五一黄金周的第一天全省共接待游客54.74万人次，而香纸沟的游客接待人数不足5000人，节日期间贵阳市共接待游客138.33万人次，香纸沟也不足2万人。造成这样的结果有多方面的原因，其中较为重要的是其宣传力度不够。笔者曾对贵阳市100名不同层次的市民进行调查，40%的人说不知道贵阳有此景区，30%的人表示听说过，但不了解情况；20%的人较为了解，但这当中大多是听别人说或从书上看到的，且多为学生；仅有5%的人表示去过，感觉不错。当笔者问到是否愿意到那儿去旅游时，60%以上的人表示愿意去，但首先要对香纸沟有所了解，然后决定是否值得去。而20%以上的市民表示那个地方交通不便，基础设施差，不愿意去。从以上的分析中可知，其潜在消费者市场还是较大的。这就要求扩大其知名度和美誉度，做好市场细分和定位。

（二）消费者细分

1. 地理细分

香纸沟的主要客源地为贵阳、遵义、安顺、六盘水地区游客；而外省游客主要有四川、重庆、广州、上海等。游客一般为一日游，少量的为两日游，每天的消费为150~300元。其中，贵阳为一级市场，遵义、安顺、六盘水等省内地区为二级市场，四川、重庆、广州、上海等一些外省客源为三级市场。

2. 人口特点细分

60%的年龄在17~25岁，学历为高中文化以上，其中大部分为在校大学生，无固定收入，消费欲望高，但消费不大；30%以上的年龄在26~50岁，教育程度为高中以上的占60%，大多数为工薪阶层。

3. 消费心理行为细分

30%的游客希望转换环境，到大自然中享受宁静，多为一周五天工作制的工薪阶层。60%的游客是为探险旅游，多为青年学生。他们的旅游动机是追求新鲜，渴望接受新思想、新信息，获得新的知识，不愿到同一目的地旅游，宁愿承担一些风险，到陌生地方与陌生人接触，到新的神秘的山区探险。这部分游客中大多数为青年学生，他们没有家庭负担，旅游欲望较高。

4. 旅游目的细分

游客多为休闲游、探险游、度假游、观光游。

在对香纸沟旅游市场的细分中显示，其旅游潜在市场是很大的。旅游行政主管部门应抓住青年旅游这一板块，在与贵阳其他旅游地区相比较的情况下，确定自己拥有的核心竞争优势，并以此为依据，进行特色服务，培养核心竞争力。其核心优势主要是巧夺天工的奇山、秀丽的山水、淳朴的民族风情、典雅的特色菜、古老的造纸文化，给人一种世外桃源的感觉。

从消费者的经历感受上看，骑马旅游是其较大优势。其旅客的特殊性（多为青年学生）就决定了这一优势。大多游客来自大都市，他们大部分只在电视上看到过那种西部牛仔骑马奔驰的画面，所以到了香纸沟，他们都想骑马旅游。笔者两度在香纸沟的调查中看到，骑马旅游的价格非常混乱，没有一个确定的标价。同一条路线，有的一匹马 60 元，有的一匹马仅为 10 元。这种差距说明这当中有些旅客由于不了解其真正价位而受骗，这势必给景点声誉蒙上污点。

二、香纸沟旅游市场的定位

旅游产品是一种特殊商品，其特殊性就在于消费者不能事先预知其好坏，要靠消费者去经历后才能感知到。这就使消费者产生了一个选择的难度：消费者付出了金钱、时间及其精力，当然要考虑是否值得。怎样让消费者认识到并做出到此地旅游的决定呢？这就在于一个定位的问题。

香纸沟应在已有的自然、人文、民族风情旅游资源条件下进一步完善并开发新产品。笔者调查到，香纸沟已开发的景点约为 60%，还有 40% 的景点没有开发，这是一个很好的机遇。在完善方面做得也远远不够，住、食都不能做到充分地服务，更别说娱乐、购物了。很多消费者都是拿着钞票找不到买处。这也就成了香纸沟旅游业发展的一大障碍。在这里，吃喝玩乐一天、住一晚最多花费 200~300 元。在生活和交通工具上，都带着那种原始的感觉，这也就在某种程度上适合了人们返璞归真的心理。所以，应该找到这两者的有机结合点，立足于消费者的需求，建立核心优势产品，做出良好的定位。

香纸沟旅游市场应避免强定位，在自然、水文方面应避开像黄果树、织金洞景区等这些已在人们心中占有重要地位的竞争对手，应能表现出其独特的优势，使消费者产生一种独特的经历和感知的预感，让其产生一种跃跃欲试的动机。其定位的关键词可以是"绿宝石，天然氧；造纸术，飘古香"。而定位祈求可表述为："在这里，时光倒流，我们感受到蔡伦造纸的精妙"；"登天梯，感受飞跃黄河的刺激；观民俗，享受原始的平静"；"走进世外桃源，不再是梦"。在价格定位上，应采取低质量低价格或高质量低价格的定位策略，迅速打开、占有市场，扩大其知名度。

三、结论

香纸沟旅游市场资源，无论在类型、数量还是质量上，都有着自己独特而明显的优势，并具有丰富的文化内涵。旅游管理部门应根据香纸沟旅游资源的特点，对其旅游市场的现状做出较好的调查分析研究，同时做好其旅游市场的细分和定位，找到自己的发展方向和顾客群，发挥特色优势，创造高附加值的旅游产品；加大市场开拓力度，扩展投资开发渠道。只有这样，才能做好、做大香纸沟的旅游市场。

讨论与作业

1. 旅游市场定位与市场细分是怎样的关系？
2. 如何区分旅游市场定位与旅游产品定位？

案例5

统一嘉园的市场细分与定位

统一嘉园地处无锡大浮镇太湖边，三面环山。园内风光有金门殿、天后宫、青龙擎天、日月潭瀑布、缘廊、古闽堡、风满华堂、九族村、定海楼、归园十大景点，借景造景，巧夺天工。徜徉在山水湖景之中，天上人间，盛世清明。站在湖上山颠台，俯瞰山水湖景，台海风光依稀在眼前。景区坐落于太湖之滨，跟央视无锡影视基地隔水相望，相距不过数百米之遥。景区依山傍水，气势恢宏。山顶上，高16.8米、耗费青铜80多吨的中华统一坛，庄严雄伟；山脚下，由六桥六亭二坊一榭组成的千米"缘廊"，曲回绵延直至湖心，如金龙戏水。

然而，就在城市旅游一片繁荣之际，开业不到四年的无锡统一嘉园景区，却因资不抵债、经营难以为继而破产倒闭了。这样一个占据了极佳山水资源的主题景区，在城市旅游环境日趋改善的今天，为什么会经营失败呢？

一、跟风投资，景区建设一波三折

统一嘉园初建于 1994 年，2001 年 9 月正式对外开放。其间，景区建设周期长达七年。1994 年项目启动之初，原定名为镜花缘。其运作思路，完全模仿央视无锡影视基地，就是"以戏带建"，通过为剧组提供拍摄场景服务，带动景区的旅游发展。为此，景区决策者瞄准央视当时正在筹拍的电视剧《镜花缘》，并且通过公关活动，使剧组同意了将无锡镜花缘景区作为主要的场景拍摄地。

这是一个典型的跟风投资项目。当时央视无锡影视基地的旅游异常火爆，每年的客流量高达 300 多万人次。该景区的选址，就在三国城景区的南侧。决策者采用了一种所谓"蝇随骥尾"的发展战略，希望借势于央视无锡影视基地，使景区的旅游发展起来。

但是，相关决策人在做出这项重大投资决定时，忽视了两个重要问题：

其一，镜花缘景区所依托的文化载体，跟三国城景区大不相同。《镜花缘》虽为清代著名小说家李汝珍的代表之作，书中描写的各种奇人异事和奇风异俗也颇具想象力，但是，《镜花缘》的历史文化内涵，远不能跟《三国演义》相提并论。而且，相对于大多数旅游消费者而言，该书的故事过于冷僻，远不像《三国演义》那样家喻户晓。《镜花缘》中所描写的黑齿国、女儿国、两面国、豕喙国、跂踵国，不但名字晦涩，难以有效传播，而且很难用具象化的形式在景区充分展现出来。

其二，电视剧的生产，从剧本创作到拍摄发行，流程复杂，可变因素很多。比如央视无锡影视基地的唐城景区，本来就是专为央视电视剧《镜花缘》的拍摄而建的。后因《镜花缘》剧本"难产"，遂临时调整，改拍电视连续剧《唐明皇》。由于央视无锡影视基地的归属特性，这样的调整并非难事。但是，对于一个从未涉足过影视行业的民营企业来说，情况就大不一样了。《镜花缘》剧组也许会碍于情面，答应来无锡拍摄。但是，剧组既没有责任，也没有义务非来不可。而决策者据此投入巨大资金建设镜花缘景区，蕴含着极大的市场风险。事实上，由无锡镜花缘旅游度假有限公司投资的 30 集电视连续剧《镜花缘传奇》，直到 1998 年底才正式开机拍摄。而作为景区投资主要决策依据的央视《镜花缘》剧组拍摄事宜，则早已不了了之。

二、战略转型，市场定位严重偏差

镜花缘景区尚未开园，就已经"流产"，决策者不得不重新寻找市场出路。本来，就景区的资源特点和区位优势来看，它地处太湖风光带内，占据了太湖边的观景制高点，可远观太湖之烟波浩渺，也可体验江南水乡之苇荡野趣。其山水园林的市场定位，显而易见。

当时国内旅游市场的发展态势，对景区其实非常有利。随着"人造景观热"的消退，自然景观和山水园林受到广大游客和旅行社的青睐。此时，如果决策者利用民营企业的灵活机制，及时进行战略转型，面向国内大众旅游消费市场，迅速推出"太湖山水园林"的品牌新概念，完全可能一举赢得市场主动权。但是，决策者却匪夷所思地将景区定位成一个海峡两岸共同期盼统一的政治化主题景区，并且，在山顶的最佳观景处，投入巨资修建了台湾妈祖庙和中华统一坛。

那么，对于这一战略转型，决策者到底是如何考虑的呢？《中国经营报》曾在 2002 年 8 月 30 日，就此采访过该公司董事长梁洪青先生："梁最初的造园念头来自当年蔓延全国的影视旅游热，尤其是中视无锡影视基地引起的旅游狂潮。看到无锡的唐城、三国城、水浒城的成功，业已有成的梁决定和无锡郊区大浮乡合作开发旅游项目，为迎合潮流，园景主题定为'镜花缘'。未曾想到，1998 年开始，红极一时的影视旅游热'退烧'了。好在梁本来钟情自然山水，当初是借助真山真水进行园景布局，不只是一些人造景点，这为景点转向留下了空间。1998 年，他敏锐地觉察到台湾内地投资热正由原来的珠三角转移到长三角，经过重新征求专家意见和充分论证后，1999 年下半年开始，梁把园景定位转向两岸民间交流，在园区中引进了妈祖文化，给长三角附近台胞提供了一个礼祀妈祖的去处。"

"这次转向救了梁的数亿元投资。据不完全统计，现在居住上海的台湾人已有 35 万人，周边台商投资企业超过 2 万家，梁的园景抓住了特定消费群体，效果相当不错。"

　　从这段文字我们可以看出，景区的决策者其实是知道自己的资源优势的。之所以出现市场定位的严重偏差，问题主要出在市场细分和目标市场选择这两个环节上。

　　我们评判市场细分是否成功，一般有四个基本原则：①可营利性。就是细分市场的规模必须足够获取盈利。②同质性。市场细分的本质，就是将异质市场同质化，这样才便于制订统一营销计划。③显著性。就是所选择的细分市场应该能够跟其他细分市场形成明显区隔。④可测量性。就是市场细分应能测量营销活动的效果。

　　在这个景区营销的失败案例中，决策者把居住上海的 35 万台湾人这一特定消费群体，错误地认定为是景区的目标市场，其判断失误主要源于两个原因：

　　一是严重忽视了目标市场的可营利性。对于统一嘉园这样投资上亿元的观光型景区来说，要确保可营利性，所选择的目标市场必须有足够大的规模，后续客源要非常充沛。而总人数 35 万人的目标市场，规模实在太小，根本不足以支撑景区的长期发展。当时统一嘉园的门票价格是 35 元，即使我们假设居住上海的所有台湾人都到景区游玩一次，也不过千万元左右，毛收入还不到景区投资的 1/10。

　　二是没有仔细辨析目标消费人群的同质性。居住上海的台湾人，的确是一个特定消费群体。但是，它跟景区的目标消费群不能混为一谈。这些台湾人来到上海，主要目的是在上海工作和生活，旅游消费并非他们的主要生活内容。只有他们当中那些具有较强的旅游消费欲望，并且对统一嘉园景区的旅游资源可能感兴趣的人，才是真正意义上的目标消费群体。同样，所谓"周边台商投资企业超过 2 万家"，情形也是如此。

　　由于在市场细分和目标市场选择时缺乏理性的思辨，决策者误认为"居住上海的 35 万台湾人"就是统一嘉园的最大客源市场，这就无形之中人为地夸大了目标市场的规模，从而造成一种市场幻觉，导致景区定位发生偏差。

　　此外，在景区的主题设计方面，决策者也存在明显的失误。台湾民众对于两岸关系的主流意识是希望维持现状，这是一个起码的政治常识。因此，统一嘉园的"统一"主题，对台湾旅游者来说，其实并没有多少吸引力。而发源于福建湄洲岛的妈祖文化，虽然在我国沿海地区和世界其他华人聚集地具有广泛的影响，但是妈祖是海神，跟太湖并没有太大关系。海内外游客来无锡，主要是冲着太湖风光。专程来到太湖边祭拜台湾妈祖庙，既没有必要，也不合常理。

从景区营销的角度看，统一嘉园的山水资源，本来具有极大的市场宽容度。由于景区在市场定位时犯了方向性的重大错误，结果，景区产品被人为地局限在一个非常窄小的目标市场之中，这就大大压缩了它在大众旅游消费市场的发展空间。事实上，在开园后的数年间，从上海来无锡统一嘉园参观游览的台湾游客，只有1万多人。这一数字，对于一个投资上亿元的大型主题景区来说，几乎是微不足道的。

令人惋惜的是，在企业面临重大生存危机之际，决策者既没有正视已经出现的各种市场问题，及时进行营销策略的调整和服务质量的改进，也没有采取任何危机公关措施，消除业已造成的负面影响，而是听之任之，完全将企业的命运交由市场主宰。此后不久，景区的旅游业务便开始江河日下，直至"门庭冷落鞍马稀"，一步步走向彻底失败的不归路。

讨论与作业

1. 统一嘉园旅游市场细分的基本原则有哪些？
2. 统一嘉园的目标市场选择出现问题的原因在哪里？

第二节
旅游市场宣传、渠道选择与品牌塑造

旅游市场宣传实质是一个信息传递的过程，如何准确且具有说服力地将景区（旅游产品）信息传递给目标市场极具挑战。因此，旅游市场宣传需要遵循以下步骤：①确定目标群体；②确定信息传播所要达到的目标；③设计信息；④选择传播渠道；⑤编制促销预算；⑥决定促销组合；⑦衡量景区促销成果；⑧管理和协调整合营销传播过程。在这8个步骤中，选择适宜的传播渠道甚为关键，营销人员需要熟悉不同传播渠道的优劣势，并系统掌握每种传播渠道的运作规律，使其效果得以最佳发挥。旅游销售渠道选择直接影响市场销售效果，因此，在明确渠道选择的情况下，如何建设、维护渠道非常重要。为此，旅游企业要遵循三个渠道建设的基本原则：以为顾客提供便利和创造顾客满意度为主要目标、加强分销渠道的控制、保持渠道策略与景区目标及内外环境的一致。旅游企业要做到渠道建设与维护并举，要时刻关注对渠道的监控，要积极保持与渠道的沟通，要牢记赢得渠道即是赢得市场。旅游品牌的塑造绝非一朝一夕可以完成，品牌的塑造也绝非好的宣传就可以完成。品牌塑造是一项系统工程，需要旅游企业全体员工的有机配合，需要产品与服务的有机配合，需要产品与市场的有效契合，需要持续不断的调整与完善。因此，品牌塑造任重而道远，品牌管理常抓不懈。

案例 1

旅游景区营销方案——以三清山为例

一、产品分析

（一）景区简介

世界自然遗产地、国家重点风景名胜区、国家 4A 级旅游区、国家地质公园、全国爱国主义教育示范基地和全国文明风景旅游区示范点——三清山，位于江西省上饶市东北部，因玉京、玉虚、玉华三峰峻拔，宛如道教玉清、上清、太清三位最高尊神列坐山巅而得名。景区总面积 756.6 平方千米，主峰玉京峰海拔 1819.9 米。14 亿年的地质演化形成了奇峰耸天、幽谷千仞的山岳绝景奇观，不同成因的花岗岩微地貌密集分布，展示了世界上已知花岗岩地貌中分布最密集、形态最多样的峰林；2373 种高等植物、1728 种野生动物，构成了东亚最具生物多样性的环境；1600 余年的道教历史孕育了丰厚的道教文化内涵，按八卦布局的三清宫古建筑群，被国务院文物考证专家组评价为"中国古代道教建筑的露天博物馆"。《中国国家地理》杂志推选其为"中国最美的五大峰林"之一；中美地质学家一致认为它是"西太平洋边缘最美丽的花岗岩"。

（二）景区特色

1. 以"绝"惊世

峰峦"秀中藏秀、奇中出奇"，是"云雾的家乡，松石的画廊"。奇峰怪石、古建石雕、虬松丽鹃、日出晚霞、响云荡雾、神光蜃景、珠冰银雪异美无比。"司春女神""巨蟒出山""观音赏曲"惟妙惟肖。旅行家赞曰："揽胜遍五岳，绝景在三清！"

2. 聚"仙"显名

玉京、玉虚、玉华摩天柱地，峻拔巍峨；蓬莱、方丈、瀛洲翠叠丹崖，葱郁流丽；瑶台、玉台、登真台松奇岩怪，空灵清虚；龙潭、玉帘、冰玉洞飞瀑流长，洒脱飘逸；猴王献宝、老子看经、妈祖导航氤氲缥缈，浑然天成。

3. 得"道"弥彰

东晋葛洪"结庐炼丹"于山，自古享有"清绝尘嚣天下无双福地，高凌云汉江南第一仙峰"的盛誉。宋尤其是明以来三清宫等道教建筑依山水走向，顺八卦方位，将自然景观与道家理念合一，方圆数十里，道风浓郁，道境昭然，玄谜隐奥，有"天下第一露天道教博物馆"之称，今有人考为明代失踪皇帝——建文帝朱允炆终隐藏身之所。

二、市场现状分析

（一）交通位置分析

地当浙赣之交，东达沪杭，南通闽粤，西迎荆楚，北望苏皖，接黄山而携龙虎，近武夷而处其中。浙赣铁路、沪瑞高速、景婺黄常高速、320国道和205国道，与景区旅游专线、环山公路紧密相连。

（二）景区客源市场分析

江西省的居民消费水平低于所有周边省市，因此三清山景区在重视省内客源的同时，更要重视对周边市场的营销。尤其是东部发达的上海、浙江、福建、广东等省市，上饶位于浙江省与江西省的交界处，就更要重视利用浙江和上海的市场。另外，北京附近地区，居民有较高的消费能力，也是重要的营销区。

1. 一级客源市场

上海、江苏、浙江等长江三角洲地区、湖北武汉、以南昌为代表的省内地区、福建等地及其临近地区。

2. 二级客源市场

广东、山东、河南等地区，消费水平高的北京、天津、沈阳等大城市。

3. 三级客源市场

一级、二级客源市场以外的其他省市，包括港澳台地区。

（三）市场区位分析

随着近几年三清山景区建设的不断完善，景区知名度不断提高，独具特色的风光对周边地区具有极强的吸引力，加之交通网络的便利，已经与周边景区形成了风格迥异的旅游圈。

（四）品牌知名度、市场认知度分析

景区的广告投入不断增加，广告宣传特色明显，市场的冲击力已经形成，三清山旅游品牌在消费者心目中留下了一定的印象，并且影响其旅游消费的行为。在旅游市场，品牌知名度的高低直接影响销售额。因此，应在当前基础上进一步做好提升品牌知名度的工作，以品牌拉动市场的消费，提高市场认知度，才是景区的发展之道。

三、市场营销方式

（一）加大宣传力度

针对景区目前的市场现状，应采取区域广告宣传的策略，选择区域广告性的媒体，集中优势、重点突破，形成强劲的优势。

1. 新闻媒体（报纸、电视）

新闻媒体主要应用在景区的日常宣传和重要节庆优惠及影视拍摄状况的宣传上。

2. 中介机构宣传（旅行社）

旅行社是景区和游客之间的联系纽带，对于景区来说，旅行社是主要客户来源，因此，景区在市场开拓上应把重点放在与旅行社合作渠道的建设上。如果能与旅行社建立良好的合作关系，其市场份额也就得到了保证。当然，与旅行社合作，关系到彼此的利润空间问题，因此，景区在给旅行社定价时应充分考虑到这一步。

3. 网络

利用网络高速、及时、全球性、全天候的特点，进行覆盖面较广的宣传；借热门网络提升"三清山旅游网"的点击率。

4. 宣传牌

在通往景区的公路上制作宣传牌。

5. 行业的直接邮递广告（Direct Mail Advertising, DM）杂志

现在每个城市，针对每个行业，都有行业的 DM 杂志，选择 DM 杂志，一方面，其有针对性，免费投递到旅行社、高档写字楼、事业单位、住宅小区、酒吧等这些具有一定消费水准的准客户手中；另一方面，DM 杂志相对于公开发行的媒体来说，广告宣传费用要低一些。

6. 墙体广告

在周边地区书写墙体标语和广告。

自申遗成功以来，为进一步提升三清山在国内外的知名度和影响力，风景区高起点定位、大手笔策划，与中央电视台、江西电视台、江南都市报、深圳特区报、南方都市报等上百家媒体展开深度合作；邀请韩国 KBS 电视台和全国网络媒体走进三清山采风；同时，在全国投放宣传广告。在上海，各主要地铁站和黄浦江都出现了"三清山——家门口的世界遗产地"的大幅广告；在广东，数十辆载有三清山广告的旅游大巴车穿梭在番粤城市间；在沪昆高速，全新自助式三清山旅游形象店正式落户三清山服务区。

7. 建立客源地办事处

利用办事处，实现景区与游客零距离接触，并实现游客天天发。同时，为充分利用好"世界自然遗产"这一国际品牌，三清山乘势而上，将营销目光瞄向了世界舞台，尤其以日、韩市场为重点。三清山充分发挥驻沪联络处的平台作用，抢抓南昌昌北机场开通首尔到南昌航班的机遇，通过成功举办中韩友谊登山赛等活动加深韩国游客对三清山的认知，跟进出台开拓日、韩市场优惠政策，打通日、韩市场营销渠道。同时，三清山赴中国

澳门成功举办"三清山（澳门）旅游推介会"和"三清山风光摄影展"，进一步加强了与中国港、澳及东南亚地区的联系和合作，也为三清山开拓境外市场起到了重要的推动作用。

8. 印制宣传画册

印制宣传画册包括（风光片、宣传页、折页图、海报、年票、纪念币等）。

提升销售额和投资回报率的其他营销方式。① 顾客参与。由一些传统（广告）途径向非传统广告途径的转移，迎合了与客户一对一对话技术的出现。比如，通过将自己的产品发布到网站上，鼓励顾客评论，从而跟上社会化媒体趋势。社会化媒体加入了公平元素，并日益被看作是一种可靠的信息来源。②整合离线和在线（营销）活动。寻找途径利用离线媒体吸引网站流量，使用特别的登录页面讲述深层的故事。使用平面广告和电视广告（Print and TV Ads）启动顾客培养过程，让潜在直接客户从网上了解更多，并采取下一步购买行动。向现有客户发起电子邮件（营销）活动，来填补直接邮递的费用。电子邮件和传统邮件交替使用构成经济划算的"组合拳"（One-two Punch）。将一些离线支出投入到网上。现在在线广告提供了一些传统媒体（如印刷黄页）的有力替代品。可以考虑将一些传统目录广告支出转移到在线目录和搜索引擎当中去。很多美国人在购物之前会上搜索引擎搜索一番，付费搜索营销活动是一种理想的方式，确保自己出现在搜索结果中的靠前位置。③跟踪顾客。非传统户外广告机会可以使自己把信息放在客户要去的地方，把自己的名字和公司 LOGO 印到城市街头小贩的遮阳伞上，或者给荒野中的徒步路线冠名。有效使用这些机会的关键在于，自己的信息要出现在合适的情况下，并且能够到达自己的潜在客户，而且他们兴致勃勃。

（二）特色主题活动

道教文化风情旅游节。通过极具特色的道教文化吸引各地游客，展示道教千年底蕴，出售特色纪念品，办成广大旅游者的节日和广大商家的节日，使社会效应和经济效应更好地体现。

在不同的国际、国内节庆日开展相应的主题活动。

四、营销计划

针对每个季度的不同特色，旅游景区营销宣传相应时段都应有相应的宣传主题，在各主流媒体视频播放景区风光，充分利用好各种媒体的宣传作用。同时，还应做好游客的宣传工作，使游客成为景区的"义务宣传员"！

五、营销目标

响亮三清山品牌旅游，创赢未来江南第一仙峰！

讨论与作业

1. 旅游市场宣传的媒介有哪些？各自有怎样的优缺点？
2. 旅游产品销售的渠道有哪些？
3. 旅游市场营销包括哪些内容？

 案例2

丽江玉龙雪山景区营销成功的分析

玉龙雪山，这座全球少有的城市雪山，既是丽江旅游的核心品牌，又是云南现有的两个5A级景区之一。根据丽江打造世界级精品旅游胜地的发展目标，玉龙雪山旅游开发区先后投资10亿元，在50平方千米范围内，开发了甘海子、冰川公园、蓝月谷、云杉坪、牦牛坪等景点以及雪山高尔夫球场和《印象丽江》大型实景演出。十年间，丽江玉龙雪山景区客流量从2000年的72.25万人次发展到2009年的230万人次，年均增长超过25%。

玉龙雪山景区在品牌打造、产品整合、市场营销、文化建设和节目创新等诸多方面，均有极为出色的卓越表现。可以说，玉龙雪山景区的成功并不是偶然的，其营销管理体系所形成的综合竞争力，已使其成为中国旅游景区行业的市场领跑者。

一、做大品牌：整合产品集群发展

玉龙雪山景区在 2007 年成为全国首批 66 家 5A 级景区之一，升级后的第一个动作是整合周边六个景区的经营权，做大丽江旅游核心品牌景区。从 2008 年 1 月 1 日起，游客只需手持一票，就可在两天内游览大玉龙旅游区。2009 年 4 月，全国重点文物保护单位白沙壁画景区加入。自此，玉龙雪山从单一景区扩展为旅游产品集群。大玉龙旅游区包含八个景区，分别是玉龙雪山（5A 级）、玉水寨（4A 级）、东巴谷（3A 级）、白沙壁画（3A 级）、玉柱擎天（2A 级）、东巴万神园（2A 级）、东巴王国（2A 级）和玉峰寺（2A 级）。其中，大多数景区原来是独立经营，大玉龙旅游区形成之后，全部由玉龙雪山景区投资管理有限公司统一经营和管理。

从景区营销角度看，玉龙雪山的这种做法，本质上是一种品牌扩展策略。所谓品牌扩展，是指景区在成功创立了一个高品质的知名品牌后，将这一品牌覆盖到其他景区产品，形成共同拥有一个家族品牌的旅游产品集群。品牌扩展策略有利有弊，好处是可以放大品牌效应，提高市场认知度，降低市场导入成本。但其也存在市场风险。由于不同景区的品质不同，景区之间的市场关联性有强有弱，因此，这种策略如果运用不当，有可能损害景区的品牌价值形象，降低游客的旅游品质体验。为了避免出现这种情况，玉龙雪山景区采取了以下三项措施。

（一）"大玉龙"作为主品牌

在成为 5A 级景区之前，玉龙雪山跟周边其他景区相比，虽然存在品质差异，但品牌关系却是平行的。这就带来了一个很大的问题：当游客以玉龙雪山为旅游目的地时，面对众多的景区品牌，常常无法做出选择。而小景点的不规范经营行为，使玉龙雪山的核心品牌地位不断遭受冲击。2006～2007 年，在小景点高额回扣的诱导下，冲着玉龙雪山而来的团队游客被劝说改线的竟达 150 万人，使玉龙雪山损失了 1.2 亿元门票收入。更有甚者，某旅行社以"远眺玉龙雪山"的方式运作市场，2007 年招徕 9.5 万游客到丽江，但实际进山人数只有 56 人。

解决这一问题的根本途径，一是做大玉龙雪山品牌，二是整合周边旅游产品。然而，这其中有一个矛盾：如果八个景区仍旧独立经营，却统一使用玉龙雪山品牌，则会出现如前所述的景区品质下降问题，有损玉龙雪山的品牌形象；如果八个景区实行合并，又有销售捆绑之嫌，招致游客反对和旅行社抵制。

如何破解这一市场难题呢？景区管理层巧妙地设计了一个"大玉龙"的新概念，将大玉龙旅游区作为主品牌，将包括玉龙雪山景区在内的八个景区作为子品牌。这样，既放大了玉龙雪山的品牌效应，使人产生良好的品牌联想，又使八个景区所形成的产品序列清晰可辨，凸显了大玉龙旅游区内景区的高品质和产品多样性。同时，在经营权整合的基础上，对大玉龙旅游区内的所有景区实行统一经营管理，有利于提升景区品质和服务水平。更为重要的是，这种互利共赢的方式，将景区之间多年来为了争夺客源而展开的激烈竞争消弭于无形。

（二）联票和单票双轨制

对于八大景区的整合，游客和旅行社最担心的是变相涨价和捆绑销售。为了消除市场疑虑，管理层采取了两个具体措施：一是大玉龙旅游区的联票价格定为 190 元，跟八个景区单独购票共计 285 元相比，大幅下降 33%；二是联票和单票双轨制，游客想去单个景点，仍可以单独购票。这种灵活机动的价格策略，在推出之后很快被市场所接受。在全国景区涨声一片的情况下，玉龙雪山景区的门票价格调整却波澜不惊，几乎是悄无声息，足见其市场运作的沉稳老练。

玉龙雪山景区将联票价格定为 190 元，还有一层更深的市场意义。国内著名风景名胜区的门票价格上涨，一直是大众旅游市场的敏感话题。通常而言，游客对景区门票的价格敏感度，一是跟绝对价格有关，二是源于相对价格比较。作为国内旅游业的一线品牌景区，九寨沟门票价格 220 元，黄山门票价格 202 元，可谓是中国景区行业的两个标杆。玉龙雪山将联票价格定为 190 元，说明景区管理层清醒地认识到，200 元的门票价格是一道"大众心理红线"，一旦逾越将会引发市场争议。而跟国内同类型的单一景区相比，大玉龙旅游区将八个景区的联票控制在 200 元以内，可以提高性价比，钝化价格敏感度。

　　大玉龙旅游区完成产品整合之后，2008年1月1日正式面向市场。从丽江地接旅行社和昆明旅行社的对外报价看，费用虽有一定的增加，但由于丽江的酒店放开价格，把原来暗中的自费景点转变为直接报价，因此游客在丽江旅游的整体消费反而有所下降。

　　从一年多的市场实践来看，玉龙雪山景区的品牌扩展策略是成功的。2009年1~11月，大玉龙旅游区接待游客251万人次，玉龙雪山景区接待游客230万人次，同比增长23%。《印象丽江》大型实景演出接待游客130万人次，同比增长137%。接下来，大玉龙旅游区将从经营权整合逐步过渡到产权整合，并按5A级景区来打造。

二、细分市场——精耕细作，渠道创新

（一）客源结构：国内为主，国际为辅

　　丽江市和玉龙雪山景区的游客来源，一直是以国内市场为主。2007年，丽江市接待国内旅游者490万人次，接待海外旅游者40万人次，国内游客占接待总量的92.45%。国内市场分为传统客源市场和新兴旅游市场。前者又细分为六大客源市场，分别是珠三角、长三角、京津塘、云南省（以昆明和玉溪为主）、四川省和重庆市。根据2007年丽江市旅游局对本地旅行社的调查统计，团队接待人数超过10万人次的是广东、四川、北京、上海，超过5万人次的是天津、云南、浙江、江苏、广东深圳、重庆、河北。上述地区构成丽江旅游的一级目标客源市场，占国内游客总数的60%以上。

（二）高端市场显现，客源结构多样化

　　近年来，随着丽江城市旅游环境的优化和提升，客源结构逐步呈现多样化，并且形成了一定范围内的高端客源市场。

（三）新兴市场和境外市场快速增长

　　在客源结构方面，广东和上海等传统客源市场近年来有所下降，天津、河北、湖南、湖北、内蒙古、甘肃、新疆和东三省等新兴市场迅速增长。其中，天津和河北的团队游客近年来增长最快。2004~2007年，来自天津的团队游客分别为24387人次、39636人次、68478人次和92759人次，四年

时间增长 3.8 倍。在周边市场，自驾游人数增长明显。在入境市场，中国港澳台游客继续保持增长，日本和西欧的游客也明显增加。2004~2007 年，丽江市分别接待外国旅游者 56500 人次、108231 人次、153782 人次和 273690 人次，四年时间增长 4.8 倍。但境外游客占接待总量的比例，目前仍只有 8% 左右。

从上述分析可以看出，丽江市和玉龙雪山景区在国内市场开拓方面成效卓著，境外市场虽然增长速度较快，但仍有较大潜力。针对丽江市的客流结构及其变化趋势，玉龙雪山景区的营销策略创新主要体现在三个方面：一是分众传播，二是特色活动，三是渠道拓展。其中，景区重点加强了对境外市场的宣传促销力度。

三、分众传播

在市场细分的基础上，针对每个具体市场的特性，选择最适合的媒体，采用该市场的潜在消费群体容易接受的方式，开展促销宣传活动。

（一）内地市场

面向全国市场，重点与中央电视台和新浪、搜狐等知名门户网站建立常年合作关系；面向北京、上海、广州和深圳等大城市，主要在机场、火车站和高速公路出入口进行广告宣传；面向省内和周边市场，重点加强在城际列车、城际飞机和高速公路旁的宣传力度，竖立制作精美的大型广告牌。

（二）中国港澳台市场

该市场重在建立与旅游代理商、旅游网站和当地媒体的合作关系，主推"云南最神圣的雪山"品牌，突出神秘的东巴文化和原生态的雪山风光。其中，针对中国港澳台的中产阶级人士，着重宣传玉龙雪山与新马泰阳光沙滩截然不同的冰雪奇迹，主推"北半球最南的雪山"品牌，策划"东巴文化旅游节""雪山天籁"音乐会等活动，设计"东巴神山与世界奇峡""非常东巴·非常雪山"（Very DongBa, Very Snow Mountain）等主题产品。媒体选择以旅游杂志、重要社区、娱乐场所和俱乐部为主。

（三）欧美市场

通过玉龙雪山国际摄影大赛、中瑞姊妹峰节等文化交流活动，吸引和邀请欧美国家的外事人员和国际组织人员、媒体人员和专业人员。同时，策划"徒步虎跳峡""南国雪山探秘""雪山高尔夫"等探险旅游活动，吸引具有冒险精神的国际游客。其中，针对欧洲游客享受自然、重视在旅游过程中增长知识的心理，主打"原生态的东巴文化，原生态的玉龙雪山"品牌。针对美国游客喜欢探险和多样性旅游项目的心理，以"壮丽的雪山、神奇的虎跳峡"为诉求，在美国《国家地理》定期开设专栏，介绍玉龙雪山的自然风光、民俗风情和资源保护。此外，借助丽江国际东巴文化旅游节、世界遗产论坛、纳西族"三朵节"等民族节庆与会展活动，吸引海外媒体、旅行商和国际游客，并在飞往主要客源地国家的国际航班上免费赠送多语种的玉龙雪山旅游资料。

（四）日本市场

重点加强与日本旅行社和观光协会的联系，主推丽江古城世界文化遗产和东巴文化世界记忆遗产。其中，面向日本的银发市场，针对日本游客求新、爱动、追求高质量旅游的心理，主推"神秘东巴，古老神山"品牌；面向日本的高端客源，加强对玉龙雪山东巴文化特色商品、纳西特色餐饮的宣传力度。

（五）东南亚市场

针对泰国中青年游客喜欢刺激和创新、热爱登山滑雪的心理，以"彩云之南，玉龙雪山"为品牌，突出东巴神山的资源独特性和神秘性，突出包价旅游的价格优势。针对新加坡游客重视旅游品位、服务质量、旅游知识含量的心理，以"神秘的东巴文化，壮丽的玉龙雪山"为品牌，突出玉龙旅游的知识含量、生态环境和民俗风情。

四、特色活动

与有实力的策划公司建立长期合作关系，保证新的活动创意层出不穷。综观玉龙雪山景区活动策划的特点，主要体现为"三个结合"：一是跟民族文化相结合，比如"中国国际东巴文化旅游节"。二是跟体育赛事相结合，比如利用北京奥运会的机遇，加强与各类体育代表团的联系，展开"雪域高原，牵手奥运"的宣传攻势，筹建高原体育训练基地，吸引运动健儿到丽江进行体育集训；再如为了吸引企业中高层管理人员，与高尔夫协会、自驾车协会和俱乐部合作，策划国际雪山高尔夫大赛等。三是跟影视作品相结合，比如利用《印象丽江》《一米阳光》《千里走单骑》和《茶马古道》等影视作品及其名人效应，以城市白领阶层为主要促销对象，策划和设计各种话题。

此外，玉龙雪山景区在活动策划过程中，比较注重大型旅游文化活动的国际性、时尚性和学术性。比如在"东巴神山"促销活动中，同时举办国际摄影大赛、中瑞姊妹峰节等国际性活动。再如通过策划"国际东巴文化论坛""重回女儿国"等国际性的学术论坛，吸引国外专家学者，扩大玉龙雪山的海外知名度，进而拓展国际会议市场。

五、渠道拓展

在本地市场，主动联合相关机构，共建全市旅游营销联合体，实行丽江旅游目的地的共生式营销，强化对地接旅行社的影响力和主导力；在省内市场，跟其他景区建立契约式联合营销体系，比如跟昆明石林、大理三塔和楚雄恐龙谷景区结成"云南精品旅游线景区联盟"。

在外地市场，建立完善的旅游分销体系，在北京、上海、广州成立旅游办事处，与当地龙头旅行社合作，联合开展旅游促销。同时，与各种社会团体建立联系，适时推出针对细分市场的旅游产品。此外，深入中高档社区和大型企事业单位，开展社区营销和单位直销等。

在周边市场，与四川景区联合促销，与旅行社合作设计"丽江古城—玉龙雪山—三江并流""九寨沟—黄龙—都江堰—青城—玉龙雪山—丽江古城—三江并流"等线路产品。在媒体和渠道选择方面，重点聚焦于区域市场内的专业媒体和渠道，锁定高端细分市场，选择时尚类杂志发布广告，并与专注于商务旅游的旅行社开展合作。此外，加强与大香格里拉旅游区内的热点景区的联谊与合作，共同推出新的旅游线路，利用区域合作力量拓展市场。

综合来看，玉龙雪山景区的市场营销工作做得很扎实。无论是媒体宣传、活动策划还是渠道拓展，都是建立在深入细致的市场调查分析基础上的。首先是细分目标客源市场及其旅游消费群体，其次是逐一分析每个客源市场不同类型的游客群体的消费习惯和旅游偏好，最后再针对每个具体市场的不同情况，分别提炼宣传主题和品牌广告语，设计旅游产品和旅游线路，策划旅游文化和体育活动。这种建立在细分市场基础上的营销战术，具有精细化营销的显著特征。精细化营销对管理人员素质提出了更高的要求，对营销执行力也是一个全面考验。尤其是针对境外市场开展精细化营销，还要具备国际化的开阔视野和广泛的人脉关系资源。作为一个拥有八个景区、全年客流量超过 250 万人次的大型旅游区，精细化营销不仅必要，而且是市场发展的重要保证。

讨论与作业

1. 什么是品牌扩展策略？有怎样的优点与缺点？
2. 品牌塑造的路径是什么？
3. 销售渠道的种类有哪些？
4. 如何针对不同的细分市场进行对应的品牌定位？
5. 成功的旅游市场营销包含哪些要素？

案例 3

梅县旅游营销的策划思路

近年来，乡村旅游风起云涌，蓬勃发展。许多山区通过发展旅游，走上了富民强县之路。其中，广东梅县就是一个成功的范例。2005 年以来，地处粤东山区的梅县深入开展红色旅游、乡村旅游和创建"广东省旅游强县"工作，使全县旅游产业突飞猛进。2006 年，全县共接待中外游客 242 万人次，旅游总收入 14.8 亿元。2007 年 6 月 25 日，梅县作为县域旅游发展的典型，被国家旅游局列为首批"中国旅游强县"创建试点单位。

为了提升梅县旅游形象，加快旅游市场发展，2007 年 4 月，梅县县委、县政府委托专门机构做旅游营销策划。策划的过程、思路和方法如下：

一、前期调研，深入实地全面感知

接手这一案例之初，项目组并未急于撰写营销计划，更未对市场妄下断语，而是迅速展开了前期调研。首先是资源分析。这项工作说起来容易，做起来难。处于信息高速流动的网络时代，坐在电脑前鼠标轻点，千里之外某个城市和景区的资料就能源源不断地拷贝和下载。但是，资源分析如果仅满足于资料罗列，或者停留于一些空洞的概念，那无异于纸上谈兵。相反，营销策划人必须深入实地，仔细勘查，用心体会，全面感知。

例如，项目组对梅县的资源分析，主要分为八个类别和若干细目。地理方面细分为地形（山区县，特点是"八山一水一分田"）、位置（距广州434千米，深圳398千米，汕头191千米）、气候（温差较大，雨量充足，灾害天气多）等。那么，这样的地形、位置和气候，对梅县的旅游营销工作有什么影响呢？在为期三个月的策划过程中，项目组先后选择民航飞机、高速大巴、火车和自驾车等交通工具，高速大巴又分别选择白天和夜晚、坐票和卧铺等，从不同的路径多次深入梅县。

其次是市场调查。项目组在市场调查过程中，重点是处理好两个关系：一是历史资料和当前市场的关系。一方面，尽可能详细地收集和研究前人已做的调查资料；另一方面，对其调查结论审慎看待。二是硬信息和软信息的关系。硬信息是指经过硬化的集成数据，比如城市和景区的各种旅游统计报表。软信息是指经营工作中的日常细节，比如景区氛围、游客表情、员工状态、管理者语气等。硬信息的主要作用，是能让项目组对旅游市场的大体状况有所了解。但是，硬信息受人为因素影响较大，往往容易失真。此外，硬信息还有一个致命弱点，就是在数据硬化过程中常会过滤和删除掉对市场营销具有重大启示的关键细节。关于这一点，战略管理大师明茨伯格曾指出："硬信息通常是延迟的、空洞的和过于集中的。这也许解释了依赖于这种正式化信息（像会计报表、市场营销研究报告、管理方面的民意测验等）的管理人员，要想制定一份好的战略时，为什么会遇到那么多的困难。"事实上，营销策划方案要做到切实可行，绝不能脱离经营工作的细节。正如明茨伯格所言："一个有成效的战略家并没有脱离日常细节，而是沉浸在其中并从中得出战略启示。"

例如，根据《梅州市旅游业发展总体规划（2005～2020）》的问卷调查，梅州的游客主要来源于粤东地区，约占游客总量的47%；珠三角地区约占35%；省外邻近地区约占12%。这一调查结果说明什么呢？它说明梅州在过去相当长的时期内，一直未能真正打开珠三角客源市场。但请注意，这个调查的执行时间是2005年。当项目组时隔一年半之后回头审视这一调查结论时，如果仅停留于纸面数据，忽视2006年以来的市场变化，他们的市场判断就会出现重大失误。事实上，对一个新兴市场而言，一年半的时间不算太短。500多个日日夜夜，足以使市场格局发生颠覆性的变化。2005年以来，梅县投入旅游产业的资金高达16亿元，旅游配套设施逐步完善，综合旅游环境大幅提升。而梅州至深圳、河源、漳州、龙岩等地的高速公路的相继开通，珠三角休闲度假市场的高速发展，更是不容忽视的市场催化剂。

那么，目前梅州地区游客来源的构成情况到底如何呢？2007年4月，项目组实地走访了梅州地区的多家旅行社，结果发现，2006年梅州本地龙头旅行社的旅游业务出现了前所未有的突破性增长。以梅州市旅游总公司为例，该社2004年、2005年的游客接待量分别为17255人次和20522人次，但是，2006年该社的游客接待量高达87678人次，增幅超过300%。其中，增幅最大的是河源至梅州的一日游，游客人数高达5万人次，客源全部来自珠三角地区。

二、区位研究，宏观把握市场格局

当项目组获得了来自微观层面的市场数据时，并未沾沾自喜。的确，这些数据是一个明确的信号，有助于项目组建立市场信心。但是，项目组并不能就此认为梅县旅游一定会出现连续稳定的大幅增长，因为从微观角度永远无法预测市场。只有把梅县旅游放到区域市场大环境中加以考察，才能从宏观角度把握未来市场的发展趋势。

仔细研究广东旅游发展历程，粤北和粤西都曾有过火爆，唯独粤东地区一直蛰伏。这意味着该地区蕴藏着极大的市场潜能有待释放。粤东地区分为两块：一块是以梅州为中心的客家文化地区，另一块是以潮州为代表的潮汕文化地区。那么，梅州客家文化地区未来是否可能成为旅游市场的一个新热点呢？这可从四个方面加以观察：

一是交通条件。梅县所处的粤东山区，地理位置相对偏僻。根据当地人介绍，在20世纪八九十年代，由于山路崎岖，从梅县开车去广州通常要花上一天时间。可见，交通不便一直是制约梅县旅游发展的重要原因。但是，这一状况正在得到改变。随着梅河高速、梅深高速、梅汕高速、梅漳高速、梅龙高速、梅赣高速的陆续开通，未来将有至少六条高速公路从梅州通往周边其他城市，交通可进入性大大加强。而梅县机场每周有航班飞往广州和香港，更是一个潜在的有利条件。

二是旅游产品。梅州市的旅游景区主要集中在梅县境内，而梅县品质最好的六个景区集中在雁洋镇。这里有全国重点文物保护单位叶剑英故居和全国红色旅游经典景区叶剑英纪念园，有国家4A级景区雁南飞茶田度假村和雁鸣湖旅游度假村，有广东省风景名胜区阴那山旅游区和广东四大名寺之一灵光寺，还有别具韵味的桥溪客家民俗村。这些景区资源互补性强，分布相对集中，有利于旅游团队和自驾游的行程安排。从旅游体验的角度看，广东人民对叶帅有深厚的感情，叶帅故居和叶剑英纪念园对红色旅游市场和中老年市场具有持久吸引力。雁南飞和雁鸣湖的住宿条件和环境一流。尤其是雁南飞茶田度假村，曾获中国建筑工程"鲁班奖"，堪称国内景区设计的经典之作。因此，以雁洋镇为战略支点，以点带面推动梅县的旅游发展，具有市场可行性。

三是增量客源。梅县旅游的可持续发展，必须获得源源不断的增量客源。过去，梅县的旅游客源主要来自邻近的潮汕地区。但是仅靠一个潮汕市场，是难以支持梅县旅游长期发展的。未来的增量客源可能在哪里呢？当项目组将目光放大到广东、福建和江西全境时，可以看出梅县旅游的辐射半径实际上涵盖三个地区：珠江三角洲、韩江三角洲和厦漳泉三角洲。其中，珠江三角洲是全国出游率最高、消费能力最强的客源地市场，也是梅县旅游实现突破性发展的希望所在。

四是市场格局。当项目组战略透视梅县所处的区域旅游市场时，发现梅县所处区位十分独特：在广东境内，珠三角地区是国内最大的客源地市场；在福建境内，武夷山和厦门是全国著名的两大旅游目的地。珠三角、武夷山、厦门这三个重要节点，构成一个大三角形的闽粤赣边区域市场格局，而梅县恰好位于这一市场的战略核心。

由此，项目组做出一个趋势推断：过去，由于受粤东山区和闽西山区交通条件制约，珠三角客源地市场跟武夷山、厦门这两大旅游目的地之间，长期处于相互隔绝的封闭状态。但是，随着梅龙高速、梅漳高速和拟建中通往武夷山的武永高速和邵武高速的开通，珠三角客源向武夷山和厦门这两大旅游目的地的大规模流动，在未来具有现实可能性。若如此，闽粤赣边区域市场的总体格局将会发生革命性的变化。梅县在这一区域市场中的未来地位和作用，将是一个不可替代的重要休憩地和旅游中转站。

三、城市比较，凸显核心竞争优势

梅县旅游市场的未来发展，还面临周边城市的竞争。就红色旅游而言，江西的井冈山和瑞金、福建的古田会议旧址，政治地位和历史地位更为突出。而梅县的红色旅游产品相对单一、独立，无法在市场中取得绝对优势。就客家文化而言，周边城市竞相在打客家牌，福建龙岩的永定土楼在申报世界文化遗产，江西赣州的宣传口号为"客家摇篮"，广东河源的品牌定位是"客家古邑"。而梅州市虽逐年加大对"世界客都"的宣传力度，但在客家文化诉求方面，并未与竞争者形成明显的市场区隔。因此，要找出梅县的核心竞争优势，项目组还需从旅游区位、城市品牌、核心产品、接待能力、游客来源和旅游消费等方面，将梅县跟周边城市进行比较。经过综合考虑，项目组将梅县所在的梅州市跟邻近的河源市做一比较。

（一）旅游区位

河源是粤东地区的交通枢纽，也是梅州通往珠三角地区的必经之路。京九铁路、广梅汕铁路、105国道、205国道、惠河高速，构成河源四通八达的交通网络。在高速交通方面，河源到广州、深圳的距离分别为250千米和176千米。在铁路交通方面，河源到广州和深圳的距离分别为180千米和160千米。而梅州无论是公路还是铁路，跟广州和深圳的距离均在400千米左右。显然，河源的交通可进入性强于梅州。

（二）城市品牌

梅州的品牌定位是"世界客都"，主打客家文化牌。河源的品牌定位是"万绿河源、温泉之都、恐龙故乡、客家水乡"，主要围绕水资源做文章。其中，"客家水乡"存在定位错误，违背人们对客家文化的传统认知。目前，河源已将品牌定位调整为"客家古邑，万绿河源"。

（三）旅游产品

河源和梅州同样地处粤东山区，旅游资源具有同质性。在核心产品方面，梅州有4A级景区雁南飞茶田度假村和雁鸣湖旅游度假村，河源有4A级景区万绿湖和桂山风景区；在休闲产品方面，梅州有千江温泉、叶塘温泉、转水温泉、大坪温泉、汤湖热矿泥，河源有龙源温泉、御临门温泉、天上人间温泉、热龙温泉，其中，梅州的热矿泥具有一定的资源稀缺性；在自然景点方面，梅州有阴那山、王寿山，河源有野趣沟、霍山、紫金越王山……

（四）人文资源

河源跟梅州同属客家文化地区，人文资源也具有高度同质性。就客家建筑而言，梅州有桥溪客家民俗村、丙村仁厚温公祠，河源有南园古村和苏家围。就名胜古迹而言，梅州有元魁塔、联芳楼、南华又庐，河源有龟峰塔、越王井、龙川古城。

（五）客源构成

根据河源旅游局资料显示，2006年河源市接待旅客总量为500.38万人次，其中，来自珠三角地区的客源占80%。而到2005年为止，梅州市年均接待游客约为300万人次，其中，来自珠三角地区的客源占35%。从这一数据看，河源在珠三角地区的市场影响力超过梅州。

（六）接待能力

河源现有旅馆347家，房间8686个，床位16951张；梅州有旅馆36家，房间3178个，床位5917张。从数量规模看，河源的总床位是梅州的3倍，接待能力远大于梅州。但是，在星级宾馆数量方面，两个城市其实差别不大（河源现有四星酒店2家，三星酒店16家；梅州现有四星酒店3家，三星酒店13家）。而跟河源相比，梅州的住宿环境更加优良，也更受游客欢迎。尤其是雁南飞和雁鸣湖两个度假村，被评为"广东省最受欢迎自驾游十佳景区"。

值得注意的是，市场调查显示，2005年梅州的游客过夜率为65.9%，比2004年大幅提高26个百分点。在过夜游客中，住2~3晚者最多，占

64.21%，这说明游客在梅州的逗留时间在逐年上升。而河源2004年、2005年、2006年的游客过夜率分别为60%、53.8%、51.8%，呈现逐年下滑的趋势，这说明游客对河源的住宿环境较不满意。此外，随着交通条件的改善，河源跟珠三角中心城市的距离变近，游客在河源的逗留时间缩短，也是一个原因。

通过以上分析我们可以看出，梅州的资源特色是"山"，核心竞争优势是"住"。比如雁南飞茶田度假村和雁鸣湖旅游度假村，均依山而建，而且环境优美，对过夜游客具有市场吸引力；河源的资源特色是"水"，比如河源品质最好的景区万绿湖，以及"河源"这一城市名称的来历，都跟水资源密切相关。从旅游区位和城市品牌来看，梅州和河源这两个城市，既存在竞争关系，又存在互补关系。由于河源地处旅游路径的上游，因而会对珠三角客源形成一定的拦截作用。但是，河源所处的旅游区位，又决定了它在今后相当长一段时期内，将是梅州和珠三角客源地市场的重要联结点，具有承上启下的积极作用。

四、战略定制，务求简洁重在执行

有了资源分析和市场调查做基础，项目组开始进入战略定制阶段。这一阶段的策划要点，简单讲就是两句话：战略分析要周密细致，战略计划要保持简洁。怎样使战略计划既简洁又有效呢？其关键在于项目组着眼于发现、创造和捕捉市场机会，而不拘泥于解决未来市场的具体问题。在现有产品的既定框架下，以一种全新的思路，重新整合相关资源。用美国经济学家熊彼特的话说，就是要"采用一种新的生产组合"。因此，项目组为梅县量身定制的旅游营销战略计划，简单讲就是五句话：

一是打造一个全新概念——梅县客家风情生态休憩圈。

二是建好两条休闲街区——梅县客家风情休闲街区、梅县畔江休闲酒吧街区。

三是推出三个旅游品牌——叶帅故乡、客家风情、田园风光。

四是突破四块区域市场——珠三角旅游客源地市场、厦漳泉旅游集散地市场、闽粤赣边区域旅游市场、港澳台东南亚海外市场。

五是开辟五条旅游线路——粤东客家风情旅游线、闽粤客家风情旅游线、闽西绿色生态旅游线、闽粤赣边红色旅游线、寻根省亲入境旅游线。

五、产品策划，有序整合逐一定位

旅游产品是城市旅游发展的核心要素。通常情况下，一个城市往往有众多的旅游产品，且分别指向不同的地区和市场。即使是同一个旅游产品，也可能有多个细分市场和目标消费群。梅县的情况正是如此。怎样才能面向市场有序推出城市旅游产品呢？项目组的做法是"有序整合，逐一定位"。具体分为三个步骤：产品分类、产品组合、产品定位。

（一）产品分类

首先，项目组从旅游消费者的心理认知出发，对城市旅游产品进行有效分类，分出核心产品和辅助产品、一线产品和二线产品。其次，分清轻重缓急，重点推介优质旅游产品。最后，再以点带面，逐步推出其他旅游产品及其服务。

以梅县为例，项目组对其旅游产品分类，主要分为两个层次：就雁洋镇的六大景区而言，核心产品是"一园、两雁"（叶剑英纪念园、雁南飞茶田度假村、雁鸣湖旅游度假村），辅助产品是"一山、一寺、一村"（阴那山、灵光寺、桥溪客家民俗村）。就梅县所有的旅游景区而言，一线产品是雁洋镇的六大景区，二线产品是人境庐、南华又庐、仁厚温公祠、千佛塔等中小景点。

（二）产品组合

旅游产品组合，是指旅游产品和旅游产品线的组合方式。一个城市不仅有旅游产品，还有旅游产品线，比如景区产品线、宾馆产品线等。旅游产品线又可分为若干品种，比如景区产品线可细分为A级景区和普通景区、观光型景区和休闲度假型景区，宾馆可细分为商务宾馆和度假宾馆、星级酒店和民居客栈。城市旅游营销要取得最佳效果，应根据不同市场的实际需求，对旅游产品进行合理组合，比如大型景区之间的组合，大型景区和中小景点之间的组合，景区和宾馆、饭店、购物商店之间的组合。

对梅县旅游产品的组合，项目组主要根据旅游团队、商务散客、自驾游、会议市场的不同情况，分为"团队一日游""散客一日游""周末自驾游""商务会议游"等组合形式。比如，过夜团队受宾馆价格和入住率的影响较大，对宾馆的位置和服务质量也较为关注。项目组在产品组合时，就充分考虑了这些因素。

（三）产品定位

旅游产品的定位，包括两方面内容：对内，提炼产品卖点；对外，锁定目标市场。旅游产品的消费过程，本质上是一种体验。因此，项目组在提炼产品卖点时，强调要向消费者传递某种新体验和新感觉。具体而言是做到三点：一是要有能让消费者耳目一新的新概念，二是这种新概念要符合消费者的心理认知并能引发某种联想，三是要努力为消费者创造新的客户价值。

在锁定目标市场之前，项目组对每个旅游产品的市场现状、发展潜力（或障碍）、竞争策略、传播方式等进行定性分析，必要时还对旅游产品进行改良和整合。比如，阴那山是一个老景区，风光优美，气候凉爽，属于高山休闲型的旅游产品，但是市场知名度低，经营业绩一般。而位于阴那山山顶的灵光寺是广东四大名寺之一，历史悠久，有独特卖点，品牌知名度较高，其发展障碍是体量太小，单打独斗难以做大。因此，项目组建议将这两个旅游产品进行整合，把灵光寺纳入阴那山旅游度假区的开发序列，打造出一个新的4A级景区。同时，灵光寺本身要加强品牌宣传，尤其要深度挖掘宗教历史文化资源。其传播方式要注重故事性、传奇性，其目标市场重点锁定传统香客市场、旅游团队市场、商务会议市场和自驾游市场。

六、营销传播，品牌先导激活市场

当项目组对梅县的资源、产品和市场有了深入认知，并制订了行之有效的战略计划时，接下来的一项重要工作，就是找准市场引爆点，激活梅县旅游市场。

当时的实际情况是，梅县创建"中国旅游强县"的工作已经展开，旅游环境全面改善，旅游品质大幅提高。但是，外界对这些变化却知之甚少。怎样才能用最少的投入，在最短的时间内使梅县在旅游市场中广为人知呢？经过反复思考，项目组决定从客家文化入手，一方面，瞄准珠三角客源市场，重塑梅县旅游品牌，推出梅县旅游新形象。

综观梅县旅游产品，大体有三种类型——红色旅游、客家风情、田园风光，分别以叶剑英故居、雁南飞茶田度假村、桥溪客家民俗村为代表。这三种旅游产品，表面上产品形态差异很大，但其内在精神却是相通的，都是客家文化在不同侧面的折射。叶剑英故居是梅县客家文化的人格化和精神象征；雁南飞茶田度假村是经过优化并提取客家文化要素的旅游产品；桥溪客家民俗村则代表了客家人的传统生活方式。

另一方面，考察客家文化的演进历史。梅县自古以来就是中国客家文化中心，梅县的客家文化，是最具代表性的中国客家文化基本形态。早在元末明初，嘉应州（即现在的梅县地区）就已成为中国客家文化的代表区域。作为客家文化的重要载体，梅县话是官方认可的客家话的标准语言。至今，海内外电台、电视台的客家话节目，都采用梅县话播音。

从城市竞争的角度看，闽粤赣边客家地区近年来群雄并起，各个城市纷纷争夺对客家文化的话语主导权。而梅县作为客家文化的传承者和代表者，理应凸显梅县作为中国客家文化中心的历史地位和文化地位，一举占领市场竞争的战略制高点。同时，梅县还应以市场领导者的姿态，带动整个客家文化品类市场的发展。

那么，对于现代旅游消费者而言，梅县客家文化到底有何特殊魅力呢？项目组追根溯源，认识到客家文化是汉文化下属的具有民系色彩和地域特征的一种文化枝干。千余年前，客家祖先出身书香门第，多为名门贵裔，为了遁世避祸，带领亲眷"衣冠南下"，躲进闽粤赣边的大山深处。由于久居山野、与世隔绝，他们至今保存着自古遗留的人文传统，比如崇文尚教、注重礼仪、淳朴坦诚、热情好客等。从本质上讲，客家文化源于儒家思想，是一种保存较好的古中原文化。客家方言被称为唐宋中原古汉语的"活化石"。客家人注重礼仪、热情好客的人文传统，也是对古礼的沿袭。孔子说，"礼失而求诸野"。今天，当传统文化在现代社会尤其是大都市中日益失落，当商业化泛滥导致人情冷漠和物欲横流时，地处偏僻山区、远离都市喧嚣的客家梅县，正是一个能带给现代人精神慰藉的心灵家园。

据此，项目组瞄准现代都市人的精神需求，以富有人文气息的感性诉求方式，推出了具有市场感召力的品牌广告语——"山中田园诗，梅县客家情"。具体阐释如下：

山中：梅县的地理区位，是客家栖息地的真实体现。

田园：梅县至今保留的传统农业形态，田园牧歌般的客家生活方式，也是梅县自然景观的提炼概括。

山中田园：像世外桃源、海上蓬莱一样，是超脱于一般生活认知的概念，反映了当地最本真的生活方式和没有被工业化侵蚀的自然状态。

田园诗：对客家生活的升华和艺术表现。"诗"，给予了乡村生活以文化气息，符合客家人崇文重教、耕读传家的传统。"田园诗"，是耳熟能详的诗歌形式，以描绘乡居生活为主，是基于劳动的歌咏。田园诗还赋予了梅县的品牌宣传一种诗歌的浪漫主义情怀和遐想空间。

客家情：客家的风土人情，客家人的淳朴热情。

两句话精准提炼了梅县客家的特点要素，方便记认，易于识别。

2007 年下半年，为了配合梅县创建"中国旅游强县"的工作，项目组先后通过电视、报纸、户外和网络等传播渠道，宣传梅县旅游产品，推出梅县旅游新形象，取得良好效果。以网络宣传为例，项目组推出的梅县自驾游攻略，先后被国内数十家旅游网站转载。项目组在中国最热的人文社区——天涯社区广州版推出的主题帖《山中田园诗，梅县客家情》，得到了广大网友的真情回应。在一周之内，点击率逾万次，网友留言数百条。天涯社区在"天涯聚焦""广东平台""岭南影像""光影记录"等栏目，多次做了重点推荐。

《梅县旅游营销策划》的成功实施，也取得了较好的经济效益。2007 年国庆黄金周期间，梅县各大景区全线火爆，雁南飞、雁鸣湖、阴那山和灵光寺等景区的客流量全部刷新历史纪录。其中，自驾车乡村游成为一大新亮点。据统计，黄金周期间每天进入梅县的自驾车多达 9000 多辆。宾馆和饭店也异常火爆。比如，项目组在梅县自驾游攻略中重点推荐的万秋楼和柏丽酒店，黄金周期间万秋楼始终爆满，柏丽酒店每天入住率均为百分之百。

讨论与作业

1. 如何进行旅游产品定位？需要注意哪些问题？
2. 如何实现对市场宏观格局的把握？
3. 市场调查时要重点处理好哪两个关系？为什么？
4. 旅游品牌如何而来？怎样进行品牌的塑造？

第三章

旅游开发目标及主题定位

本章导读

一、开发目标定位

区域旅游规划的编制，作用在于用它来指导、规范今后相当长一段时间内，政府对旅游事业发展的宏观管理和科学决策，以实现规划时段和规划期末的具体目标。这一目标的确定，将决定旅游业的产业地位和发展速度，是整个规划都要围绕它展开的核心中的核心，是旅游发展的纲领性指标体系。

确定旅游发展的目标和指标，要针对旅游发展的总体形势，从构建旅游产业体系的目标出发，观察目前旅游业对区域经济的贡献率，预测规划期内旅游产业的经济地位，以及旅游业对某些行业的重要性和联动效应，估计旅游业的收益乘数效应和就业乘数效应等。

二、开发主题定位

早期的旅游业，对旅游主题的把握不太重视，主要原因在于，这时的旅游还是以传统的观光旅游为主，只要当地能够发现有一定品位的风景旅游资源，则取得了旅游开发的入场券。这种旅游开发的做法也比较简单，只需大力推介当地的旅游风光就行了。而且旅游者也不成熟，基本上还是初级的"到此一游"者，离高级"到此一游"族相差甚远，只会跟着媒体和周边旅游环境走，还远没有形成自己独立的旅游观，因此他们大多数只对名气大的旅游区感兴趣。

但是现在旅游业已进入一个新的发展时期，旅游者也开始成熟了，特别是随着国内旅游热的兴起，全国各地都冒出了许多新的旅游区，旅游的替代性大大增强，旅游者可选择的余地大为增加，因此，旅游开发对主题的确定就显得十分重要。

第一节
旅游规划开发目标定位

确定发展目标这一过程包括了相应的旅游发展政策形成的步骤，旅游发展政策形成阶段应该考虑的问题包括：发展旅游的原因（经济的、社会的和环境的）；旅游发展的形式，准备吸引的国际与国内市场的类型；旅游发展是否仅考虑市场规模和经济效益，抑或是仅开发符合环境和社会要求的旅游形式；容忍的旅游开发强度；旅游发展的速度；政府和企业在旅游发展中各自扮演的角色；环境保护、文化保护和可持续发展问题；主要开发的区域及开发的分期。

确定旅游发展的目标和指标，要针对旅游发展的总体形势，从构建旅游产业体系的目标出发，观察目前旅游业对区域经济的贡献率，预测规划期内旅游产业的经济地位，以及旅游业对某些行业的重要性和联动效应；估计旅游业的收益乘数效应和就业乘数效应等。规划中预测预设的具体指标一般包括旅游业在整个地区经济中的地位，包括旅游业收益占GDP的百分比，在此总体目标之下，细分为旅游人数指标、旅游收入指标、旅游就业人数指标等具体目标。

虽然目前旅游发展规划往往以经济目标为核心，但作为区域发展的一个重要组成部分，旅游规划的发展目标和指标也不能忽视旅游发展的社会和生态目标。因此，旅游规划的目标包括总体目标和分目标两个部分，总体目标提出规划期末规划地区希望实现的综合地位，分目标则分别就旅游活动的经济、社会和环境影响提出需要实现的蓝图。

在确定一个省、市、县的旅游业发展目标时，最好包含三个方面的内容：地域范围、旅游特色、旅游地的性质和功能。此外，旅游景区确定发展目标时最好还能与国内外普遍认可、发展相对成熟的等级称号衔接。

案例 1

达尔罕茂明安联合旗旅游发展目标定位

一、背景分析

达尔罕茂明安联合旗（以下简称达茂旗）旅游发展规划是 2013 年制定的。达茂旗，是内蒙古自治区包头市下辖的一个旗，经济主要以发展牧业为主，地处祖国北疆，是内蒙古自治区 19 个边境旗（市）和 23 个牧业旗之一，距呼和浩特、包头两市分别为 150 千米和 160 千米，北与蒙古国接壤。全旗总面积 18177 平方千米，现辖七镇一苏木一个工业园区，总人口 12.04 万人次，其中少数民族 1.83 万人次（蒙古族 1.73 万人次）。旗政府所在地百灵庙镇地处呼包两小时经济辐射圈，区位优势明显，素有"草原码头、陆路口岸"之美称。著名的稀土之乡——白云鄂博铁矿就在其境内，草原英雄小姐妹龙梅、玉荣的故事就发生在这里。从内蒙古内部看，其处于呼包鄂经济圈内。呼（呼和浩特）白（白云鄂博）公路、包（包头）白（白云鄂博）公路分别纵贯全镇，交通较为便利。从呼和浩特和包头方向来的客人都可以通过上述路径直达本区。

达茂旗旅游资源丰富，从不同朝代残留的古长城遗址到闻名中外的敖伦苏木古城，从风格独特的普会寺到庄严肃穆的广福寺，从希拉穆仁大草原到满都拉口岸，从百灵庙抗日武装暴动到百灵庙战役，从监国公主阿剌海到文化使者列班·扫马，从神勇英雄哈布图·哈萨尔到草原英雄小姐妹龙梅、玉荣，多层面刻画出一个历史人文底蕴深厚的达茂旗。广袤的达茂草原更是历史上的避暑胜地，著名的晋商驼道从这里经过，艾不盖河、塔尔浑河及希拉穆仁河等静静地流向草原的深处。

作为距呼包鄂最近的原生态草原，2016 年，达茂旗旅游接待人数达到 177 万人次，实现旅游收入 8.86 亿元。尽管如此，在旅游业发展方面，目前达茂旗还是处于低水平、小规模的阶段。由于交通不便、投入不足、基础设施薄弱、重复建设、景点分散等客观原因，全旗旅游资源存在开发利用不足、创造经济效益不明显的问题。

二、重点考虑

（一）优势

①生态优势。本规划区以牧业为主，自然环境受现代工业污染程度较低。大面积的草原，保持比较原始的自然生态环境。②后发优势。资源处于未开发状态，保存完好，为创新开发奠定基础。

（二）劣势

①旅游资源的空间分布比较分散，旅游季节性强；②区内交通条件较差，旅游基础设施的综合配套程度低；③知名度低；④人力资源短缺。

（三）机遇

规划区开发建设面临的主要机遇有：国内外旅游业持续发展的大环境所带来的机遇；旅游者旅游需求变化提供的机遇；国内外旅游者旅游方式的转变提供的机遇；草原旅游区旺季游客分流需要提供的机遇。

（四）威胁

规划区开发建设和发展的威胁主要有两方面：一是规划区处于已经形成一定规模和档次的旅游区的阴影之下，阴影区的遮蔽作用影响极大，从而导致发展难度大；二是对于新建旅游区来讲，在品牌未获市场认可之前，市场的认知度低，来自不同竞争方的日益激烈的竞争将会使规划区面临挑战。

（五）资源评价

以哈布图·哈萨尔（蒙古族的战神）和龙梅、玉荣（草原英雄小姐妹）为主导的人文吸引物具有强烈的地方性和垄断性。规划区草原深处以及哈日达嘎山上有多处岩画和石人墓，为本区增添了神秘性。特别是，这里的草原一碧万顷，起伏平缓，坦荡无垠，碧草中争奇斗艳的各种野花迎风起舞，原野中点缀着宁静、安详的牛群、羊群，淳朴而又勤劳的蒙古民族与大草原和谐共存，形成了独特的原生态草原文化。同时，这里的地貌以低山丘陵干草原类为主，平均海拔 1650 米，属温带半旱气候区，最热月平均气温不超过 20℃，昼夜温差大，降雨量少，夏季气候舒适，是休闲避暑理想之地。

（六）目标市场定位

根据对达茂旗旅游客源市场的现状分析及前景评价，达茂旗旅游目标客源市场定位的基本目标是"立足呼包鄂市场，扩大国内市场，拓展国际市场"，具体目标市场如下：

1. 国内目标市场定位

一级客源市场，以呼包鄂为主的区内周边地区；二级客源市场，以京津冀为主的环渤海地区及周边省市地区；三级客源市场，珠江三角洲、长江三角洲及国内其他地区。

2. 国际目标市场定位

一级客源市场，日本、韩国及中国港澳台地区；二级客源市场，蒙古国、俄罗斯及东南亚等相邻国家；三级客源市场，欧美地区及其他国家和地区。

本区具有为周边城市乃至全国提供异地休闲、度假、娱乐和受教育的机会，可以很好地发展国内旅游，增加经济收入；为本区居民提供就业机会，增强本地居民的民族自豪感；通过旅游业达到保护环境和文化的目的。通过分析本区的资源条件确定本区的旅游业发展类型为观光和休闲度假。旅游发展的市场规模和开发强度，要符合环境和社会要求。达茂旗全旗草原从南向北依次跨越干草原、荒漠草原和草原化荒漠三个自然植被带，荒漠草原是主体，生态环境极其脆弱，需要有强有力的措施保护脆弱的达茂旗草原生态环境。因此，达茂旗旅游景区的开发要从旅游资源可持续发展的角度出发，处理好景区开发与环境保护之间的关系，尽量避免景区开发造成的环境破坏。规划有效期为 2013~2025 年。主要竞争者是包头市的希拉穆仁草原旅游区、乌兰察布市的格根塔拉草原旅游区和辉腾锡勒草原旅游区以及鄂尔多斯市的成吉思汗陵旅游区等草原与名人文化旅游资源或景区。根据规划区市场竞争的优劣势，在开发建设、营运过程中应强化区域旅游合作，与周边区域获得旅游发展的共赢。规划区区域旅游合作主要集中在以下几个层面：与周边白云鄂博等区域的合作；与呼包鄂金三角的区域合作；与内蒙古中西部其他区域的合作；与周边省区的合作。

三、目标定位

(一) 总目标

充分保护、传承和挖掘达茂旗深厚的历史文化旅游资源，重点开发富有特色的旅游产品，持续加大达茂旗旅游市场形象营销的力度，到 2025 年末，将达茂旗建设成为世界上较为著名的草原丝路文化自驾游基地、中国独具北疆特色的草原游牧文化和哈萨尔祭祀文化旅游示范区、呼包鄂"金三角"地区草原文化休闲旅游度假中心，使旅游业成为达茂旗新的支柱产业，进一步实现达茂旗经济、社会、文化和环境文明的有机协调发展。

(二) 分目标

1. 旅游接待人数目标

2012 年达茂旗旅游接待人数约 110 万人次，预计到 2015 年达茂旗旅游接待人数达到约 200 万人次，2017 年达到 259 万人次，2020 年达到 380 多万人次，2025 年达到 610 多万人次，年均旅游接待人数增长率约 15%，如表 3-1 所示。

2. 旅游收入目标

2012 年达茂旗旅游总收入近 4 亿元，预计 2015 年达到约 10 亿元，2017 年达到 16 亿元，2020 年达到约 34 亿元，2025 年达到 85 亿元，年均旅游收入增长率约 28%，如表 3-1 所示。

表 3-1　达茂旗旅游市场发展目标

年份 　　　　　指标	旅游接待人数（万人次）	旅游收入（亿元）
2013	134. 18	5. 39
2014	163. 83	7. 34
2015	200. 03	10. 01

年份　　　　　指标	旅游接待人数（万人次）	旅游收入（亿元）
2017	259.05	16.40
2020	381.78	34.39
2025	614.86	85.57
短期（2013~2015）增长速度（%）	22.1	36.3
中期（2016~2020）增长速度（%）	13.8	28.0
长期（2021~2025）增长速度（%）	10.0	20.0
年均增长速度（2013~2025）（%）	15.3	28.1

3. 环境目标

到2020年，森林覆盖率提高到20%以上，项目区草原植被覆盖度达到45%，城区绿化率达到23%，人均公共绿地12平方米；到2025年，森林覆盖率提高到35%以上，项目区草原植被覆盖度达到50%，城区绿化率达到25%，人均公共绿地约15平方米，各项指标均达到或优于内蒙古标准。

4. 社会目标

到2020年，旅游业可提供直接和间接就业岗位分别为0.8万个和3万个左右；到2025年，旅游业可提供直接和间接就业岗位分别为1万个和4万个。积极树立达茂旗的旅游形象，扩大对外交流，提高达茂旗的知名度；通过旅游综合开发，推进社会主义新牧区建设，全面改善当地居民生活条件，带动地方经济发展；提高公民的生活质量与自身素质，促进社会文明与经济繁荣，全面构建和谐社会。

5. 文化目标

保护和开发达茂旗的历史文化遗产，进一步挖掘其文化旅游资源，形成和强化草原特色文化，重点展示以希拉穆仁为核心的草原文化、以百灵庙暴动和龙梅玉荣英雄事迹为中心的红色文化、以哈撒尔为核心的蒙古族英雄文化、以满都拉口岸为中心的口岸风情文化、以石宝和乌克为中心的现代生态农业文化、以达尔罕苏木为中心的阴山岩画文化、以白云鄂博为中心的稀土矿山文化等，集中展现其独特文化品位，促进达茂旗文化产业发展和精神文化建设。

讨论与作业

> 1. 旅游发展目标的确定需考虑哪些问题？
> 2. 通过本案例归纳旅游开发目标体系？
> 3. 规划目标体系的相关利益群体有哪些？确定目标时应如何兼顾相关利益群体？
> 4. 模仿该案例，找一个自己熟悉的地方试着收集资料并进行全面分析，为其确定旅游发展目标。

 案例 2

西双版纳傣族自治州旅游目标定位
——观光休闲避寒养生度假地

一、基础知识

（一）利益相关者

规划目标体系的主体政府部门、公众和经济组织构成了规划目标体系的相关利益群体，三者利益博弈的结果将决定目标体系的设定与实施。

政府通过旅游带动相关产业的发展，调整当地的经济结构，促就业、惠民生，重视资源合理利用与开发，以实现可持续发展。作为旅游发展的引领部门，旅游局根据政府的意见组织旅游发展规划的编制、实施和监督。相关部门建立信息交流平台，为合力发展旅游业做出贡献。

公众由当地居民和游客组成。一方面，当地居民希望通过旅游来改善他们的居住环境，包括基础设施、就业、经济、交通等；另一方面，游客通过感受大自然的美好风光，体验异地文化的精彩纷呈，与当地居民进行交流互动，以留存回忆、放松身心。同时，优质的旅游体验也可以提升旅游产品形象和当地知名度，形成良性循环。

经济组织是指旅游开发公司、旅行社业、旅游饭店业、旅游交通业、旅游景观业及其他相关行业的企业之间的相互关系和行业组成结构。作为旅游经济发挥的主要群体，经济组织为行业的发展带来了活力，为城市的基础设施建设提供了资金来源。但是其以营利为目的的内在属性，需要政府给予正确的引导以避免不当开发所带来的环境冲击影响。

(二) 规划目标体系的技术内容

旅游发展规划编制要坚持以旅游市场为导向、以旅游资源为基础、以旅游产品为主体，达到经济、社会和环境可持续发展的指导方针。经济、社会和环境可持续发展构成了旅游发展规划目标体系的主要内容。

通过"以人为本"的设计理念，带动当地居民参与旅游建设，为外地游客提供良好的体验环境，这在提高城市形象和建设水平的同时，两类群体在对话中也使异地文化之间实现共融的局面；对生态环境的保护、开发与利用是规划实施的重要手段，其中保护是为了更好地开发和利用，以实现人与自然的和谐；可持续发展由生态、经济、社会复合而成，生态持续是基础，经济持续是条件，社会持续是目的。

(三) 规划目标体系的确立

在确定旅游发展的目标体系时，不能简单地把发展的目标建构在以经济指标为特征的单一指标体系上；要依据"科学发展观"的要求，建构经济、社会、文化、环境等目标相统筹的多元价值目标指向的新目标体系。

二、西双版纳旅游背景条件分析

西双版纳犹如镶嵌在祖国西南边陲的一颗璀璨的绿宝石，享有"植物王国""动物王国"的美誉。古朴的民族风情和绚丽的亚热带自然风光相辉映，使西双版纳更显得神奇、美丽而蜚声海内外。此外，西双版纳还具有独特的区位优势——是我国紧邻东南亚国家的前沿和窗口，是云南乃至祖国大西南沟通东南亚的重要桥梁。从交通方面来看，西双版纳是我国至泰国最便捷的陆上通道。现西双版纳有三条干线公路直通老挝，四条干线或支线公路直通缅甸。西双版纳旖旎的风光、独特的风情，使之成为全国甚至全世界著名的旅游胜地。

（一）自然景观得天独厚

其由地景（山景、石景、响景和峡谷险滩）、水景（河景、湖景、瀑景、泉景）和生物景共同组成。西双版纳保持着我国面积最大、原始风貌最完整的热带雨林。常绿阔叶林、暖性针叶林和竹林覆盖全州，花卉种类繁多。西双版纳仅占全国 1/504 的土地，却生长着 5000 多种植物，占全国植物类的 1/6。有 362.3 万亩国家自然保护区。繁衍着陆栖脊椎动物 539 种，占全国总数的 1/4，其中野象、孔雀不仅有很高的观赏价值，而且积淀了较多的人文因素，构成西双版纳的象征。西双版纳还是"药材之乡"，目前发现的药用植物达 1724 种，其中有提炼"活血圣药"夕血葛的龙血树，制造"云南白药"的七叶一枝花、"肌肉松弛剂"的锡生藤、"降压灵"的萝芙木和芳香健胃药的砂仁，并形成了国家承认的"四大民族医"之一的"傣医"。西双版纳还是普洱茶的故乡。此外，西双版纳种植橡胶面积达140 万亩，成为仅次于海南省的祖国第二个橡胶基地。

（二）人文景观独树一帜

其主要由塔、碑、宗教寺庙、游乐设施、特色建筑及当地旅游商品和风味饮食烹饪组成。由于西双版纳的许多民族，与东南亚国家特别是与老挝、缅甸、泰国的大多数民族是跨境而居，使得民俗、血缘、语言、婚姻、宗教等有较多的相似之处，使景洪成为"五景"之首。"五景"即景洪、景栋（缅甸）、景莱（泰国清莱）、景迈（泰国清迈）、景邦（老挝琅勃拉邦）。景洪市大动龙是州内和周边各国佛教朝拜的圣地，每年大约有 10 万人前来朝拜、观光。

（三）绚丽多彩的风俗民情

西双版纳各民族历史悠久，现居民族 13 种。少数民族艳丽多彩的服饰、文化习俗、节日庆典、音乐、舞蹈、绘画、村寨建筑等独具一格，有着独特的艺术价值。各民族之间不仅吃、穿、用、住不相同，就连婚、丧、嫁、娶也各有特色。

三、西双版纳旅游目标定位

（一）总体目标定位

西双版纳旅游发展规划的总目标确定为：将西双版纳打造成国际一流的雨林傣式生态旅游目的地、国内重要的观光休闲避寒养生度假地、云南省南部门户和出入境旅游基地。在此基础上，力争将西双版纳建成世界旅游者心目中的"一洲、三都"："一洲"为国际雨林傣式度假绿洲，凸显西双版纳"热带""雨林""傣式""生态"等要素；"三都"为避寒养生之都、文化休闲之都、边境体验之都，突出西双版纳的气候环境优势、文化资源优势和区位优势。

（二）分目标定位

西双版纳旅游发展规划的分目标由经济、社会、环境的子目标和要素组成（见表3-2）。

表3-2　西双版纳旅游发展规划目标体系框架

分目标	子目标	要　素
经济目标	经济总量目标	提高旅游收入；吸引更多旅游者，提高境外游客比例
	经济结构目标	提高旅游业占 GDP 比重；强化旅游的乘数效应和产业集聚效应
	经济增长目标	带动第三产业经济发展；提高地方居民收入水平
	效益目标	缩短旅游项目的投资回收期，提高投资收益率

续表

分目标	子目标	要　素
社会目标	社会结构目标	增加社会就业人数；获得地方居民对旅游业的支持，让更多的居民参与旅游经营从中获益；改善农村社会经济状况，提高农民收入
	人口素质目标	树立良好的社会风气；加强旅游队伍人才建设
	社会文化目标	旅游产品和旅游项目以文化为特色体现；弘扬当地的民族文化、民俗文化和宗教文化；促进和谐社会和小康社会发展
	旅游满意度目标	建设西双版纳旅游主题文化并发扬光大；以文化为品牌特色，打造差异化市场竞争力；强化旅游文化营销；提高旅游满意度
环境目标	环境保护目标	坚持可持续旅游发展观、加强对热带雨林资源的科学保护
	环境优化目标	强化环境综合整治；净化水环境；降低噪声污染；净化大气环境

讨论与作业

1. 通过本案例归纳旅游开发目标体系。
2. 评价西双版纳的世界旅游者心目中的"一洲、三都"目标。
3. 规划目标体系的相关利益群体有哪些？确定目标时应如何兼顾相关利益群体？
4. 分析归纳各分目标包含的具体指标。

第二节
旅游主题定位

旅游规划过程中旅游区主题的确定是关系到旅游区未来发展方向和特色的关键。切合实际的旅游主题定位可以充分发挥旅游地旅游资源的优势，广泛吸引客源；而不准确的主题定位往往会让旅游地在激烈的市场竞争中处于不利的地位，阻碍旅游业的发展。

在《牛津词典》里"主题"这个词所包含的意思是：在音乐中，被不断重复和不断扩张的那个旋律。在旅游规划与开发中，旅游主题也同样具有这样的特征。旅游主题是在旅游区的建设和旅游者的旅游活动过程中被不断地展示和体现出来的一种理念或价值观念，具体地说，是旅游规划的编制者，通过对被规划地区的市场条件、区位条件、旅游资源状况的综合分析，对旅游开发突破口的最佳选择，是当地旅游特质的本质反映，是旅游规划的灵魂。旅游主题实际上也是当地旅游开发的核心竞争力，它能够为旅游目的地进入各主要目标市场提供潜在机会，能够指导设计各类旅游产品满足所认定的目标旅游者群体的需要，而且不易被其他竞争者所模仿。

作为旅游开发核心竞争力的主题，是由三个因素决定的：一是市场，它为主题的提炼提供了针对性的目标，主题必须切合自己目标市场的要求；二是资源，它为主题的提炼提供了基础，旅游资源也是旅游开发的基础，因此主题不可能脱离资源来谈；三是区位，它为主题确立了与众不同的内涵，也因为区位的不同，使得旅游主题对于不同的旅游客源地来说，具有不同的主题形象。

如何确定一个明确的主题呢？一般而言，主题的确定应根植于本地的地脉与文脉，应根据主导客源市场的需求，凸显个性、特色与新奇。避免与邻近地区旅游目的地雷同。一个好的旅游主题定位必须符合八个方面的原则性要求，分别是针对性、本土性、适应性、独特性、新颖性、文化性、持续性、延展性，前四个方面是基本要求，后四个方面是较高要求。这八个方面的要求也就是策划者在进行主题构思时必须考虑的基本内容。

 案例 1

大余县旅游开发主题——华夷南界，古道沧桑

一、大余县资源、区位、市场分析

大余县原名大庾县，位于江西省赣州市西南部，章水上游，地跨北纬 25.15°～25.37°，东经 114°～114.44°。省内与信丰县、南康市、崇义县交界，省外与广东的南雄市、仁化县为邻。县人民政府驻南安镇。东距赣州市府 88 千米，东北距省会南昌 508 千米；西距粤北重镇韶关市 144 千米、粤北国家级风景名胜区——丹霞山 120 千米，南距广东省会广州市 458 千米。

大余县"南扼交广，北拒湖湘"，形势险要，地理位置十分重要，为古代兵家必争之地，也是自古以来南北商路的必经之地，素有江西"南大门"之称。县境南部的大庾岭为五岭之一，形似廪庾，县因之而得名。岭上的梅关形势险要，为赣粤两省的咽喉要道，北宋著名诗人苏轼曾有诗云："大江东去几千里，庾岭南来第一州。"这是对大余县地理位置重要性的高度概括。

由于大余县地处江西的西南边陲，距省会南昌的距离比较远，而与广东的粤北地区近在咫尺，因此，大余与粤北的经济联系比较密切，在江西省内的经济联系主要是区域性的，其经济交往主要是在赣南地区。

大余旅游开发历史较悠久，早在 20 世纪 80 年代，大余人就认识到旅游产业的重要性，在江西省县域旅游开发中，走得最早，也最快。大余的主要旅游吸引物有梅关、南安镇的牡丹亭、丫山、西华山钨矿等。

梅关也称梅岭，是一个小隘口，与广东南雄共有，隘口处有一座古关楼，它与从山下延伸上来的古驿道一起成为梅关的主要古迹，但关楼是目前唯一具有旅游观赏意义的景点。山势则很平常，也没有什么观赏性。江西一侧做了一些亭廊式建筑，并在当年陈毅同志在梅岭打游击并写下著名的《梅岭三章》的地方修建了纪念碑，近年来又开发了一系列以古人在梅

关留下的诗词为内容的碑林景观；广东一侧的景观更少。因此梅关旅游以观赏梅花为主。

牡丹亭则是一个小型的主题公园，它是因为汤显祖的名剧《牡丹亭》而出名的，《牡丹亭》是以大余的南安（古大余）府衙为背景，故事的主人公是知府的小姐，但现在府衙已经没有了，只有东安古码头还有一些遗迹，成为牡丹亭内唯一的古迹。丫山和西华山钨矿则对旅游者的吸引力不大。

因此，大余的主体吸引物是梅关，主题旅游活动是赏梅，为此当地政府在梅岭的主要建设任务就是种植梅树，经过十年努力，梅树已经开始成林。

大余的主要目标市场是珠江三角洲的客人，海外游客则以港澳旅游者为主。

二、对大余县旅游开发主题评论

大余的旅游产品有很大的局限性，梅关旅游只有很短的旺季，其余全是淡季。原因就在于，大余的旅游主题是以梅关赏梅为主，而梅关的梅花开花季节很短，一般是在每年的一月至二月中旬，45 天左右，过了这段时间，梅关旅游就没有什么吸引力了，甚至广东一侧上山的游客走到关口就原路返回，不到江西一侧旅游。只有开花时节，游客一定要到江西来，因为气候的原因，广东一侧的梅花开不了。

每年仅靠 45 天左右的旅游旺季，旅游业的总体经济效益是难以提高的。所以大余有关领导迫切希望改变这种现象，也尝试做了不少工作，但效果都不明显，因此以招标的形式，邀请江西城乡建设规划研究院和南昌大学旅游学院联合对大余旅游发展进行规划，总体规划部分主要由南昌大学旅游学院承担。

三、对本规划区旅游主题的重新思考

在对大余旅游资源进行分析后，发现大余县主要旅游承载区是梅关这一点没错，但是主题旅游是赏梅，就存在很大的缺陷。因为梅关的文化核心内涵并不是梅文化，虽然古人在梅岭留下了很多咏梅的诗篇，但如果不是那条古驿道，就不会有这些名人来到梅关。所以梅关旅游应该挖掘的是梅关古驿道中的古代交通文化。古驿道是省级文物保护单位，但如果单纯地利用古驿道，则旅游价值不大，毕竟不会有旅游者走在这条古驿道上时，会产生一种苏东坡曾经走在那条路上的感觉。

因此需要挖掘既适合旅游开发，又符合梅关古驿道文化内涵的素材。古驿道的素材非常丰富，自古以来，梅关是华夷的分界线，华夏的南界，出关就属于未开化的蛮荒之地。秦汉时期，梅关是失宠官员流放岭外、放归官员返回中原的政治要道；明清时期，梅关是重要的商道；粤汉铁路通车后，梅关才逐渐衰落。从梅关山脚到梅关古关楼前，恰似在放一部历史电影，将人们脚下走过的古道，完整地演绎了一遍，而且极富旅游的戏剧性变化。

从唐朝开始，就有许多历史名人从梅关走过，王勃在滕王阁留下《滕王阁序》后，从梅关南下前往安南（今越南）省亲，就再也没有返回中原；海南五公祠供奉的"五公"，无一不是从梅关南下，前往海南的；苏轼被贬出梅关，以及放归中原的途中，都在大余盘桓良久，留下不少诗词；戏剧大师汤显祖也是从岭外辞官回乡途中，在大余驻足半年多，才有他的戏剧名篇《牡丹亭》。南出梅关的，一步一回首，担心无法生还中原故土，写下的诗作都是自怨自艾，凄凄惨惨；而北入梅关的，一个个都是心花怒放，心情愉快。

珠江三角洲的居民都奉南雄珠玑巷为其祖先的发祥地，但南雄珠玑巷的居民又何尝不是从梅关南迁出去的，因此华南的开发也与梅关密切相关，梅关又是放出广东人的闸门。

梅关的古道素材非常丰富也很有趣味性，但都已经消失在历史的长河中，如何再造，让旅游者来体验则是旅游开发需要重点考虑的，一般的方法是以主题公园展示的形式来表现。

因此，经过以上分析，大余县旅游开发的主题定为"华夷南界，古道沧桑"。

（资料来源：江西省大余县旅游发展总体规划）

讨论与作业

1. 分析本案例，讨论"梅关赏梅"作为大余县旅游主题的不足之处。

2. 本案例中规划组确定旅游主题时主要考虑哪些因素？

3. 如果让你们做规划，试着用上面的材料给大余县确定一个主题。

 案例2

邹城——中华母亲园

一、背景分析

山东邹城距曲阜、泰山很近，"三孔"、泰山阴影十分浓厚（三角关系），"灯下黑"现象严重，"三孟"作为山水圣人旅游线的一个点，仅能作为"三孔"的附属景点（对立关系）。山东省孔孟之乡、东方圣城旅游多产品的全方位开发，邹城孟子文化只能是二级区，邹城若一味地仅打"孟子牌"，将不可能形成自己的特色产品，旅游业发展将受到严重制约。邹城必须尽快走出孔子的阴影区，寻找其他的发展方向。

二、主题定位——中华母亲园

中华母亲园基本理念如下：弱化"三孟"；避免资源雷同、近距离重复；突出孟母，以"母亲""智慧母亲"这一关乎人类家庭的共性课题切入，锁定"家庭出游者""母子出游者"等目标客源，打造"母亲文化带动力"旅游发展思路，进行系列策划，以"智慧母亲"与"圣人孔子"形成互补产品。以孟母为主线，逐步拓展"母亲"文化产业，从母亲教育子女的角度出发，扩造"智慧母亲园"。

三、定位依据

（一）文脉

中华母亲典范——孟母；完整的孟子出生地、二迁处、三迁处"孟母教子"系列；孟母教子系列故事。

（二）地脉

唐王山—护驾山—吉家山一带优良的风水结构和建设空间。

（三）文化价值

对母亲的爱是华夏文化的重要组成部分，孟母是中国母亲的典型代表。在华夏文化纽带工程"华夏文化标志园"项目中，孟母作为其立项的依据之一，中华母亲园的建成将可成为华夏文化标志园的组成部分。

（四）产业价值

中华母亲园项目的主体是以"母亲"为品牌的母亲用品产业和女性用品产业，这一产业的形成将给邹城带来巨大的经济效益，并形成邹城企业和产品名牌。

讨论与作业

1. 本案例确定旅游主题时主要考虑了哪些因素？
2. 本案例的主题体现了哪些原则？
3. 本案例中规划区区位因素是如何分析的？

案例3

文成县旅游主题的提炼

一、文成县旅游市场分析

文成旅游市场的一般特点为：一是旅游客源比较单一，以温州市区及周边县市等近程游客为主，吸引到的远程客人不多；二是旅游形式比较单一，以观赏百丈飞瀑、刘基故里、朱阳九峰等核心景区的风景为主，这使得文成的旅游资源利用率不高；三是游客在文成的消费较低，使得文成旅游收入总体上不高；四是远程客人以上海旅游者居多；五是远程客人以旅行社组织前来的为多数，散客较少；六是旅游者在文成逗留的时间不长，一般只有一天左右。

二、文成县旅游资源分析

文成县的旅游资源十分丰富。瀑、潭、峰、绿、湖、谷、山、名人样样具备，具有数量多、种类全、品位高的特点，其中尤以山水形胜最为出色；使文成体现出"山在水上，水绕林中，人在水云间"的仙境。

一般来说，由于山地的变化较大，构景因素较多，因此，从观赏性的角度来说，山地更好。但从文成旅游资源的特色来分析，可以发现，文成县虽然80%的地区是山地，也有一些不错的山景，但从景观质量上来说，山形出色的不是很多。相反，文成的旅游资源都可以用"水"来概括，"水"使得文成的旅游资源具有与温州其他地区不同的差异性，而且文成的水景具有更强的观赏性和旅游开发价值：

其一是瀑布众多。文成的百丈漈是国内落差较大的瀑布，而且百丈漈是一个大型的瀑布群，分别有三叠瀑布，各有特色。与百丈漈相连的峡谷景廊旅游区有特色鲜明的阴阳瀑，它是两节瀑布，一节是明瀑，另一节是暗瀑。朱阳九峰旅游区有三瀑三潭，百折瀑、龙瀑等：三瀑依次跌宕而下，又形成三个深潭；百折瀑，则像跳溅的珍珠，洒落深涧；龙瀑则气势宏大，如龙出水，寒气逼人。

其二是湖。文成拥有浙江省第二大湖——飞云湖。飞云湖处于峡谷之中，形成许多陡峭的半岛和峡湾。文成还有颇具特色的高山平湖——天顶湖，天顶湖处于海拔600多米的山顶上，湖水清澈，特别是湖区气候凉爽，是消夏的绝佳去处。

其三是潭。文成县除了瀑布区形成许多深潭以外，在岩门大峡谷中从双曲湖到壶穴景观段，还有许多各种形状的凶潭，其中尤以亚洲最典型的壶穴奇观最出色。

其四是滩。龙麒源的峡谷长滩，也是文成水体旅游资源的一绝。

其五是名人的智慧文化。文成是明太祖朱元璋的军师——刘基的故乡，刘基被誉为明朝的国师，为朱元璋夺取江山立下了汗马功劳。刘基在民间被神化，有人将刘基与诸葛亮等同看待，说"北有诸葛，南有伯温"。可以说，刘基是中国最著名的智慧大师之一。古人说，"智者乐水"，这也使得名人文化与"水"文化联系在一起。

概括起来说，文成的旅游资源特色为：百丈飞瀑、天顶平湖、飞云峡湾、铜铃壶穴、龙麒长滩、刘基智圣。

三、发展思路回顾

以往，文成的旅游业发展主要依靠省级旅游风景名胜区——百丈漈为号召，百丈漈是属于观光性的旅游资源，而文成的旅游客源市场局限性较强，主要集中在浙江省内以及省外的上海，但经过近十年的旅游开发，狭窄的客源市场对于文成县的百丈漈来说，必然会造成该来的观光旅游者应该都来过了。同时，由于是以百丈漈一个风景区的名义为旅游号召，因此就必然导致文成县的其他旅游资源始终笼罩在百丈漈的阴影之下，旅游者到文成县旅游也主要以百丈漈为唯一目的地。特别是文成县的瀑布最多，旅游者往往认为，看过了最好的瀑布，为什么还要看其他一般的瀑布呢？这就使文成其他旅游资源的开发难度加大。

因此，文成县的旅游业发展面临着如何深化的问题，这种深化需要解决两个问题：一是如何扩大文成县的旅游客源市场，二是如何充分发挥文成其他旅游资源的作用。扩大客源市场，有两重意义：一是在传统客源市场中，扩大目标市场群；二是开拓新的客源市场。前者要求旅游产品有针对性，并且更加丰富，后者要求大力加强文成的旅游吸引力，以吸引除上海以外的其他中远程地区的旅游者。而无论是扩大市场群，还是开拓新的客源市场，都要求充分发挥文成旅游资源的整体优势。要扩大文成的旅游客源市场，单纯地依靠百丈漈，其吸引力十分有限，很难吸引远方的旅游者。其实有不少旅游者是以温州为旅游最终目的地，而只是将文成作为温州的旅游延伸线，因此他们在文成逗留的时间就很有限，也很少去游览百丈漈以外的其他景区。由于文成县的旅游资源主要是水体，因此要想充分发挥文成其他旅游资源的作用，就必须体现出文成县内水体旅游资源的差异性，而且这些水体旅游资源又能够统一在一个旅游主题下。

四、区位分析

站在温州市的角度来看，应该从温州市旅游资源的相似性角度出发，来给文成县旅游开发定位。但具体到文成县旅游发展的实际，还应该充分考虑到温州市内各县之间旅游业的发展实际上是一种客源竞争关系，因此应该体现出文成旅游资源的差异性。

根据对文成旅游资源的分析，可以发现，文成县的旅游资源完全可以用"水"来概括。虽然温州市内的水体旅游资源也很多，比如国家级旅游区楠溪江、海中的南麂列岛、泰顺的温泉、寨寮溪的漂流等，都以"水"闻名，但是文成的"水"与温州市内其他地方的"水"却有所不同。比如楠溪江，楠溪江旅游本身并不是依靠水，它是依靠楠溪江两岸的风光，以及楠溪江两岸浓厚的浙南民俗风情；南麂列岛被海水包围，它是靠大海的浩渺和广阔，其旅游发展靠的是海岛风光和海滨度假；而泰顺温泉则只在于其水的保健作用。最重要的是，温州市内其他地区的水体旅游资源的开发，无法提炼出一个鲜明的水体旅游开发的主题思想，大多只能笼统地称发展"水文化"。

而文成县的"水"可以以中国传统的"仁者乐山，智者乐水"的名言来提炼。借助刘基的智慧文化，着重提出文成旅游要打的是刘基的"智慧"之"水"，即以刘基的智慧文化为龙头，来树立文成县"智者乐水"的旅游主题。另外，水是没有形状的，也不具观赏性，但文成的水是有形状且可以观赏的，如文成的瀑布和潭水都千姿百态，这就突出了文成的"水形"。因此，将"智慧"与"水形"结合起来，文成的旅游主题就是"智者乐水"。

五、文成县的旅游主题定位

文成县的旅游主题就是"智者乐水"。

（资料来源：文成县旅游发展总体规划）

讨论与作业

1. 本案例确定旅游主题时主要考虑了哪些因素？
2. 本案例的主题体现了哪些原则？

第四章

旅游空间布局

本章导读

　　旅游离不开空间，旅游各要素都分布于空间之中。各要素分布得是否合理，相互之间配合的程度，直接决定着旅游者的感受和体验，也关系到整个地区旅游业发展的状况，可以说，空间布局的合理与否直接关系到旅游开发的成功与否。因此，旅游规划在理顺现状、摸清家底的基础上，关键是要确定旅游空间布局，明确各主要旅游要素的分布和配合。

　　在我国旅游空间的布局研究中，早期主要来源于城市空间布局的相关理论和知识，如同心圆模式、社区—吸引物模式、核心环模式等，这些研究付诸实施，对我国观光旅游业的发展做出了重大贡献。但是，随着人们生活水平的提高，尤其是我国人均 GDP 突破 7000 美元大关以后，形成了以休闲度假为主体，观光、休闲、度假协调发展的局面，旅游市场对目的地旅游空间的要求就更加不仅是"点、线"可以满足的。2015 年全域旅游战略的提出，更加要求旅游空间的布局要突破"点、线"二元制结构，形成"点、线、面"结合三维式发展模式。

　　本章试图通过对两个案例的分析，来论证如何通过节点、廊道、基地的模式，使目的地旅游空间突破"点、线"二元制结构，形成"点、线、面"结合三维式发展模式。

第一节
旅游空间布局概述

一、旅游空间布局的概念及原则

（一）旅游空间布局的概念

旅游空间布局是指通过对土地及其负载的旅游资源、旅游设施分区划片，对各区进行背景分析，确定次一级旅游区域的名称、发展主题、形象定位、旅游功能、突破方向、规划设计、项目选址，从而将旅游六要素的未来不同规划时段的状态落实到合适的区域，并将空间部署形态进行可视化表达。

（二）旅游空间布局的基本原则

根据旅游空间布局的基础理论，结合旅游规划实践，旅游空间布局规划应坚持以下原则：顺应规律的原则；整体优化的原则；适度超前的原则；整合互动的原则；统筹兼顾的原则；持续发展的原则。

二、旅游空间布局的基础理论

旅游空间布局是在科学的理论指导下进行的，这些基础理论除了可持续发展理论外，还包括以下理论。

（一）区位理论

区位理论是说明和探讨地理空间对各种经济活动分布和区位的影响，研究生产力空间组织的一种学说，或者说是关于人类活动的空间分布和空间组织优化的理论。旅游区位理论是传统区位理论在旅游活动中的应用，对旅游空间布局的指导作用主要包括：确定旅游空间组织层次、集聚效应、旅游线路设计、场所选择等。

(二) 中心地理论

中心地是供给中心商品职能的布局场所。中心地具有等级性，每个高级中心地都附属有几个中级中心地和更多的低级中心地。决定各级中心地和服务供给范围大小的重要因子是经济距离，即用货币价值换算后的地理距离，主要由费用、时间、劳动力、消费者行为等因素决定，交通发达程度对中心地的意义重大。该理论在旅游空间布局中的应用主要体现在：建立中心地等级序列，明确区域空间关系；旅游地的中心性越高，越有可能成为区域的增长极。

(三) 增长极理论

增长极理论认为，经济发展具有不平衡性，区域经济发展在空间上将产生极化效应和扩散效应。在旅游开发中，首先要培育旅游增长极，以此来带动区域旅游的发展。旅游增长极一般是那些旅游资源价值大、区位条件好、社会经济发展水平高的旅游地和旅游城镇。

(四) 点轴理论

点轴理论是陆大道先生根据发展轴和中心地理论提出的，该理论不同程度地体现了社会经济空间组织的有效形式，是制定区域生产力合理布局和城市重点发展战略的重要理论。在旅游开发中，"点"就是旅游中心城市或重点旅游地，"轴"就是连接通道，整个旅游系统的空间结构演变也是由"点"到"轴"，再由"轴"到"网"的演化过程。

(五) 核心—边缘理论

核心—边缘理论认为，任何一个国家都是由核心区域和边缘区域组成的，核心区域指城市集聚区，边缘区域是相对较为落后的区域，核心区域与边缘区域之间存在着不平等的发展关系。该理论的指导意义体现在：旅游资源区域整合，以优势旅游资源为核心形成若干增长极，突出资源优势互补、建构区域旅游体系；旅游用地规划和城市旅游圈的构造；区域旅游联动发展。

（六）圈层结构理论

圈层结构理论认为，城市与周围地区有着密切的联系，社会经济活动从中心向外围呈现出有规则的变化，形成以建成区为核心的集聚和扩散的圈层状的空间分布结构。该理论对旅游空间布局的指导意义体现在：成立旅游合作机构，实施区域合作；发挥圈内资源优势，扬长避短、分工协作；整体设计，凸显旅游圈整体特色，形成竞争力；联合促销，总体宣传，塑造旅游圈鲜明的旅游形象。

（七）"双核"结构理论

"双核"结构模式来源于区域中心城市与港口城市的空间组合，兼顾了区域中心城市的趋中性和港口城市的边缘性，可以实现区位上和功能上的互补。该理论为理解港口（边缘）旅游城市与区域中心城市之间互动的内在机理提供了新的思路，能更好地解释某些区域旅游发展空间结构及旅游城市间相互作用的机理。

（八）产业集群理论

阿尔弗雷德·马歇尔指出，产业集群是企业为寻求外部经济而向某一区位集聚的现象。阿尔弗雷德·韦伯提出了"集聚经济"的概念，指出在高级集聚阶段，各个企业通过相互联系的组织而形成的地方工业化就是集聚经济，即产业集群。旅游产业集群理论对旅游空间布局的意义体现在：有利于减少群内旅游行为主体的交易费用，降低新产品、技术、服务和创新管理的成本；有利于加快边区旅游产品整合和市场开拓，增强集群吸引力，提升区域竞争力；有利于促进群内旅游要素的整合和统一，加速区域旅游经济圈的形成与发展。

三、旅游功能分区的典型模式

（一）环核式

以旅游服务中心为核心，各旅游吸引物分散在四周，在服务中心与吸引物综合体之间有交通连接。这种布局主要用于各旅游吸引物比较分散的景区。

以自然景观为核心，各服务设施环绕在自然景观四周，设施与中心景观之间有交通连接。这种布局主要用于温泉、湖泊、滑雪场等景区。

（二）双核式

该模式以服务设施、核心景区为两个中心，一般景点景区位于两者之间。

（三）三区结构

该模式最中心为核心保护区，围绕它的是娱乐区，最外层是服务区，主要用于自然保护区规划布局中。

（四）带状布局

该模式主要用于河流景区。

第二节
环核式典型布局——伊金霍洛旗旅游空间的布局

一、旅游空间布局

依据旅游资源特点和旅游产业要素布局的实际情况，依托已经形成的部分旅游及其要素集聚空间，发挥综合交通和区位优势，充分考虑未来旅游发展趋势和市场发展趋向，本规划将伊金霍洛旗的旅游空间布局为：一心引领、两核带动、三轴联动、四区齐飞、六星拱月。

（一）一心

即阿勒腾席热镇休闲旅游中心，依托阿镇的行政、交通和区域优势，积极推进阿康一体化进程，整合提升现有的文化自然资源、城市休闲设施、旅游公共服务设施，以创建"国家级休闲度假小镇"和建设鄂尔多斯旅游集散中心为抓手，形成伊金霍洛及周边区域旅游发展的集散中心、服务中心和休闲娱乐中心。

（二）两核

即成吉思汗陵文化旅游发展核和伊金霍洛蒙元休闲文化旅游发展核（全域 5A 景区），是伊金霍洛旗旅游业转型、升级的关键点，也是伊金霍洛旗旅游业可持续、全域均衡发展的战略基点。

（三）三轴

即文化古韵传承轴、乡村田园景观轴和工业旅游发展轴。

（四）四区

即红庆河镇旅游区、乌兰木伦镇旅游区、札萨克镇旅游区、纳林陶亥镇旅游区。

（五）六星

即伊金霍洛镇区、苏布尔嘎镇区、红庆河镇区、乌兰木伦镇区、札萨克镇区和纳林陶亥镇区六个特色旅游小镇。

二、重点项目建设

（一）鄂尔多斯旅游集散中心

第一，区域旅游集散中心核心内容是交通与旅游的有机融合，应具备游客集散的功能、旅游超市的功能、综合服务的功能、信息聚集的功能、宣传营销的功能；第二，依托区域旅游集散中心，继续加强阿勒腾席热镇对外的公路、铁路、航空交通枢纽作用，推动对内交通体系的完善，建设辐射鄂尔多斯及周边区域主要旅游基地的旅游交通网和辐射伊金霍洛旗主要旅游景点的公交网络；第三，构建旅游集散区、休闲服务区、大巴停车场以及公交首末站组成等。

（二）伊金霍洛蒙元休闲文化旅游大区——全域 5A 景区

围绕东西红海子（含国际那达慕会场、乌兰木伦湖南岸、母亲公园）、蒙古源流、活佛府和郡王府以及苏泊罕草原四大区块作为全域 5A 核心区，打造伊金霍洛第二旅游品牌。

（三）国家级旅游度假区

依托区域文化资源、气候资源、山水资源、温泉资源，整合东西红海子（含国际那达慕会场、乌兰木伦湖南岸、母亲公园）、蒙古源流、活佛府和郡王府、苏泊罕草原以及成吉思汗陵等景区（点）及周边区域的接待设施和交通体系，完善避暑度假、休闲运动、康体疗养、温泉养生、滑雪戏雪等四季休闲度假项目，强化综合管理、信息平台、文化符号等服务功能，建设国家级度假区。

（四）大成吉思汗文化旅游区

1. 空间结构

（1）中心核。成吉思汗陵园、成吉思汗陵旅游区。

（2）支撑项目。伊金霍洛休闲旅游小镇、成陵草原旅游度假村（巴音昌呼格草原）、布拉格嘎查。

（3）辐射项目。军号台、石灰庙等。

2. 功能定位

以"成吉思汗深深眷恋的草原"为主题形象，理顺陵园、景区、镇区之间的关系，整合成吉思汗文化资源优势，打造集观光游览、文化体验、休闲度假于一体的草原文化旅游度假区，积极申报国际特色旅游目的地。

3. 提升方向

（1）提档升级，整治成陵草原旅游度假村（巴音昌呼格草原）。改变成陵草原旅游度假村（巴音昌呼格草原）脏乱差的现状，按照旅游度假村的标准进行风貌整治、配套升级、服务提档；在空间布局上，形成高中低档协调、民族文化元素丰富、产品生态多样的组团结构；继续完善配套休息点、售卖点、服务点、生态厕所等设施；辐射带动周边嘎查发展牧家游。

（2）深入挖掘，开发达尔扈特文化旅游资源。伊金霍洛旗有两个世界级的旅游资源，一个是成吉思汗陵，另一个是达尔扈特人。作为成吉思汗陵的守陵人，达尔扈特人充满了神秘与传奇，依托这一优势资源，形成以牧家乐、牧庄、牧场等为支撑，整合辐射周边布拉格等资源的达尔扈特文化旅游体验项目。

（3）理顺关系，形成大成吉思汗陵旅游景区。理顺陵园、景区、镇区三者之间的关系，在形象上将三者统一纳入"成吉思汗深深眷恋的草原"的主题形象下，树立草原文化旅游第一品牌的地位；在功能上突出伊金霍洛休闲旅游小镇的游客集散、中转、接待的基地服务功能，形成一镇（基地功能）两区（景区功能）互动、周边景点联动的大成吉思汗陵旅游景区。

（五）阿勒腾席热国家级休闲度假小镇

以"蒙元帝都、休闲小镇"为主题形象，整合蒙古源流影视城、红海子湿地、郡王府、乌兰活佛府、母亲公园、乌兰木伦河、赛马场、大剧院、全民健身中心等资源，并辐射休闲点、广场、公园、博物馆、采摘园、温室餐厅和龙虎渠新村（十个全覆盖示范村）等资源，打造集城市休闲、文化观光、养生度假于一体的国家级休闲度假小镇。

建设自驾游营地，自驾营地配套建设房车场地、自驾车场地、管理服务区（办公、餐饮、车辆维护维修）等。

建设和完善印象阿勒腾席热漫游环线。以生态保护为原则，以满足步行者需求为出发点，通过合理开发、利用山林自然资源，挖掘历史文化碎片，实现各大旅游景点之间的有效连接，推动全民健身和休闲意识。

（六）全域旅游示范区

以"全域旅游"的理念为引导，整合伊金霍洛镇、红庆河镇和苏布尔嘎镇三镇旅游资源、接待设施，以旅游业为优势主导产业，实现区域资源有机整合、产业深度融合发展和社会共同参与，形成国家全域旅游示范区。

（七）自治区级服务业集聚区

以成吉思汗陵为核心，涉及陵、区、镇，建设文化旅游类服务业集聚区；以阿勒腾席热镇为核心，涉及东西红海子（含国际那达慕会场、乌兰木伦湖南岸、母亲公园）、蒙古源流、活佛府等，建设休闲旅游类服务业集聚区；以蒙古源流为核心，建设文化创意产业类服务业集聚区；以乌兰木伦镇为核心，建设生态工业旅游类服务业集聚区。

（八）乡村旅游示范基地

以美丽乡村、美丽牧区建设为目标，以专业合作社为经营模式，以低碳、有机、原乡为焦点，形成景区型乡村旅游示范基地、都市型乡村旅游示范基地和工业园区型乡村旅游示范基地。景区型乡村旅游示范基地针对的游客以外地为主，是对景区旅游服务的配套补充，重点是发展餐饮、住宿、购物和娱乐等旅游业态，集中精力打造苏布尔嘎乡村旅游基地和伊金霍洛乡村旅游基地；都市型乡村旅游示范基地主要针对的是市区游客和城市旅游者，因此要突出其农业体验、农村景象和农耕文化，重点打造阿勒腾席热镇乡村旅游示范基地；工业园区型乡村旅游示范区是相对独立的一种乡村旅游发展模式，要求旅游要素的完整性和乡村景观的原真性，重点打造红庆河乡村旅游基地和札萨克乡村旅游基地。

（九）四大旅游景区

积极推进红庆河镇旅游区、乌兰木伦镇旅游区、札萨克镇旅游区、纳林陶亥镇旅游区的建设和完善工作。

1. 完善提升

第一，加快配套游客服务中心、停车场、餐饮、环卫、标识标牌、网络信息等服务设施建设，提高景区的科学、规范和精细管理水平，加强人才培训和人才引进，提升景区综合配套服务能力；第二，突出乡野生活、历史文化和绿色工业的主题，强调生态、低碳、慢动的生活方式，加大宣传营销，提升其知名度和市场影响力；第三，建设水上运动线路、滨水漫游线路、生态步道线路，构建差异化、主题化的游览线体系；第四，明确主题，完善配套，提升管理，开发集草原、林地、湖泊、湿地、农田于一体的全生态休闲度假旅游体系。

2. 转型升级

第一，借自治区十个全覆盖工程机遇，转变传统的农业生产方式，以现有规模化农田为基础，在种植农作物的时候，加入艺术效果，形成大地景观，进而发展农业观光和婚庆旅游，进一步完善和升级当地旅游产品谱系；第二，进一步完善配套设施，提升管理服务水平。

3. 发展提升

第一，重视环境保护，坚持保护和开发并重的方针，在保护的前提下，推进旅游开发工作；第二，重点完善餐饮、娱乐和自驾车营地、特色住宿等服务设施；第三，完善配套休息点、售卖点、服务点、生态厕所等设施，提供安全、方便、便捷的游览服务。

（十）六大特色小镇

六大特色小镇即伊金霍洛镇区、苏布尔嘎镇区、红庆河镇区、乌兰木伦镇区、札萨克镇区和纳林陶亥镇区六个特色旅游小镇（重点介绍四个）。

1. 伊金霍洛民族风情小镇

（1）建设地点：伊金霍洛镇区。

（2）主题形象：拜成吉思汗陵寝、游伊金霍洛小镇。

（3）服务功能：旅游基地、文化祭祀、民族风情。

（4）核心产品：完善旅游接待配套设施，在伊金霍洛镇区建设成吉思汗陵旅游景区旅游服务中心和停车场，成为整个区域的游客集散中心，陵园和景区的现有停车场不再扩建，以后逐步转变为内部停车场和专用停车场；完善休闲旅游配套设施，整治小镇的历史文化风貌，提升餐饮、住宿、娱乐的服务档次，延伸非遗文化展示、休闲旅游业态，形成具有地域特色、民族特点的草原休闲旅游小镇。

2. 苏布尔嘎游牧风情小镇

（1）建设地点：苏布尔嘎镇区。

（2）主题形象：圣地牧歌、草原小镇。

（3）服务功能：旅游基地、休闲牧业、民族风情。

（4）核心产品：按照"已建成区改造与新区建设发展相结合"的原则，在苏布尔嘎镇重点建设"两园、三街"五大项目。两园，即苏布尔嘎生态公园、白绒山羊现代牧业示范园；三街，即"蒙古百艺"主题步行街、"游牧记忆"历史文化街、新牧区生活休闲商业街。

3. 红庆河乡土风情小镇

（1）建设地点：红庆河镇区。

（2）主题形象：乡野小镇、漫游红庆河。

（3）服务功能：旅游基地、乡村休闲、民俗风情。

（4）核心产品：建设自驾游营地，自驾营地配套建设房车场地、自驾车场地、管理服务区（办公、餐饮、车辆维护维修）等；建设风情街，设置旅游超市、酒吧、KTV、茶吧、陶吧等，设置停车场、商品仓储设施及其他配套设施，旅游商品集散中心等；建设草原农俗文化博物馆，具体陈列农俗物品及家具，全面收集陈列原始农业耕作与农家手工制作工具，吸纳草原农耕生活民间艺人，制作、展销草原农俗手工艺品，弘扬、传承草原农耕民俗文化艺术。

4. 乌兰木伦工业时尚小镇

（1）建设地点：乌兰木伦镇区。

（2）主题形象：花园煤都，时尚乌兰木伦。

（3）服务功能：旅游基地、工业旅游、现代风情。

（4）核心产品：以乌兰木伦镇区为依托，突出花园式绿色煤镇的主题，以工业旅游促进镇区景观环境建设和服务产业发展，打造花园式工业旅游小镇；重点建设乌金广场游客中心、神东煤炭科技会展中心；以转龙湾、乌兰木伦新村、布尔台矿为依托，突出生态和谐、民生和谐、产业和谐三大主题，建成矿区和谐发展典范。

（十一）三大旅游发展轴

以阿成线为骨架，联通各主要文化景点，形成文化古韵传承轴；以阿乌线并沟通阿四线为骨架，以乡村、田园为背景，形成乡村田园景观轴；以阿大线为骨架，联通相关工业旅游点和接待基地，形成工业旅游发展轴。

在三大旅游发展轴上设置车店、休息站、旅游商店、特色小店等游憩配套设施及一定宽度的绿化缓冲区，集环保、运动、休闲、旅游等功能于一体，是一种能将保护生态、改善民生与发展经济完美结合的有效载体。发展节点，包括景点、景区、公共设施等重要游憩空间。慢行道，包括自行车道、步行道、无障碍道（残疾人专用道）和水道等非机动车道。标识系统，包括标识牌、引导牌和信息牌等标识设施。基础设施，包括出入口、停车场、环境卫生、照明、通信等设施。服务系统，包括休憩、换乘、租售、露营、咨询、救护、保安等设施。

讨论与作业

1. 本案例属于哪种旅游布局模式？
2. 分析本案例，讨论环核式旅游空间布局原则。
3. 本案例的旅游空间布局涉及哪些理论？

第三节
带状典型布局——贵州西翠河旅游空间布局

一、总体布局

综合考虑西翠河景区的现有旅游吸引物布局以及用地条件、交通状况、景观条件等多方面因素，规划将西翠河景区划分为"两区、两线"的总体布局。"两区"是本次规划重点打造的区域，包括收漂点中心区和起漂点服务区；"两线"指漂流线和峡谷线。

二、收漂点中心区

收漂点中心区作为漂流段的收漂点及景区主要的接待娱乐区域，配套设施完善，包括入口服务板块和民俗风情板块两部分。

（一）入口服务板块

1. 游人服务中心

游人服务中心主要为游人提供购票、预约、咨询、导游、收漂等多种服务，是集旅游服务、形象展示于一体的综合性服务区域。遵循方便游客、易于管理的原则，游人服务中心的功能主要分为以下几个区域：

（1）旅游信息咨询区，指提供综合性信息的服务区，起到咨询和解答的作用，主要是为游客提供旅游景区内的相关信息，包括旅游景观介绍、当地历史文化与风土民情、景区游览路线、服务区点分布、旅游景区手册、景区内的交通工具的乘坐使用、求救电话等各方面关于旅游景区的信息。

（2）景区风光展示区，向游客展示景区优美的风光图片。该功能区能起到很好的宣传作用和教育作用，不仅可以展示景区风光图片，还可以教育游客保护景区资源。

（3）售票区，主要出售景区漂流票据、交通工具乘用票据及森林探秘活动预约等。

（4）收漂服务区，作为景区漂流段的组成部分，服务区内包括截筏点、更衣室及物品寄存处等。

（5）其他服务区，包括失物招领、医疗服务、邮政、残疾人设施提供等。

2. 景区停车场

规划在入口区处修建景区停车场，总面积5700平方米。

（1）分为自驾车停车场及大巴停车场，自驾车停车场用于游客游览的自驾车停放，大巴停车场面积较小，主要用于大巴车、景区内部中巴车及管理用车的停放。

（2）停车场应设专门的停车场管理处，明确的停车线、停车分区、方向引导指示标识、分设的出入口。

（3）停车位分大车位、小车位，大车位规格12×4，小车位规格5×3。

（二）民俗风情板块

民俗风情板块作为景区最主要的接待、娱乐、休闲区域，依山势分为侗家餐饮娱乐、瑶浴康体养生、半山苗住宿接待三个组团。

1. 侗家餐饮娱乐组团

其位于入口服务区东侧山下区域，包括行歌广场、滨水烧烤带、香如故美食长棚、盈泽苑民族餐厅及露营地五个部分，作为景区主要的餐饮、娱乐、表演、休闲活动场所。

（1）行歌广场。规划修建行歌广场，主要作为景区的形象展示、游人集散、民族表演及节庆活动举办的场所。广场的中心靠后方按侗族风格修建仿鼓楼一座，设计楼高三层，内部作为景区特色旅游商品销售区，主要向游客出售本地土产品、旅游纪念品以及旅游必备品等。广场主要举办当地民族表演及各种节庆活动。民族表演主要以侗族歌舞为主，同时兼有其他特色民族风情表演。晚间定期可举办游客参与性强的歌舞晚会，使游人充分体会到当地民族的热情好客。对于节庆活动，由于景区主要位于从江县的瑶族聚居范围内，因此可以作为主办地，推出瑶族盘王节、五月初五瑶浴节等瑶族特色节日；同时，在从江苗洞等民族节日期间，景区可作为分会场，与其他景区联合，共同将节日氛围推向高潮，这部分的节日包括中国侗族大歌文化艺术节、苗族芦笙节、花炮节等。

（2）滨水烧烤带。规划沿宿营地前方河水打造滨水烧烤带，作为景区另一饮食消费场所。

（3）香如故美食长棚。规划将行歌广场前方及两侧区域打造为香如故美食长棚，作为景区主要的餐饮消费场所，以当地民族餐饮为特色，包括猪遢、羊遢、腌鱼、从江香猪、侗果、油茶等特色饮食。重要节庆时美食长棚将作为百家宴的举办地。相传古时候，一个侗寨遭到洪魔的袭击。眼看稻田被淹没，房屋被冲倒，人们就要被洪魔吞噬，忽然从天上下来一位英雄，用他有力的臂膀斩断了洪魔的脊梁。为了表示对英雄的敬意，家家户户都想请英雄到家中吃饭，但英雄第二天一早就要离去，不可能一一到各家做客。这时，一位漂亮的侗族姑娘想出了一个好主意：每家做几道最好的菜，全寨人一起来款待英雄。由于这个宴席集百家之长，所以就叫"百家宴"。从此，侗族人每逢寨子里来了贵客或遇上喜事族人聚会时，都会设百家宴，这个习俗一直沿袭至今。因此，规划定期在广场上举行百家宴，作为景区独具特色的民族风情体验活动。

（4）盈泽苑民族餐厅。规划在行歌广场东侧空地修建盈泽苑民族餐厅，用于解决未来景区游人持续增多后的接待能力问题。餐厅为单层建筑，室内室外均可接待游客，主要满足团体游客的接待需求。餐厅以当地民族餐饮为特色，主要包括酸鱼、猪遢、羊遢、腌鱼、从江香猪、侗果、油茶等特色饮食。

（5）宿营地。在行歌广场前方，选择一片宽阔的平地打造宿营地，主要作为游客野营的场所。宿营地与广场间通过植物等进行间隔，减少广场夜间娱乐的噪声对宿营地造成的影响。宿营地提供各种服务及设施，并收取一定的服务费用。基本服务设施包括保障露营者生活起居的管网系统（天然气、水、电）、篝火/生火点/炉子、用于野餐的餐台、有水槽和镜子的盥洗室/卫生间、私人/公共浴室等。提供各类露营装备的出租及露天电影等娱乐活动。

2. 瑶浴康体养生组团

瑶族人民虽然居住条件差，但他们却酷爱清洁。不论严冬腊月或夏日酷暑，每天劳动后都要洗澡。他们洗澡不同于其他民族只用一盆清水，而是用药水洗，俗称药浴。

瑶族药浴的药材是采用当地盛产的天然野生草药，一次药浴所用的草药，少则几十种，多则上百种。这些药都是平时劳动之余就地采回的，有的是房前屋后野生的，或是种在菜园里的，所以用时非常方便。所用药物因地制宜，功能多种多样，包括清热解毒、祛风散寒、舒筋活络、滋补气血等。据初步统计，瑶浴有188种，主治47类疾病，瑶浴是最主要的祖传古方。今天从江已成为瑶浴药原产地。

规划在山顶修建瑶浴康体养生区，包括药浴中心、室外庞桶药浴、半室内传统保健疗法、现场配方制作、瀛台小筑五个部分。

（1）药浴中心，作为瑶浴康体养生组团的入口及集散场所，为游人提供购票、预约、咨询、寄存、洗浴用品租售等多种服务。

（2）室外庞桶药浴，位于山顶一侧，室外通过树木、鲜花的布置，对瑶浴氛围进行营造。同时，分散地设置庞桶，每个庞桶瑶浴人数为1~3人。我们根据瑶浴的不同药材，对每个庞桶瑶浴池进行命名，分别为香薷池、菖蒲艾叶池、生姜池、山黄麻池、龙石池、荚杉叶池等。

（3）半室内传统保健疗法，位于山顶另一侧，规划将此区域作为各种传统保健疗法的体验区，项目包括熏蒸、足疗、火灸疗、拔罐疗、刮疗、点刺疗、SPA等。此处建筑为半开放设计，游人可以在进行保健的同时观赏前方区域的现场配方制作。

（4）现场配方制作，位于室外及半室内区域的中间，两个区域均可欣赏到现场配方的制作过程。在进行瑶浴之前，要将各种草药洗净泥沙，置通风处晾干，并由家里一位年纪最长的、身体健康的老人将草药砍成三寸左右的小段，放进一个大锅内，加入数担清水进行煎煮，煮沸15分钟左右，将药渣捞起，加入少许食盐或不加食盐，离火待药液温度自然降到适合洗澡时，舀一盆药水倒入庞桶中，即可以进行药浴了。在此区域现场进行配方的制作，使游客能亲自参与瑶浴的整个过程，展示瑶浴的真实性。

（5）瀛台小筑，作为瑶浴区的休憩场所，设咖啡座、茶室、书吧等设施，提供简单的餐饮、娱乐服务，使游客在瑶浴前后有一个休憩、畅聊的空间。

3. 半山苗住宿接待组团

其位于半山区，包括苗山香颂生态酒店、沁山水会议中心、生态主题别墅群三个部分，主要作为景区住宿、会议的场所。

（1）苗山香颂生态酒店。规划宾馆为三栋生态建筑，每栋二层或三层，作为景区主要的住宿接待设施，共有 106 个床位。宾馆外观以生态建筑风格为主，内部装饰则为苗族风情，采用苗族特有的熏香，使室内弥漫着苗家风情。室内设计贯彻生态环保理念，侧重度假氛围营造。配套用品均采用天然物料，如纯棉床上用品，竹、木制的家具，陶土器皿等，具有文化的优雅和含蓄的华丽，符合现代人享受的功能及布置。同时，内饰上大量运用苗族文化符号，使宾馆在文化的传承与现代的舒适中达成完美的契合。

（2）沁山水会议中心。沁山水会议中心四周森林环绕、景色优美，提供基本的会议设施，同时也提供各式娱乐活动，包括桌球、乒乓球、羽毛球、飞镖及棋牌等。

（3）生态主题别墅群。共有六栋不同主题的生态别墅，作为景区的高端度假区域，每栋别墅都有独立的瑶浴，同时也有单独的小道，与山顶的瑶浴养生区相连。

三、起漂点服务区

起漂点服务区作为漂流段的起漂区域，提供简单的接待及停车服务，包括起漂服务站及景区停车场两部分。

（一）起漂服务站

起漂服务站作为景区起漂段的组成部分，服务区包括游人服务室、皮筏存放点、上伐点及风雨廊滨水烧烤休闲带。

游人服务室包括更衣室、厕所及物品寄存处等。

皮筏存放点及上伐点，规划在停车场附近滨河处修建皮筏存放点，皮筏通过河道滑到起漂点。游人通过木栈道到达上伐点，由工作人员发放救生衣并起漂。

风雨廊滨水烧烤休闲带，规划修建风雨廊滨水烧烤休闲带，在区域内设置烧烤摊点及小卖部。风雨廊滨水烧烤休闲带一方面可以为漂流者在等待漂流期间提供休闲休憩的场所；另一方面，烧烤小吃的经营也可为当地苗寨居民创造可观的收益。

（二）景区停车场

规划在入口区处修建景区停车场，总面积 2000 平方米。

主要为部分自驾游客的临时停车场所，只设置小车及中巴车位，大车需停放在收漂点区域的主停车场；停车场应有明确的停车线、停车分区、方向引导指示标识；停车位规格为 5×3。

四、漂流线

规划在整个漂流路段里设置五个漂流节点，分别具有景观或休闲功能。

第一个节点——休闲节点，大约位于开始漂流时间 40 分钟处，游人漂流到此处可以稍事休息，石滩上设置休闲桌椅及遮阳伞，借助原有吊脚楼民居改建为小卖部提供茶水饮料。

第二个节点——景观节点，位于沿途唯一的农田区，此处山水风景优美秀丽，游人上岸可以拍照留影，原生态的农耕文化唤起游人最质朴的回归。

第三个节点——景观节点，位于沿途小桥处，此处节点不安排上岸，小桥流水，泛舟于翠微清波之上，赏小桥清幽意难忘。

第四个节点——休闲节点，大约位于漂流时间一个半小时处，此处设置生态卫生间，让游客上岸稍事休整，同时石滩上设置休闲桌椅及遮阳伞。

第五个节点——休闲节点，大约位于漂流时间两个小时处。根据经验，游客漂流到此处已非常疲惫，亟须补充体力，因此在此节点设置烧烤摊位及小卖部，石滩上设置休闲桌椅和遮阳伞。

五、峡谷线

（一）森林徒步

规划沿半山处开辟森林步道，作为景区的配套游览项目。森林中的空气清洁、湿润，氧气充裕；某些树木散发出的挥发性物质，具有刺激大脑皮层、消除神经紧张等诸多妙处，森林浴已成为时下流行的养生项目。通过森林步道的打造，将森林浴与瑶浴相结合，完善景区康体养生的功能。

（二）民族原乡峡谷寻宝

1. 开发思路

翠里大山自然保护区峡谷地带空间有限，植被、景观缺少闪光点，对观光游客的吸引力不足；同时，项目所在地本身处于一个浓郁民族文化氛围中，利用好这些民族民俗文化元素也是本项目重点考虑的问题。为此，本次规划充分利用翠里大山自然保护区峡谷地带，将民族文化元素植入其中，构建一个集徒步探险、民俗体验、娱乐休闲于一体的民族文化寻宝主题旅游活动项目。围绕民族文化元素设置寻宝标记，游客在寻宝地图的指引下，通过对民族文化要素的解读获得寻宝标记，将寻宝标记收集齐后便可获得奖励。

2. 主题定位

采苗山侗水之风，享峡谷寻宝之趣。

3. 目标定位

形成黔东南地区最具有民族文化品位的寻宝乐园。

4. 产品设计

整个峡谷分别以岁艾寻歌、情定归屯、神仙眷侣、珠朗娘美、杏妮传说、幸福生活六个侗族、苗族民间传说为主题，集中体现侗族、苗族的民俗风情。在每个藏宝区都有一处与主题相关的苗族标志景观小品或相关实物，根据故事情节和民俗风情，在景观小品内或周边隐藏财宝密码，财宝密码放在不同的侗族、苗族手工艺品中。这样，寻找财宝就是寻找"苗族手工艺品"。

讨论与作业

1. 针对第一个案例，请阐述通道、节点、基地如何推动目的地旅游空间合理布局。

2. 针对第二个案例，请简要分析不同旅游要素如何在旅游空间中布局。

第五章

旅游产品设计

本章导读

从旅游目的地的角度出发，旅游产品是指旅游经营者凭借旅游吸引物、交通和旅游设施，向旅游者提供的用于满足其旅游活动需求的全部服务，旅游产品的核心是服务。

旅游产品处于核心地位，目的地旅游业是否高质量，受人欢迎，很大程度上取决于旅游产品的好坏。只有旅游企业开发的旅游产品受旅游者青睐，企业才能盈利，旅游业才能发展。同时，旅游产品也是旅游的物质和精神载体。旅游说到底是一种精神上的感受。游客到一个地方感受该地的旅游，绝大部分是通过购买当地的旅游产品来获得感受和享受。

整个旅游规划都是围绕旅游产品展开的，资源分析、区位分析、市场分析是从开发基础的角度来论证旅游产品的可行性和必要性；旅游形象、旅游定位是从开发方面来论证旅游产品的可行性和必要性；旅游空间布局是从生产方面来论证旅游产品的可行性和必要性。旅游产品是旅游开发的核心，直接关系到旅游开发的成败，所以，旅游产品设计是旅游规划工作的重头戏。

本章正是基于以上分析，希望通过案例分析，来探讨旅游产品开发设计的思路、形式等问题。

第一节
旅游产品开发概述

一、旅游产品的概念、特征、原则

（一）旅游产品的概念

旅游产品是旅游经济活动的主要对象，是现代旅游业存在和发展的基础。旅游产品的类型、数量和质量直接关系到旅游业的兴衰和旅游经济的可持续发展。从不同的角度可能得到不同的旅游产品定义。

1. 从旅游市场角度所定义的旅游产品

从旅游市场角度看，旅游产品是指旅游者和旅游经营者在市场上交换的、主要用于旅游活动中所消费的各种物质产品和服务产品。

2. 从旅游者角度所定义的旅游产品

从旅游者角度来看，旅游产品是指旅游者花费一定的时间、精力和费用所获得的一段旅游经历和感受。

3. 从旅游企业角度所定义的旅游产品

从旅游企业角度看，旅游产品是指旅游企业凭借一定的旅游资源、旅游设施和其他媒介，向旅游者提供的、以满足旅游者需求的各式各样的物质产品和劳务的总和。

（二）旅游产品的特征

旅游产品是能够满足旅游活动多样需要的服务性产品。服务是一种行为，也是一种可以被用来交换的无形产品，因此，旅游产品除了具有一般有形产品的基本属性——价值和使用价值外，还具有自身独有的特征。

1. 旅游产品的综合性

旅游产品的综合性首先表现在旅游产品的构成上。旅游产品由旅游资源、设施服务等多部分组合而成，其中既有有形的部分，也有无形的部分；既有物质产品，也有精神产品，可以满足旅游者在食、宿、行、游、购、娱等多方面的物质和精神需要。其次，旅游产品的综合性还表现为旅游产品的生产和经营，涉及多个部门和行业。

2. 旅游产品的无形性

旅游产品无形性的特征，可以从旅游产品购买之前、购买时和购买后的具体情况中反映出来。旅游产品在购买之前只是旅游者心目中的一种印象；在购买时主要是以服务的形式表现出来；从旅游产品被购买以后的情况来看，旅游者购买所得的不是一件有形物品（除旅游购物品外），而主要是从离家到返回居住地的一次完整的经历和一次美好的体验。

3. 旅游产品的不可转移性

旅游产品的不可转移性表现在两个方面：一方面，旅游产品和服务所凭借的旅游资源和设施是相对固定的；另一方面，旅游产品在交换时，产品的所有权并不发生转移，旅游产品的所有权在任何时候都属于旅游目的地和旅游经营企业。

4. 旅游产品生产、交换与消费的同一性

旅游产品生产、交换与消费的同一性表现在两个方面：一是空间上同时并存，二是时间上同时进行。旅游产品是以服务为主要内容的产品，旅游产品的生产表现为旅游服务的提供。只有旅游者到达旅游目的地，旅游服务的提供才会发生，旅游产品才开始生产。

(三) 旅游产品设计原则

1. 前瞻性原则

旅游区管理部门或旅行社在设计旅游产品时，要以国家或地方旅游局制定的旅游促销主题为基础，结合景点所在地旅游规划设计旅游产品。如以 2009 年的"中国生态旅游年"主题为基础，在整合原有景区资源、开发设计新的旅游产品的基础上，设计组合出具有特色的新产品，并分期分批予以实施。

2. 市场化原则

旅游产品的设计必须以市场为导向，以走进市场为目的，即在设计中必须了解旅游者的需求，始终坚持以旅游者需要为出发点，结合旅游区资源设计符合市场需求的产品；在设计中，必须把握好三个环节：了解市场需求和规模，了解同类产品的供需情况，开发能满足消费者需求的个性化、多样化、内容丰富、新颖独特，带有趣味性、知识性、参与体验性的旅游产品。

3. 组装化设计原则

将景点产品作为"零件"进行"组装"，形成旅行社产品，实现旅游产品的系列化、标准化。将每种旅行社产品分为"标准配置"和"选装配置"两部分，"标准配置"满足游客的共同需求，"选装配置"满足游客的特殊需求，在此基础上，按市场需求进一步组合设计旅游线路。

4. 整体性原则

对每一旅行社产品实行整体产品概念下的设计、开发，对核心层、形式层、附加层三个层次的产品予以系统考虑。旅游核心产品是指满足游客需求的功能，即旅游吸引物所蕴含的内在本质属性，如旅游吸引物满足游客猎奇、观赏、修身养性、休闲、娱乐、科考、研修、强身健体等需求的特性。形式产品是指满足游客需要的各种具体旅游产品形式，是旅游产品设计人员将核心产品转变为的有形的东西，包括景点的观、闻、做、参、思等的实物或语言表现和旅行社的游览、食、行、住宿、购物、娱乐六种产品的组合，旅游产品提供的服务质量，旅游区或景点的品牌，以及各种旅游产品的价格组合等。附加产品是游客在购买并享受旅游服务时所得到的附加服务或利益，如组织同团游客联谊纪念会、旅游协议条款以外的免费服务项目的提供等。在设计旅游产品时，应该综合考虑三个层次产品的设计。

5. 配套化设计原则

首先，做到资源与产品适配，即根据资源特点开发设计旅游产品，不能设计与旅游区景点资源不相关的产品。其次，食、住、行、游、购、娱六种旅行社产品之间配套，六种产品缺一不可，并且在内容、档次等方面相互适配。再次，旅游产品与设施、服务提供配套，设计出的旅游产品要求有设施的支持，尤其是公共服务设施，并且要求按游客满意的标准向游客提供。最后，时间、空间、费用的匹配，要求设计的旅游产品满足旅游旺季、淡季和平季的需要，针对旺季、淡季、平季，提供不同的旅游吸引物，根据吸引物设计不同的旅游产品，并注意在各季的空间通达性，要求设计、提供的旅游产品具有较高的性价比。

6. 根据旅游区旅游资源设计个性化产品

旅游资源分为显性资源和隐性资源两类：显性资源即可以直观看到的资源，在转化设计产品时，直接进行组合即可，无须重新深入开发；隐性资源是凭视觉不能看到的资源，必须经人为的转化设计方可成为旅游产品，并需经过游客的亲身体验和转化。在分析旅游资源时，将其先分为景点（区）资源，再将每一景点（区）资源分为显性资源、隐性资源。在此基础上，结合旅游市场需求，根据旅游区旅游资源设计旅游新产品，实现雅与俗文化的共赏、土与洋的共享、古与今的共存，使旅游产品融历史、文化、知识、艺术、娱乐、休闲、康体及教育于一体，个性和共性相结合，以个性产品吸引游客，以共性产品留住游客，延长滞留时间。如对于具有浓郁乡土气息、清新宁静自然的乡村生活特色的自然环境、农业景观、农事活动、乡村民俗及历史文化等资源，应该设计乡村旅游产品。

7. 体现旅游区旅游资源的综合价值

在开发旅游资源，设计旅游产品过程中，在考虑旅游区旅游资源的一般旅游价值的基础上，还应该综合考虑其科学价值、历史价值和文学艺术价值，并将其综合体现在旅游产品中。科学价值是指旅游资源具有可以进行科学研究的价值，并在产品设计中可以得以体现。历史价值就是指在旅游资源中蕴含着丰富的历史积淀，并可以将其反映在旅游产品中，如政治、军事、经济、科技、文化、生活、宗教、风俗等内容。文学艺术价值是指在旅游资源中包含宗教、艺术、文学（民间故事、神话传说、名人事迹）、审美观等内容，可以在此基础上进行二次创作，创作出具有较高艺术欣赏价值的文艺作品，并且可以将其融入旅游产品之中。

二、旅游产品的类型

旅游产品是一个成员庞杂的家族，了解这个家族的成员有利于提升旅游产品规划的意识和创意能力，通过表 5-1 可以对其有一个更加明确的认知。

表 5-1　旅游产品分类

1　观光旅游产品
1.1　自然观光产品
1.1.1　地表类观光产品（名山、洞穴、峡谷、沙漠、岛屿等）
1.1.2　水域类观光产品（大川、湖泊、温泉、喷泉、瀑布、海滨等）
1.1.3　生物类观光产品（森林、草原、野生动物等）
1.2　人文观光产品
1.2.1　历史遗迹产品（古典园林、寺庙、宫殿、古城、古民居、其他古建筑等）
1.2.2　现代观光产品［革命纪念地、城市风光、各类场馆、社会活动场所、观光工业（企业及企业产品）、大型工程等］
1.2.3　人造景观产品［微缩景观、仿古村落、主体公园、外国城（村）、野生动物园、水族馆等］
1.2.4　观光农园
2　度假旅游产品
2.1　海滨度假旅游产品（度假地）

2.2	乡村度假旅游产品（度假地）
2.3	森林度假旅游产品（度假地）
2.4	野营度假旅游产品（度假地）
2.5	城市度假产品（度假村、中心）
2.6	温泉度假产品（度假村、中心）
2.7	湖滨度假产品（度假村、中心）
3	康体休闲产品
3.1	体育旅游产品
3.1.1	滑雪旅游产品
3.1.2	高尔夫旅游产品
3.1.3	戏水运动项目
3.1.4	球类运动项目（乒乓球、网球、台球等）
3.2	保健旅游产品
3.2.1	医疗型旅游产品
3.2.2	疗养型旅游产品
3.2.3	力量型康体运动项目
3.3	生态旅游产品
3.3.1	乡村旅游
3.3.2	绿色旅游
3.3.3	野地旅游
3.3.4	赏花旅游
3.3.5	森林旅游
3.4	娱乐休闲类旅游产品
3.4.1	游乐项目，如游乐园
3.4.2	被动休闲产品，如桑拿、按摩

3.4.3 歌舞文艺类产品，如 MTV、KTV 等	
3.4.4 游戏类产品，如电子游戏、棋牌游戏	
4 商务旅游产品	
4.1 会议旅游产品（大型会务中心等载体）	
4.2 奖励旅游产品	
4.3 大型商务型活动	
4.3.1 大型国际博览会或交易会	
4.3.2 大型国际体育活动	
4.3.3 大型纪念或庆祝活动	
4.3.4 大型艺术节	
5 文化类旅游产品	
5.1 修学旅游产品（博物馆旅游等）	
5.2 民俗旅游产品（民俗村、民俗家庭、民俗节庆活动等）	
5.3 艺术欣赏旅游（喜剧、影视、音乐、绘画、雕塑、工艺品等）	
5.4 宗教旅游产品	
5.5 怀旧旅游产品	
5.5.1 怀古旅游产品	
5.5.2 仿古旅游产品	
5.5.3 寻古旅游产品	
5.5.4 寻根旅游产品	
5.6 名人故居、墓地游	
古堡、古城游	
6 专项旅游产品	
6.1 登山	
6.2 潜水	

续表

6.3 考古	
6.4 运动	
6.5 探险	
6.6 科考	
7 特色旅游产品	
7.1 享受型旅游产品（豪华列车、豪华游船、美食、总统套间）	
7.2 刺激型旅游产品	
7.2.1 探险旅游产品	
7.2.2 冒险旅游产品	
7.2.3 密境旅游产品	
7.2.4 海底旅游产品	
7.2.5 沙漠旅游产品	
7.2.6 斗兽旅游	
7.2.7 狩猎旅游	
7.2.8 体育观战旅游	

第二节
乡村旅游产品——重庆武隆乡村旅游产品

一、乡野观光类旅游产品

其以武隆县乌江流域沿线良田、特色蔬菜、花卉苗木、乡村农舍、溪流河岸、园艺场地、绿化地带、产业化农业园区、特种养殖业基地等自然、人文景观为主要内容，主要满足游客回归自然，感受大自然的原始美、天然美，在山清水秀的自然风光和多姿多彩的民族风情中放松自己的需求，从而使他们获得一种心灵上的愉悦感。

田园游赏类包括油菜花、中草药、稻田、梯田、花季果园、丰收田园等。

水上游赏类包括芙蓉江、大溪河、乌江、木棕河等。

建筑游赏类包括土家族建筑、苗族建筑、亿佬族建筑等特色建筑。

农业游赏类包括农业生产观光、畜牧养殖场观光、无公害蔬菜种植观光、有机农业观光等。

手工企业游赏类包括农产品加工、特色餐饮制作、手工艺品制作等。

二、乡村度假类旅游产品

武隆县度假型乡村旅游利用武隆乡村蓝色的天空、清新的空气，让游客乘着习习凉风、呼吸着清新的空气、听着泉水韵律、望着流星明月，感受"天人合一"的审美境界。乡间散步、爬山、滑雪、骑马、划船、漂流等乡村度假健身、娱乐活动也属于这一类型。

民宿度假类包括农家院子、生态农庄、特色渔庄、乡村酒庄、花卉果庄、森林民宿、竹林民俗等。

养老度假类包括乡村庄园、特色庄园、山地庄园、家庭农场、亲子农场、老来乐农场等。

避暑度假类包括高山民宿、乡野酒店、山地驿站、高山旅馆等。

三、乡间运动类旅游产品

参与武隆县乡间民俗活动、种花栽树、修剪花草、除草施肥、挖地种菜、采摘瓜果蔬菜、捕鱼捞虾、放养动物、水磨磨米面、水车灌溉、石臼舂米、学做乡村风味小吃、木机织布、手工刺绣、简单农具制作、陶制品制作等，体验乡村生活的质朴淡雅，体验耕种收获的喜悦，是一种"房归你住，田归你种，牛归你放，鱼归你养，帮你在山野安个家"的整体体验方式；还包括花卉食品、花粉食品、野生植物食品、水果食品、特色风味小吃、珍稀禽畜水产佳肴等乡村丰富的土特产品尝；另外，还有山地户外运动、户外科考科普等。

交通运动类包括徒步旅行、骑马旅行、牛车旅行、大篷车旅行等。

农事运动类包括播种收割、农产品加工、狩猎、耕地、放牧、捕捞、果园采摘等。

娱乐运动类包括乡间动物运动会、乡间马戏团、斗鸡、斗牛、斗羊、斗猪等。

儿童运动类包括泥巴园、动物认养、田园认养、童话屋等。

户外运动类包括户外拓展、夏令营、荒野求生等。

科普运动类包括田园认知、蔬菜认知、果树认知、家禽认知、家畜认知、昆虫认知、育苗室、动植物认知、自然教室、田园课堂、农作物认知等。

四、乡情体验类旅游产品

其为主要针对武隆县苗族、土家族、仡佬族等少数民族的民风民俗活动、生活习性而展开的以乡情为主线的体验类旅游产品。

民俗舞蹈体验类包括坛枪舞、打财神、莲宵舞、腰鼓舞、狮舞、龙灯舞、橙香龙舞、秧歌舞、花船舞、堂二行路舞、打场舞等民俗舞蹈体验类旅游产品。

民俗文艺体验类包括老鹰茶制作体验、纸竹工艺制作体验等。

民族习俗体验类包括土家族习俗体验、苗族习俗体验、仡佬族习俗体验等。

五、乡居养生类旅游产品

其为针对武隆县乡村特有的生态田园、自然景观、森林、温泉、山地林场、有机蔬菜等打造的以乡居养生为主题的乡村旅游产品。

乡居养生类包括乡村温泉SPA、森林SPA、中医理疗馆、特色药膳、养生长寿茶、健康课堂、无公害蔬菜、乡村有机餐饮、家庭农场、有机农场等。

六、乡土休闲类旅游产品

武隆县乡土休闲旅游产品以乡村风景为背景，以宁静、松散的乡村氛围为依托，提供棋牌、歌舞、观光采风等休闲娱乐活动服务。也有人将乡村居民的生产生活场景、器皿工具、房屋建筑、屋内陈设、饮食、服饰、礼仪、节庆活动、婚恋习俗以及民族歌舞和语言等方面的传统特色纳入休闲型乡村旅游中。

水上休闲类包括垂钓、游泳、泛舟、漂流、冲浪、湿地等。

田园休闲类包括放风筝、宴饮天下、星空营地、露营基地等。

乡土休闲类包括农家乐、麻将馆、棋牌室、围棋室等。

活动休闲类包括观鸟、写生、摄影、静思等。

七、综合类乡村旅游产品

主题活动类包括主题性农事活动、油菜花节、山地音乐节、山地露营节、农夫生活之旅等。

婚庆摄影类包括婚纱摄影基地、彩色花木农园、花海、婚宴礼堂、情侣木屋、蜜月乡村酒店等。

香薰花草类包括香草园、芳香花卉园、香草 SPA、香草婚礼、香草纪念品、DIY 工艺品等。

中药种植类包括药草园观光、药用植物园、药用植物修学、中药特色餐饮等。

花木苗圃类包括花木集中展示交易、特色花木销售、品牌花木销售、盆景、盆栽、花木创意工坊、花木体验检疫、花木产业信息服务平台、花木种植、园艺器具市场、丛林木屋等。

商务活动类包括小型会议、团体激励训练、企业拓展训练等。

讨论与作业

1. 本案例设计了哪些旅游产品类型？
2. 旅游产品的设计如何体现资源和市场的作用？

第三节
旅游产品开发——商都县旅游产品的案例分析

根据商都旅游发展的产品定位，结合旅游资源的特色，将多样化原则与特色化原则相结合，确定商都重点开发的旅游产品序列包括以下八种类型：

- 商道文化及商务旅游产品
- 山水观光休闲旅游产品
- 草原避暑度假旅游产品
- 宗教文化体验旅游产品
- 农业观光体验旅游产品
- 工业观光体验旅游产品
- 时尚康体休闲旅游产品
- 节事庆典主题旅游产品

一、商道文化及商务旅游产品

（一）发展基础

商都在历史上是塞外一处重要的商品集散地。历代王朝均把这里作为中原和北方少数民族茶马互市的重要交易场所。近代形成的从张家口至库伦（今蒙古乌兰巴托）的著名"草原茶叶之路"——"张库大道"，就从这里经过，向北延伸到俄罗斯的恰克图、莫斯科和白俄罗斯的明斯克，以其繁荣的贸易惠及欧亚大陆，成为与丝绸之路、茶马古道和海上丝绸之路并称的重要国际商贸通道。目前，其还拥有明清商业一条街、商都四街八巷古貌微缩景观、建设街（旧称隆盛街）、永泰巷的老建筑等历史遗存。

（二）面向市场

近期主要针对本地居民，远期可吸引中远程游客。

（三）产品开发方向

依托明清商业一条街、商都四街八巷古貌微缩景观、建设街（旧称隆盛街）、永泰巷的老建筑等历史遗存，打造商道文化聚集区，彰显商都的商贸特色。一方面在建筑风貌上突出地方特色、时代特色，打造商都"商道文化"地标性建筑；另一方面，在旅游业态上，要和现代休闲游憩需求相结合，结合商都特色，填充特色小吃、酒吧、咖啡厅等现代要素，形成消费要素的聚集，促进多元化消费，尤其是夜间消费，以带动县城旅游人气。

（四）开发战略思路

作为商都县政治、经济、文化的中心，七台镇已经具备了现代城镇的基本要素，城镇功能日趋完善，最具备发展商道文化旅游的基础。在开发建设明清商业一条街、商都四街八巷古貌微缩景观、建设街（旧称隆盛街）、永泰巷的老建筑等景点的同时，还要在提升城市旅游接待服务功能、完善旅游干线公路的建设和城市公共交通建设、打造旅游城市风貌、培育城区景观轴线、改善现有的城市基础设施等多个方面共同下手，以营造良好的旅游空间环境。

二、山水观光休闲旅游产品

（一）发展基础

山水休闲旅游产品开发速度最快，说明这种产品的市场短期来看是有优势的。商都县山岳资源丰富，拥有十八顷镇公鸡山、十三敖包山，七台镇西山，三大顷乡麻黄山、西井子镇大敖包山、卯都乡铜顶山等。其中，大石架冰川遗迹众多，奇石林立，属于国家级旅游资源，开发潜力巨大；麻黄山中草药集聚，是难得的天然中草药植物园，具有开发休闲养生产品的发展基础。这两类资源将是未来旅游产品开发的重点。

水体资源包括小海子镇察汗淖尔、三大顷乡杨柳水库、七台镇不冻河水库、大库伦乡八股地水库、察汗淖尔湿地、南湖湿地、二吉淖尔湿地等。其中，察汗淖尔面积大、湿地景观优美；八股地水库毗邻铜顶山、八股地水库、八股地林场、铜辘辘河，资源组合良好；不冻河水库位于七台镇，与商都得名有着深厚的渊源，知名度较高，这四类水体资源的开发基础相对较好，具有开发湿地文化、盐文化、鱼文化、城市休闲文化的潜力。总体来说，得天独厚的山水资源，具有发展休闲度假旅游产品的良好基础。

(二) 面向市场

商都及其周边近距离休闲市场；少量外地远距离观光旅游市场。

(三) 产品开发方向

周末或假日休闲度假的旅游度假村，休闲避暑；提供登山、中药养生、水上垂钓、游船、主题餐饮等活动。大石架石林由于资源等级高，吸引力范围广，应该朝着生态旅游产品方向开发，以吸引中程距离客源市场为目标。

(四) 产品开发的战略思路

优越的自然生态是开发山水休闲度假旅游产品的基础。对山体旅游产品开发而言，一要将景区内的采矿企业全部进行清理，治理被乱采滥挖破坏的山体山貌；二要将人工治理和自然恢复相结合，大力度植树种草，恢复植被，开发林业资源；三要有计划地逐步实施景区内村庄的搬迁工程。在水库和湿地旅游产品开发中，一是尽快划定保护区面积，出台保护治理方案，严禁在保护区内垦草种粮种菜；二是限制工业企业项目入驻，已进驻的企业必须做到达标排放；三是疏浚上游河道，加强上游地区的生态治理，保障水源供给；四是大力开展人工种树种草，恢复生态，保护动植物资源。

三、草原避暑度假旅游产品

(一) 发展基础

草原民族风情旅游产品是内蒙古旅游产品开发最为成熟的一类，也是目前对外地游客最具吸引力的产品。和周边地区相比，商都县的草原在规模、品质上都不是特别突出。以内蒙古草原民族风情旅游产品开发为例，综合周边地区的景区开发，其开发方式呈现三种模式：第一种，召河模式，具有很好的草原，在草原上展现蒙古民族风情；第二种，青年生态园模式，依托城市的公园绿地，展现蒙古民族风情；第三种，宾馆模式，利用宾馆或餐馆展现蒙古民族风情。三种不同的开发模式，开发出来的实际上是三种不同类型的草原民族风情产品。能够直接吸引外地游客来旅游的产品，主要还是真正的草原。对商都而言，在草原资源不具独特优势的前提下，依托商都具有的草原资源本底，发展以草原民族风情为基础的避暑度假旅游产品，是现实且可行的途径。

（二）面向市场

京津冀地区的大众避暑度假旅游群体。

（三）产品开发方向

以草原为环境，采用"宾馆+民族风情""休闲+民族风情"的模式，以建筑形态、餐饮及体验性、参与性项目取胜，以避暑度假功能为核心吸引，实现草原民族风情旅游产品的升级换代。

（四）产品开发的战略思路

和周边地区相比，商都的草原在规模、品质上都不是特别突出，应开发新的模式，在开发骑马、射箭、饮酒、美食、节庆等大众草原民族风情旅游产品的同时借鉴中国台湾、日本休闲农业的开发模式，依托现有的牧业资源，从草原休闲文化上做文章，通过休闲娱乐、配套、仪式活动三大板块，相互融合辅助构成核心竞争力。比如，未来可依托草场资源和当地民俗，建设快乐牧场。与此同时，保持并且维护草原是草原民族风情类旅游产品成功的保证。要结合商都县生态环境建设来促进草原质量的提高，实行围封禁牧，确保草场资源。

四、宗教文化体验旅游产品

（一）发展基础

察汗淖尔地区宗教文化悠久。据专家考证，察汗淖尔地区是四世达赖喇嘛云丹嘉措（1589~1616年）的出生地。云丹嘉措在这里随父母生活了14年之久。乾隆六年（1741年）始，清政府曾在商都县东的莲花山下（今十八顷镇小庙子嘎查），历时13年，建成拥有莲蓬寺、久达布独宫、王独宫、赛好斯独宫、丁可儿独宫、玛布独宫、古希格独宫、德勒海独宫八座庙宇的巴达木图庙，占地 11.2 万平方米，藏经 470 余部，鼎盛时期有喇嘛 500 多人，拥有草滩 5 万余亩。是正黄旗著名的五大庙之一。尽管现在寺庙遗存面积有限，仅有两位喇嘛在维护管理，除了每年的节庆大会外，旅游功能几乎没有体现，但是基于巴达木图庙曾经在历史上的重要地位，修复建设巴达木图庙仍具有很好的开发前景。

（二）面向市场

历史文化遗产观光市场，周边香客市场，庙会市场。香客市场和庙会市场具有相对的稳定性，能为旅游区带来人气，对观光客源可以起到巨大的补充作用。

（三）产品开发方向

宗教建筑与宗教文化观光、宗教活动朝觐、节庆活动体验。

（四）开发战略思路

在宗教政策许可的范围内，力争多开发，逐步按原貌恢复莲蓬寺等八处庙宇。抓住察汗淖尔地区是四世达赖云丹嘉措出生地这一亮点，增强景区的宗教文化吸引力，塑造神秘肃穆的宗教文化氛围，大力营造周边的生态环境。增强当地牧民旅游开发意识，恢复牧民地区人气，是未来开展宗教旅游和民俗文化旅游的基础，也是当务之急。

五、农业观光体验旅游产品

（一）发展基础

在商都县国民经济和社会发展第十二个五年规划纲要中，明确规划：紧紧围绕马铃薯、蔬菜、牛羊猪养殖三大产业，重点建设马铃薯良种繁育基地，七台镇、小海子镇、十八顷镇、大黑沙土镇四个蔬菜生产基地，肉羊繁育基地，大力发展设施农业、避灾农业和高效畜牧业，提高农牧业综合生产能力，增强抵御自然灾害能力，积极推进产业化经营，努力推动农村经济持续发展。这些农业作物和农业基地的建设，提供了很好的观光农业资源，为发展观光农业打下了基础。目前，小海子镇观光农业景区、绿娃现代农业科技示范园初具形态。

（二）面向市场

商都周边市民，少量外地游客。近年来，城市周边的观光农业旅游兴旺发达，观光农业市场蓬勃发育。

（三）产品开发方向

开发供游客观赏、采摘、体验农家生活的大型观光农业园，将观光植物与康体健身相结合、观光农业与绿色食品相结合、观光农业与古今文化相结合、观光农业与动态项目相结合。针对本地游客，主打绿色餐饮、观光休闲产品；针对周边市民，可采用市民农园的经营模式，即由农民提供耕地，农民帮助种植管理，由城市市民出资认购并参与耕作，其收获的产品为市民所有，期间体验享受农业劳动过程乐趣的一种生产经营形式和乡村旅游形式。与此同时，充分利用现代电子信息技术和现代物流业，加强网络建设，实现新鲜食材的网络供应，以"最新鲜、最有机、最健康、最便捷"为特色，提升认知度和美誉度，增加农业收益。

（四）产品开发的战略思路

随着市场对健康、有机、养生的饮食追求，观光农业旅游产品应该被视为商都旅游产品大家庭中的一员，借助其良好的发展态势，旅游部门应该给予一定的支持和帮助，要规范好市场，抓好管理；大力发展马铃薯、蔬菜及牛羊猪基地建设，建立对外销售体系，实现一产和三产的结合，调整产业结构，促进经济增长。

六、工业观光体验旅游产品

（一）发展基础

在工业文明时代，体现现代建设成就之美的是现代工业企业。近年来，在欧美国家的工业企业，出于促销和树立良好形象的动机，纷纷将自己的工厂和附属展览馆（博物馆）向公众开放，引发了一股工业旅游的热潮，趁机销售印有自己产品商标的钥匙圈、丝巾、手表等小纪念品。我国近几年对发展工业旅游也特别重视，国家旅游局准备在全国建立工业旅游示范点，一些大型企业也纷纷附加旅游宣传职能，不仅宣传了企业文化和自己的产品，而且增加了一项额外收入。

近年来，商都电力、化工、冶金、建材、农畜产品加工、轻纺服装六大优势产业发展迅速，太美薯业、鹿王集团商都分公司、奥淳酒业有限公司、双利皮毛制品有限公司等一些骨干企业在商都安家落户并逐步发展壮大。此外，商都是新型的建材陶瓷生产基地。商都具有丰富的非金属矿产资源，石英石、石灰石、花岗岩等是生产建材陶瓷的必要原料。特别是投资建设中的359陶瓷产业园将文化和产业融为一体，以弘扬陶瓷文化为己任，成为商都新型工业发展的亮点。

（二）面向市场

工业观光旅游市场、商务旅游市场、科普教育市场。

（三）产品开发方向

开发供游客观赏、拍照、体验工厂生产流水线的工业观光旅游。工业观光旅游产品朝着下列方向发展：生产流水线观光与拍照相结合；工业观光与企业文化的影视传播和产品展览厅（博物馆）相结合；工业观光与"当一天现代工人"相结合；工业观光与动态项目相结合。

（四）产品开发的战略思路

改变对开发工业旅游的总体认识程度不高、以事业接待型为主的现状，加快加大工业观光旅游的开发力度，将工业观光培育成为商都乃至乌兰察布市的旅游支柱产品、亮点和特色品牌，由商都县旅游局代表商都县政府向工业企业大力宣传开展工业观光旅游的重要意义，提高工业企业对发展旅游业的认识程度，将旅游业与解决下岗职工再就业、增加企业收入途径、宣传企业文化等统筹考虑，并由旅游局给他们发展旅游出谋划策，将商都的工业旅游资源优势转化为工业旅游产品优势，最终转化为工业旅游经济优势。

七、时尚康体休闲旅游产品

（一）自驾车旅游产品

1. 发展基础

一是市场潜力大。商都居于呼包鄂经济圈和环渤海经济圈的结合部，集通铁路、呼满公路纵贯全境。距张家口市 180 千米，距北京市 380 千米，距呼和浩特市 220 千米。随着自驾游路程的不断增加，商都也将位于沈阳、长春、大连、哈尔滨、北京、天津等几大城市群的出游半径范围内，潜在市场潜力巨大。二是交通条件日益改善。商都县地处集二线边缘，集张铁路、呼海大通道平行横贯全境，外部交通便利。张库大道及其他村村通公路的建设，使得景区内部交通联系密切。三是道路安全性好。商都区域地貌以草原、平原为主，相对平坦的道路为自驾车旅游者提供安全性较高的驾车环境，也为实施救援服务提供了根本的前提。

2. 面向市场

以周边市区及京津唐市场为主体。

3. 产品开发方向

汽车营地依托旅游交通干线和风景优美之地或者在旅游景区附近开设，有一定场地和设施条件，为自驾车爱好者提供自助或半自助服务的、具有特定主题复合功能的旅游场所。服务项目包括住宿、露营、越野、休闲、餐饮、娱乐、汽车保养与维护、汽车租赁、度假、户外运动、信息服务、医疗与救援等，整体上打造融休闲、娱乐于一体的服务保障体系。

4. 产品开发的战略思路

自驾车旅游产品是一个新兴旅游产品，随着游客旅游水平的提升，自驾车旅游将是未来旅游发展的主要趋势。尤其是对草原地区而言，广袤的环境，平坦的道路，带给游客一种自由奔放、飞扬驰骋的感觉，尤其对自驾车旅游市场具有吸引力。对商都而言，要重视自驾车旅游产品的开发，完善相关设施和人力资源配套，并通过市场营销提升影响。

（二）主题摄影旅游产品

1. 发展基础

随着旅游的发展，越来越多的游客追求个性化、时尚化的旅游方式。摄影旅游便是其中的一种。对于城市中的人而言，草原之美，是辽阔，是色彩，是自由。置身于草原，城市中的压迫感在这里被释放得了无踪影，城市中的阴霾在这里被荡涤一清。草原摄影对摄影爱好者有着独特的吸引力。

2. 面向市场

摄影爱好者。

3. 产品开发方向

主题摄影旅游产品包括以下开发方向：自然+摄影；选美+摄影；婚礼+摄影；自驾车+摄影。

4. 产品开发的战略思路

主题摄影旅游产品更多的是依托当地自然风貌和文化风情，关键不在于硬件投入，主要是品牌营销。可以通过开展主题摄影比赛活动，提升景区认知度，如与国内外知名品牌合作，开展汽车主题摄影；结合婚庆婚礼，开展婚礼主题摄影；与中国摄影网、摄影家协会合作举办主题会议，提升人气。

八、节事庆典主题旅游产品

（一）发展基础

商都是民俗艺术的乐土。据《商都县解放前文娱简况》介绍，每年的农历四月二十八和六月二十四的庙会必有"大戏"（民间对晋剧的别称）助兴。除了庙会之外，每年正月十五元宵节民众都会自发组织灯会、踩高跷、二人台演唱等社火表演。商都的二人台也称东路二人台，早期被人们称为"玩艺儿"或"蹦蹦"，是乌兰察布地区独有的地方剧种，已被国家正式确认，并收入《中国戏曲志·内蒙古卷》。此外还有高乐美先生等商都县非物质文化传承人，是商都民俗艺术生成、繁衍、发展、变革的重要亲历者和参与人，有着丰富的表演实践和舞台阅历，为发展民俗艺术奠定了人才基础。

（二）面向市场

外地休闲度假游客、商务客人、参加会议人员、本地市民。

（三）产品开发方向

常规性的文化演出，高规格的颁奖晚会，全国性的大型节庆活动，全国性的大型赛事，全国性的会展活动等。

（四）产品开发的战略思路

发动全市市民参与调查商都举办哪些节庆活动比较合适，将文化娱乐、节庆、会展旅游开发与利用商都丰富的广场、公园相结合，将这类产品与景区产品相结合。此处作抛砖引玉式地略举几例。

1. 开展节庆活动

各景区（点）推出主题活动，如巴达木图庙的庙会，察汗淖尔的水上闯关、水上选美活动，快乐牧场的冰雕节及各类体验活动，西山的登山节、创意文化节，摄影大赛等。进一步发挥诸多大型广场的优势，利用众多的广场鼓励开展文化、艺术、商贸等活动，由政府组织策划队伍，选定主题，开展全国性的节庆活动，逐渐形成规模，在全国乃至世界上形成影响力。

本次规划所策划的几种节庆活动，总的思路是"文化（当然，也可以是体育等）搭台，旅游唱戏"。

2. 广场音乐节

多种音乐风格、音乐题材，包括广场合唱节、新音乐演唱会（形式可参照每年北京举办的"喜力音乐节"等）、蒙古族民歌节、马头琴演奏比赛等系列音乐活动，使每年7月的商都成为全中国音乐爱好者的天堂。

3. 马文化赛事周

依托麻黄山的山脚下马场，开展马文化赛事。举办大型马术和马戏表演，除本地马术、马戏团体的固定演出外，还要邀请世界知名马术队和马戏团进行巡回演出，并举行以表演为主的各式马术、马戏大奖赛。

4. 摄影主题周

依托商都优美的自然风光，与国内外知名品牌合作，开展汽车主题摄影比赛；与中国摄影网、摄影家协会合作举办主题会议，提升人气。

5. 水上闯关比赛

依托察汗淖尔湖面，融合丰富多彩的水上娱乐活动，利用组合模块式浮动平台，与当地电视媒体合作，开展水上闯关活动。活动期间可延至整个夏天。建议以"水上来闯关，勇敢向前冲"为口号，吸引游客眼球，提高产品的娱乐性和景区的知名度。

讨论与作业

1. 分析本案例，讨论旅游产品的设计原则。
2. 讨论市场在旅游产品设计中的作用。
3. 结合本案例，设计某具体景区的旅游产品系列。

第六章

旅游线路组织

本章导读

　　旅游线路是旅游产品的重要组成部分，是联结旅游者、旅游企业及相关部门、旅游目的地的重要纽带，对区域旅游开发、旅游企业的生存与发展、旅游者的旅游体验等都有重要意义。一般情况下，旅游线路由多个不同性质的旅游地区或地点、多种旅游交通方式、若干旅游集散地、各种接待服务设施和多种劳务等因素组成，并以交通运输为线索将其他各种有关因素串联起来。旅游经营者或旅游管理机构常常有意识地将上述各种因素有机地组合起来形成一些特定的旅游线路，作为相对固定的产品向旅游者进行推销。

　　旅游线路组织对区域旅游开发有着重要的影响：一方面，旅游线路组织是区域旅游发展推出旅游产品的重要途径；另一方面，高水平的旅游线路设计是提高旅游吸引力的重要措施。旅游企业是旅游产品的主要经营者，旅游线路组织设计水平直接影响旅游者选择旅游企业及出游线路的决策，旅游线路销售的好坏，直接影响到旅游企业的运营与收益。

　　旅游线路设计是一项技术性比较强的工作，需要考虑设计人员与设计经费、旅游线路创意与策划、旅游线路市场调研、旅游线路资料收集与调研、旅游线路内容选择与组合、旅游线路产品推出的广告与营销、旅游线路产品的评价与生命周期等因素；应遵循资源导向、以人为本、市场细分、供给全面、时效优先、效益兼顾、安全第一等原则。一般来说，进行旅游线路组织首先要确定旅游目标市场，进而确定旅游线路的性质和类型；其次，要根据游客的类型和欲望来确定组成旅游线路内容的旅游吸引物的基本格局；再次，要对相关基础设施和接待设施进行分析，设计出若干条供选择的旅游线路；最后，筛选出最优秀的旅游线路。

第一节
旅游线路设计的类型

根据旅游线路内容及服务对象的不同，旅游线路设计有四种类型。

一、区域旅游规划的旅游线路设计

与景区（点）相比较，旅游线路是依赖景区（点）分布的线型产品，这种产品的简单结构是通过道路对景点之间进行的有限连接，一个旅游区域内的若干景点各在不同的空间位置，对这些景点游览活动的先后顺序与连接，可有多种不同的方式。旅游规划中的线路设计是市场营销的着力点。

二、景区内部的游道设计

景区内部的游道设计是一种微观问题，如果不注意线路的科学组织与布局，就会造成旅游空间结构不完善而显得整体性效果不强。游道设计属于景区建设项目，在很大程度上和旅行社无关。这种线路的设计更多的是以旅游者方便游览为目的。这种旅游线路设计水平的高低，反映了旅游管理机构的管理水平。

三、旅游经营企业线路设计

旅游经营企业线路设计是旅游经营企业特别是旅行社在特定利润空间的特定区域内，根据时间、交通、景区及旅游六要素情况所做的经营性计划。旅游经营或管理机构根据旅游资源及与旅游可达性密切相关的旅游基础设施、旅游专用设施、旅游成本因子等要素有机地组合起来形成一些特定的旅游线路。从旅行社的角度来看，旅游线路就是其推销的旅游产品。因此，这种旅游线路设计要求较高，线路内容要丰富、活动形式要多样、日程安排要紧凑、时间安排要准确，其设计水平直接影响到销售业绩。

根据旅游企业实际经营状态，旅游线路类型又可归纳为：空间尺度旅游线路（近程、中程、远程）、运动轨迹旅游线路（周游型、逗留型、节点型）、组织形式旅游线路（包价、拼合式、跳跃式、自助式）、旅游目的旅游线路（观光游览、探亲访友、休闲度假、商务、修学、科考探险）和旅游专题等。

四、旅游者自己设计的旅游线路

自助游、自驾游越来越受到旅游者的青睐，根据自己的喜好自行设计旅游线路成为一种时尚和趋势。旅游者根据自己的旅游动机、旅游目的、旅游信息、旅游经验等为自己设计的旅游线路，其内容因旅游者个体差异而差别很大，其线路安排的详略程度差异也很大，有时甚至不需要书面表达仅储存在旅游者脑中。

 案例

杭锦旗旅游规划中的旅游线路设计

杭锦旗位于鄂尔多斯高原西北部，东与达拉特旗、东胜区接壤，南与伊金霍洛旗、乌审旗为邻，西与鄂托克旗毗连，北与巴彦淖尔市隔黄河相望，已初步形成了以锡尼镇为中心纵贯南北、连接东西、水陆相通的交通网络。旅游资源蕴藏丰富，不仅有雄浑粗犷的自然景观，而且有底蕴深厚的人文景观，再加上宏伟的现代黄河三盛公水利枢纽工程和多姿多彩的民族风情，形成了融自然风光、现代工程、社会文化遗迹和民族风情为一体的观光、度假和专题旅游资源。

根据规划区的旅游资源分布及组合，结合旅游区发展的需要，并考虑交通线路布局及区域旅游竞合等因素，本书从以下两个层面进行了杭锦旗旅游线路设计：

一、跨区域线路

（一）内蒙古自治区西部旅游黄金线路

内蒙古自治区西部旅游黄金线路是包头（呼和浩特）—康巴什—成吉思汗陵—鄂尔多斯草原—夜鸣沙—神光响沙—七星湖—响沙湾—包头（呼和浩特）

包头（呼和浩特）—成吉思汗陵之间往返，途经响沙湾等地的这条南北向线路，是内蒙古西部客流量最大的线路。在此基础上，可将杭锦旗的知名景区（鄂尔多斯草原、七星湖等）纳入其中，打造内蒙古西部地区的一条展示蒙古族历史文化、自然风光的内容丰富的黄金线路，既能满足游客休闲度假的出游目的，又能提高沿线各地的旅游整体收益，在杭锦旗境内日程为1~3天。

（二）自驾游精品线路

充分发挥杭锦旗的交通区位优势及各景点间交通跨度适宜的绝对优势（见表6-1），结合当前旅游者越来越多地选择自驾的出行方式，进行以下两条自驾游旅游线路的设计。

表6-1 杭锦旗主要旅游景点距离

锡尼镇

10	鄂尔多斯草原					
100	90	摩林河温泉				
170	170	80	黄河三盛公			
130	140	240	175	七星湖		
90	100	195	220	45	神光响沙	
85	95	185	230	55	10	菩提济度寺
60	70	230	230	85	40	40

线路一：北京—包头（呼和浩特）—乌拉山—七星湖—神光响沙—夜鸣沙—菩提济度寺—鄂尔多斯草原—成吉思汗陵—包头—北京（反之亦然）

本线路连接国内三大客源市场之一的京津市场，有高速公路作为远途驾车的干道，交通十分便捷，距离相对适宜，在杭锦旗境内日程为2~3天。

线路二：兰州（或银川）—乌海—黄河三盛公—七星湖—神光响沙—夜鸣沙—鄂尔多斯草原—摩林河温泉—黄河三盛公—兰州（或银川）

本线路通过高速公路连接了中国西北市场，并可通过银川向南延伸，连接中国西南或中南市场，在杭锦旗境内日程为2~3天。

二、杭锦旗境内线路

（一）杭锦旅游环线

本线路以库布齐沙漠边缘的城镇为起始点，可由多个地点进入，环游杭锦旗境内的主要景区，并可依托沿线景区、城镇做进一步的拓展游。全部环游的时间3~7天，具体线路：锡尼镇—巴音乌素工业园—菩提济度寺和阿拉腾敖包—夜鸣沙—神光响沙—七星湖—黄河沿岸（呼和木独镇和独贵塔拉镇可为进出境起始点）—黄河三盛公和巴拉贡镇（可为进出境起始点）—风车大观园—摩林河温泉—鄂尔多斯草原—锡尼镇（反之亦然）。

（二）大漠风光旅游线

本线路以库布齐沙漠为旅游区域，以穿沙公路为交通干道，以沿途景区为重点，并可以这些景区为依托，深入大漠做拓展游，日程1~3天，具体线路：锡尼镇—菩提济度寺和阿拉腾敖包—夜鸣沙—神光响沙—独贵塔拉镇—朔方古道—七星湖（反之亦然）。

（三）草原风情旅游线

本线路以锡尼镇和巴拉贡镇为起始点，以锡磴公路为通道，连接库布齐沙漠南缘的草原、温泉、水库、农家、牧家等景区、景点，展现鄂尔多斯蒙古族风情，日程1~3天，具体线路：锡尼镇—鄂尔多斯草原—万亩马莲滩—摩林河温泉—风电场—巴拉贡镇（反之亦然）。

（四）河套风情旅游线

本线路以黄河沿线城镇为起始点，以沿黄河的巴杭公路为通道，连接沿途的以水域风光、农耕文化为特征的景点，日程2~4天，具体线路：巴拉贡镇—黄河三盛公—呼和木独镇—马头湾—吉日嘎朗图镇—七星湖—独贵塔拉镇—杭锦淖尔（小南河滞洪区）。

（五）朔方古道旅游线

本线路以库布齐沙漠两端的菩提济度寺和呼和木独镇为起始点，横穿沙漠的一条观光、探险旅游线路，在沙漠中无现代公路，沿途可寻访牧民人家，考察沙漠、山地、珍稀植物、历史古迹等景点，日程1~3天。

（六）沙漠探险旅游线

本线路以库布齐沙漠边缘的城镇和沙漠中的景区、景点为起始点，以乘车、骑骆驼、徒步等多种方式穿越库布齐沙漠。

起始点较适宜的地点有夜鸣沙、神光响沙、七星湖、独贵塔拉镇、呼和木独镇、巴拉贡镇、杭锦淖尔（小南河滞洪区）、菩提济度寺和阿拉腾敖包、摩林河温泉等地，日程根据交通方式和起始地点的不同而东西横穿或南北纵穿，一般以2~5天为宜。

（七）其他旅游线

可根据资源特点和游客喜爱程度，组织不同的专项旅游线，如宗教文化旅游线、科普科考旅游线、汽车沙漠越野比赛旅游线、乡村旅游线、兵团文化旅游线、工业旅游线等。

讨论与作业

1. 旅游线路设计的类型有哪些？
2. 结合案例分析区域旅游规划中的旅游线路设计应考虑的因素有哪些。
3. 任意设计一条旅游线路，并给出你的设计依据。

第二节
旅游线路组织的主要内容

合理组织旅游线路，对于旅游业发展、区域旅游开发、旅游企业经营与发展、旅游者提高旅游体验等方面都有重要意义，不仅能够促进旅游业的发展，加速旅游区域开发，提高旅游企业形象与经营效益，而且能够帮助旅游者选择旅游目的地、节省旅游费用和提高旅游体验。

一、旅游线路的组合形式

旅游活动涵盖了"食、宿、行、游、购、娱"等旅游要素，是一项综合性的活动，旅游线路的组合应以游客获得最大的享受为目标。

（一）旅游线路的项目组合

旅游线路中应包含多种旅游活动，一条旅游线路如果活动太少，就不能激发旅游者的游兴，旅游者会感到乏味。如生态旅游线路中，可以增加野炊烧烤、生存锻炼、竞技比赛、农家访问、劳动体验等活动项目，旅游者会在满足生态旅游需要的同时，增长知识、有所感悟、增进与他人的友谊、愉悦心情。

（二）旅游线路的时间组合

时间组合是旅游长短、强弱节奏的组合。在时间安排上，旅游活动衔接要紧凑而不紧张，其过程要舒缓而不拖拉，快节奏和慢节奏要交叉变换，刺激性活动和悠闲性活动要穿插进行。

（三）旅游线路的空间组合

空间组合是景区（点）地域密度上的组合。景区（点）地域密度集中的适合观光度假旅游，景区（点）地域跨度大的适合主题较突出的旅游。如古代官衙参观旅游线路（北京故宫皇家官邸—保定直隶总督衙门官邸—

南阳知府衙门官邸—内乡知县衙门官邸），各景点距离远、交通占用时间长，但主题突出，深受旅游者欢迎。

（四）旅游线路的旅游者组合

旅游者组合是针对不同消费群体所进行的组合。消费者组团，有散客团、家庭团、单位团以及朋友、同事、同学团等。前三类旅游团的团员年龄、文化、爱好多不相同，适宜推出综合性强的旅游组合线路，后一类的旅游团一般旅游目的比较一致，适宜推出主题针对性强的旅游组合线路。

（五）旅游线路的功能组合

功能组合是针对某个特定的景区（点）而言的。有些景区（点）本身的主题比较突出，要想增强吸引力，应围绕主题增加服务功能，在"食、宿、行、游、购、娱"等方面多下功夫，增添、变换、创新服务内容和形式，形成功能强大的旅游组合线路，让游客"来得畅、住得下、吃得香、游得乐、购得好、走得顺"，乐意多次游赏。

二、旅游线路组织的主要内容

旅游线路有很多构成要素，从旅游供给角度来考虑，各旅游线路都是由旅游资源、旅游设施、旅游可进入性、旅游成本因子（价格、时间）等要素所构成，它们就是旅游线路设计所要研究的主要内容。

（一）旅游资源

旅游资源是进行旅游线路设计的核心和物质基础，是旅游者选择和购买旅游线路的决定性因素。旅游资源的吸引力决定了旅游线路的主体与特色，旅游线路组织必须最大限度地体现出旅游资源的价值，它是一个地区旅游业存在和发展的基础，也是旅游者选择旅游地的决定因素。在旅游线路设计中它是起影响作用的基础因子，也是旅游线路上旅游内容的最主要构成，同时也是影响旅游线路竞争力的主导因素。

（二）旅游设施

旅游设施是完成旅游活动所必备的各种设施、设备和相关的物质条件的总称，是旅游经营者向旅游者提供旅游服务所凭借的各种物质载体，是旅游者实现旅游目的的保证。旅游设施不是旅游者选择和购买旅游线路的决定性因素，但它能影响旅游活动开展的顺利与否以及旅游服务质量的高低。因此，旅游设施的完善与否，直接影响到旅游者的旅游效果。在旅游线路设计中必须充分考虑旅游者的客观条件与旅游过程中设施的方便性，使旅游者获得最佳旅游效果。

（三）旅游可进入性

旅游可进入性是指旅游者进入旅游目的地的难易程度和时效性。旅游活动异地消费的特点，决定了旅游产品的提供只能存在于旅游目的地，旅游者是否能够按时顺利到达旅游目的地是旅游线路设计的重要考虑因素。因此，旅游可进入性是连接旅游者需求与各种具体旅游产品的纽带，是旅游线路实现其价值的前提条件。

（四）旅游成本

旅游时间包括旅游线路总的旅游所需的时间以及整个旅游过程中小的时间安排。因旅游客源地、旅游目的地、出游季节、旅游者闲暇时间等不同，旅游线路中的时间安排也不一样。从旅游经营者角度考虑，旅游时间就是旅游者对各种旅游产品的消费时间，旅游时间长短直接影响旅游消费，两者成正比关系，旅游者逗留时间越长，旅游经营者获利也就越多。

旅游价格（费用）是旅游者为满足其旅游活动的需要所购买的旅游产品的价值的货币表现，它受到很多外在因素的影响，如旅游供求关系、市场竞争状况、汇率变动及通货膨胀等因素，都会对旅游价格产生一定的影响。我国的旅游市场价格体系主要由旅游景区（点）门票价格、旅行社价格、旅游饭店价格、旅游交通价格、旅游商品价格等相关价格要素构成。

（五）旅游服务

旅游服务是旅游经营者向旅游者提供劳务的过程，旅游服务质量直接影响旅游线路的质量，没有优质的旅游服务水平，就没有优质的旅游线路。因而，旅游服务是旅游线路设计的核心内容，不容忽视。

案例

达尔罕茂明安联合旗旅游线路组织

对达尔罕茂明安联合旗（简称达茂旗）旅游线路的组织，一方面要考虑到对达茂旗境内旅游产品的有机整合，另一方面要进行周边区域的旅游协作开发与线路组织。达茂旗旅游线路与周边区域线路的整合不仅局限于呼包鄂"金三角"区域，更可扩展到整个中国华北地区和其他区域。

一、达茂旗境内旅游线路

（一）各旅游区内线路

表6-2 各旅游区内游览线路

类　型	游览内容
百灵庙城镇草原文化历史旅游中心	（1）草原历史文化园区：百灵庙暴动与百灵庙战役纪念园和草原历史文化雕塑园 （2）敖伦苏木古恢复区：恢复的古城、蜡像馆、时空穿梭厅、时空隧道、民族园等 （3）世界岩画公园：阴山岩画园、东南岩画、南美洲岩画、北美洲岩画、亚洲岩画、欧洲岩画和非洲岩画、西北岩画等 （4）百灵庙湿地公园、原生态竞技马场、"茂南"蒙古风情度假村
希拉穆仁草原蒙古风情文化旅游核心区	（1）大门、普会寺文化区、古驼道城库伦遗址、古驼道商业服务区、古驼道历史文化区、蒙古包群休闲度假区 （2）草原蒙古部落活动区 （3）红格尔敖包活动区祭祀和祈福等 （4）现代草原活动区：草坪休息区、草地娱乐区等 （5）草原休闲度假区：私家牧场、健康养生中心和冬季狩猎场等

类　型	游览内容
龙梅玉荣草原与哈撒尔英雄文化旅游核心区	(1) 哈撒尔纪念景区：战歌峡谷、哈撒尔祭奠堂、哈撒尔敖包、苏力德祭坛、哈撒尔历史纪念馆、哈撒尔兵器馆、哈撒尔射箭场、哈萨尔度假村、哈萨尔湖光山色区和哈萨尔赛马场等 (2) 龙梅玉荣故居：草原英雄小姐妹旧居、英雄事迹馆、爱国教育示范园、雄鹰户外训练基地等
艾不盖河生态草原峡谷旅游带	(1) 敖伦苏木古城生态保护区、峡谷自然风光区 (2) 一望无际大草原赛事举办区 (3) 腾格淖尔湖观光区
晋商驼道文化旅游带	古驼道城库伦遗址、驼道文化陈列馆、驼道文化广场、恰克图买卖城、驼道风情度假村、驼道驿站等
阴山岩画与古城·部落生态保护区	(1) 敖伦苏木古城遗址公园 (2) 敖伦苏木古城影视城：古剧院、旋转看台、游客微电影拍摄区等 (3) 阴山岩画核心保护区：露天博物馆 (4) 远古部落生活体验与娱乐区：马文化大观园（即马的活体博物馆）
满都拉口岸风情旅游区	国门景区、中蒙贸易互市区、蒙古国风情园等
世界稀土矿山文化旅游区	(1) 矿区生产观光旅游区 (2) 白云鄂博矿区展览馆、地质展览馆和稀土广场
乌克与石宝镇现代农业观光旅游区	(1) 农业观光游览区：花卉苗木观赏园、水产养殖区、蔬菜观赏区等 (2) 农业科普示范区：工厂化育苗馆、太空蔬菜馆、无土栽培馆、热带水果馆、花卉大观园 (3) 生态农业种植区 (4) 农产品加工区及市场物流区
巴音杭盖自然保护区	(1) 核心保护区；(2) 缓冲区；(3) 活动区
龙梅玉荣草原风电观光旅游区	大风车走廊、风车博览园、风电休闲农庄、风电科普馆、观光塔等

（二）按旅游主题组织的线路

1. 休闲度假游

希拉穆仁草原—草原蒙古部落群—草原牧家乐—私家牧场—健康养身中心—驼道风情度假村—腾格淖尔景区—峡谷自然风光带—蒙古特色美食—蒙古族商业街—百灵庙湿地公园—"茂南"蒙古风情度假村—敖伦苏木古城恢复区—现代农业生态观光园等。

2. 宗教、蒙元文化游

普会寺—红格尔敖包—广福寺—北方少数民族民俗文艺荟萃博物馆—民族园—草原文化宫—原生态竞技马场—哈撒尔祭奠堂等。

达茂旗是一个多民族、多宗教地区，历史上曾传入过汉传佛教、藏传佛教、景教、基督教。这些教派为后人留下了各种宗教建筑，最为著名的有席力图召四世活佛阿旺罗布桑拉布敦主持兴建的普会寺、百灵庙镇的清康熙御赐牌匾的广福寺、景教文化代表——敖伦苏木古城。

景教作为基督教的一个分支，公元七世纪传入中国。845 年唐武宗灭佛，所有西来的宗教都被禁止，辽、金时期，它在中国西北和北方的一些游牧民如乃蛮、克烈、汪古等部中颇为盛行。随着元朝的建立，景教重新传入内地，在许多地区得到发展，达到鼎盛时期，景教徒分布于内蒙古、山西、陕西、甘肃、河南、山东、直隶，以及广东、云南、浙江等地。敖伦苏木古城是景教的代表，其是元朝德宁路所在地，是当时汪古部地区政治、经济、文化、交通的中心，也是大元蒙古与俄罗斯及中亚的商业通道。从古城内发现的古罗马教、景教、佛教、喇嘛教的遗物，可以证实这座古城是当时中西文化相互交流融合的地方，对于研究元朝的历史、艺术、中西文化交流有着极为重要的价值。

敖伦苏木古城位于达尔罕茂明安联合旗政府所在地百灵庙镇之北 30 多千米处的艾布盖河北岸冲积平原上。敖伦苏木古城，平面呈长方形，坐北向南，方向是南偏东 40°。古城北墙长 960 米，东墙长 560 米。城墙遗迹清晰可辨。东城墙靠近北侧角楼的一段，保存较好。城墙墙基宽约 3 米，残高 2~3 米。古城地表遗物非常丰富，有石条、兑臼、磨盘、柱础、墓顶石、二龙戏珠碑首，以及随手可拾的残砖、断瓦和陶瓷残片，还发现有琉璃砖瓦残片。据调查，城内共发现院落遗址及土包 99 处。

百灵庙位于内蒙古自治区包头市达尔罕茂明安联合旗政府所在地，建于清康熙四十二年（1703 年）。百灵庙系达尔罕贝勒庙的转音，亦称乌力吉套海（吉祥湾）召庙群。庙宇由 5 座大殿、9 顶佛塔和 36 处藏式结构的院落组成，总占地面积约 8000 平方米。各处殿塔雕梁画栋、廊柱林立，墙壁上彩绘着佛经里的人物故事，造型生动，构图细腻。清康熙皇帝御赐"广福寺"牌匾悬挂于大佛殿正门上方。

普会寺位于达茂旗乌兰图格苏木（乡），希拉穆仁河流经庙北，蒙古语称其为希拉木伦召，称召河庙，始建于清康熙四十二年（1703 年），由席力图召四世活佛阿旺罗布桑拉布敦主持兴建。普会寺原系呼和浩特市席力图召的下属分店，曾经多次修缮，现存山门、正殿、东西配房等建筑。此地在清代为呼和浩特往蒙古国商旅必经之地，为大青山后的重要物资集散地，故此寺负有盛名。

3. 科教游

乌克与石宝镇现代农业观光旅游区—草原文化宫—北方少数民族博物馆—敖伦苏木古城遗址公园—阴山岩画—风电观光旅游区—白云鄂博矿山文化旅游区—巴音杭盖自然保护区等。

科考和教育游是达茂旗旅游的一大特色，达茂旗拥有丰富的科教旅游资源，但目前多数资源都处于未开发的状态，今后应加大科教旅游资源的开发力度，尽快形成完整的科教旅游线路，提升科教旅游的游客数量，使达茂旗科教旅游成为重要的旅游产品。

达茂旗岩画作为阴山岩画的一部分，具有重要的历史文化价值。达茂岩画，是著名岩画学家盖山林先生于 1974 年在敖伦苏木古城做考古发掘时率先发现并公之于世的。达茂草原岩画题材广泛，内容丰富多样，有人物、动物、居所、车辆、道路、什物、符号文字、天体等。野生动物岩画在达茂岩画中最多，有野羊、野马、野驴、虎、狼、大角鹿、梅花鹿、驯鹿、马鹿、双峰驼、狍子、野牛、野猪、狐狸、披毛犀等 20 多种，还见有鹰、天鹅、鸵鸟等禽类图案。达茂岩画反映了曾经生活在这里的猃狁、柔然、匈奴、鲜卑、突厥、契丹、女真、蒙古等北方民族先后在这里驻牧，并创造出了光辉灿烂的草原民族文化，孕育了独具特色的草原文明。

4. 红色旅游

百灵庙抗日武装暴动纪念碑—百灵庙战役纪念园—草原历史文化雕塑园—草原英雄小姐妹旧居—英雄事迹馆—爱国主义教育示范园。

百灵庙有着深厚的红色文化积淀，著名的百灵庙抗日武装暴动就发生在这里。1936年2月21日，在乌兰夫等共产党人的策动下，在达茂草原上爆发了震惊中外的百灵庙暴动。这场暴动打响了内蒙古蒙古民族武装抗日的第一枪。它不仅打击了日寇的侵略气焰，推迟了侵略者的西进日程，也表明了蒙古族人民反对日本帝国主义侵略，争取民族独立与解放的决心。1989年初，为了缅怀百灵庙抗日武装暴动的英雄，让他们的英雄业绩昭示后人，在当年参加暴动的老同志的倡议下，由内蒙古自治区党委、政府决定，在女儿山上修建百灵庙抗日武装暴动纪念碑，同年10月，纪念碑建成。随着百灵庙暴动主题公园的建成，百灵庙将成为呼包鄂地区最大的红色旅游基地。

5. 晋商驼道文化游

古驼道城库伦遗址—驼道文化陈列馆—驼道文化广场—恰克图买卖城—驼道风情度假村—驼道驿站等。

6. 现代工业游

白云鄂博铁矿主矿—东矿—历史文化厅—稀土展示厅—稀土科技产品厅—奇石馆—草原风电观光旅游区等。

7. 口岸旅游

国门大道—国门景区—中蒙互市贸易区—蒙古国风情园区。

（三）按日程安排组织的线路

按日程安排组织的线路如表6-3所示。

表6-3 按日程安排组织的线路

时间	类型	游览内容
一日游	希拉穆仁草原蒙古风情文化旅游	草原（驼道）历史文化与综合服务区、草原蒙古部落活动区、红格尔敖包活动区、现代草原活动区和草原休闲度假区等
	百灵庙城镇草原文化历史旅游	草原历史文化园区、敖伦苏木古恢复区、世界岩画公园、百灵庙湿地公园、原生态竞技马场、"茂南"蒙古风情度假村等

时间	类型	游览内容
一日游	龙梅玉荣草原 与哈撒尔英雄文化游	战歌峡谷、哈撒尔祭奠堂、哈撒尔敖包、苏力德祭坛、哈撒尔历史纪念馆、哈撒尔兵器馆、哈撒尔射箭场等；哈撒尔度假村、哈萨尔湖光山色区和哈萨尔赛马场和草原英雄小姐妹旧居、英雄事迹馆、爱国教育示范园、雄鹰户外训练基地等
	艾不盖河生态 草原峡谷旅游带	敖伦苏木古城生态保护区、峡谷自然风光区、一望无际大草原赛事举办区、腾格淖尔湖观光区等
	晋商驼道文化旅游带	古驼道城库伦遗址、驼道文化陈列馆、驼道文化广场、恰克图买卖城、驼道风情度假村、驼道驿站等
	阴山岩画与 古城·部落游	敖伦苏木古城遗址公园、敖伦苏木古城影视城、阴山岩画核心保护区、马文化大观园等
	乌克与石宝镇 现代农业观光游	农业观光游览区、农业科普示范区、生态农业种植区、农产品加工区及市场物流区等
	满都拉口岸风情游	国门大道、国门景区、中蒙互市贸易区、蒙古国风情园区
	世界稀土矿山文化旅游区 与草原风电观光旅游区	矿区生产观光旅游区和矿区文化展示区；大风车走廊、风车博览园、风电科普馆及观光塔
两日游	希拉穆仁与百灵庙城镇 草原文化旅游	希拉穆仁草原与百灵庙城镇草原文化历史旅游中心
	希拉穆仁草原与 驼道文化旅游	希拉穆仁草原蒙古风情文化旅游核心区与驼道文化旅游带
	龙梅玉荣 与哈撒尔英雄文化游	哈撒尔祭奠堂、哈撒尔博物馆、蒙古族兵器馆、哈撒尔射箭场、战歌峡谷、草原英雄小姐妹旧居、爱国教育示范园、雄鹰户外训练基地、大风车走廊、风车博览园、风电观光塔等
	百灵庙城镇、世界稀土 矿山与风电观光游	百灵庙城镇草原文化历史旅游中心、世界稀土矿山文化旅游区、风电观光旅游区

续表

时间	类型	游览内容
两日游	宗教文化祭祀	普会寺、红格尔敖包、广福寺、哈撒尔祭奠堂、哈撒尔历史纪念馆等
	爱国主义教育游	百灵庙抗日武装暴动纪念园、草原英雄小姐妹旧居、满都拉口岸国门和界碑等
三日游	希拉穆仁、百灵庙、阴山岩画与古城·部落、艾不盖河生态草原峡谷	希拉穆仁草原蒙古风情文化旅游核心区、百灵庙城镇草原文化历史旅游中心、阴山岩画与古城·部落生态保护区、艾不盖河生态草原峡谷旅游带
	百灵庙、白云鄂博、风电观光、龙梅玉荣与哈撒尔英雄和巴音杭盖自然保护区	百灵庙城镇草原文化历史旅游中心、世界稀土矿山文化旅游区、风电观光旅游区、龙梅玉荣与哈萨尔英雄文化旅游区、巴音杭盖自然保护区
三日以上深度游	达茂旗文化游	希拉穆仁草原文化、乌克与石宝镇现代农业文化、百灵庙城镇草原历史文化、敖伦苏木古城与阴山岩画遗址文化、满都拉口岸文化、世界稀土矿山文化、龙梅玉荣与哈撒尔英雄文化、巴音杭盖自然保护区生态文化等
	达茂草原古迹考查游	敖伦苏木古城遗址、达茂旗境内主要岩画、各古长城遗址等

二、达茂旗境内外协作旅游线路

（一）区内旅游线路

东线：百灵庙—希拉穆仁草原—哈素海—呼和浩特。

西线：百灵庙—白云鄂博矿山文化旅游区—龙梅玉荣草原风电观光旅游区—龙梅玉荣草原与哈撒尔英雄文化旅游核心区—巴音杭盖自然保护区—乌梁素海。

南线：百灵庙—包头市—响沙湾—成吉思汗陵。

北线：百灵庙—阴山岩画与敖伦苏木古城·部落生态保护区—一望无际大草原赛事举办区—腾格淖尔湖观光区—满都拉。

（二）跨省区旅游线路

东线：百灵庙—呼和浩特—集宁—张家口—北京—天津。

西线：百灵庙—包头—巴彦淖尔—乌海市—宁夏—甘肃—青海。

南线：百灵庙—包头—鄂尔多斯—陕西—山西。

（三）跨境旅游

百灵庙—赛音山达—乌兰巴托。

讨论与作业

1. 如何看待旅游线路组织的重要性？
2. 旅游线路组合的形式有哪些？
3. 结合案例，分析旅游线路组织的影响因素有哪些。

第七章

旅游项目策划

本章导读

　　旅游项目与旅游产品既有联系又相区别。旅游产品以旅游项目为依托，项目开发是起点、旅游产品是旅游项目开发的结果，旅游资源要转化为旅游产品必然要经过旅游项目策划。从旅游产品开发角度看，旅游项目是旅游资源向旅游产品转化的桥梁，也是区域或景区旅游形象的基本载体。随着市场竞争的日趋激烈和市场需求的不断变化，满足市场需求的旅游开发项目也不断地推陈出新。

　　旅游景区项目一般具有战略性质，对于旅游景区的发展起到至关重要的作用，是指为实现旅游景区特定发展目标而采取的某种非常规工作。一个完整的旅游景区项目往往涉及旅游景区全局的工作，即在一定时间内、以一定的发展布局为指导，通过对旅游景区资源和人力、财力、物力的统筹安排，进行包括产品、服务、市场和管理等方面在内的全方位建设，以实现旅游景区特定的发展目标。

　　旅游项目策划是旅游规划的重要内容，它是对旅游开发项目进行构思、评价和设计的过程。项目的构思和评价是在深入了解项目所在地的开发优势、深入研究市场和竞争态势的条件下，理性地选择那些具有市场潜力的项目作为开发对象。旅游项目的设计，是对旅游项目进行更有利于市场和竞争的再创造，并将这种策略贯彻到旅游项目开发的各个环节。文化挖掘是旅游项目策划的精髓，旅游项目策划的核心是提高旅游市场文化竞争力，实质是深入挖掘旅游资源文化内涵，关键在于特色文化的凝练与凸显。

第一节
旅游项目策划

　　旅游景区项目策划是指对旅游景区战略工作的思考和安排，这种战略工作往往是为实现旅游景区特定发展目标而采取的一系列行为。旅游景区项目策划的内容往往根据策划的性质有所不同，从旅游景区的总体策划来看，主要应包含项目基础、项目定位、项目设计、项目配套、项目效益、项目运作六个方面的内容。

一、项目基础

项目基础主要包括对项目背景、条件和市场环境的分析。项目条件是旅游景区进行项目建设所具备的人力、财力、物力等各方面的条件，它决定了"生产上的可能性"；项目市场环境则决定了"消费上的可能性"。两者都会对项目可能实现的目标造成限制。

二、项目定位

项目定位主要包括项目功能目标、市场选择和主题定位三个方面。项目功能目标定位就是要用准确的语言表述项目能够实现的总体目标，突出项目能够解决的问题；项目市场选择则是根据项目目标定位，从项目背景、条件和市场环境出发，确定重点目标市场和目标市场体系；项目主题定位是对旅游景区项目核心内容和基本思想的确定，应根植于当地的地脉与文脉，根据主导客源市场的需求，凸显个性、特色与新奇，避免与周边邻近地区旅游目的地的雷同。

三、项目设计

项目设计主要包括景观建设和旅游活动各方面的具体设计，是项目策划的主体内容。旅游景区为扩大市场影响、丰富旅游内容、吸引旅游者，往往会在特定日期（传统节日、法定节假日等）策划大型旅游活动，或者推出价格优惠举措，增加旅游景区的吸引力，提高旅游景区知名度。

四、项目配套

项目配套主要包括为项目建设在基础设施、服务、营销、管理等方面做的策划。

五、项目效益

项目效益主要包括项目预期经济效益、社会效益和环境效益等。

六、项目运作

项目运作提出项目运作的基本原则以及运作计划。

 案例

涪陵"荔枝园"项目策划

一、项目基础

(一) 区位条件优越，生态环境良好，可进入性强

从宏观区位来看，涪陵区位于长江和乌江交汇处，居重庆市中部、三峡库区腹地，距重庆主城区只有 100 千米，是乌江流域重要的物资集散地，也是重庆市中部重要的商埠和交通枢纽，在地理区位上具有承东启西、南北传递的地位。

从微观区位来看，涪陵荔枝园位于涪陵区城乡接合部，地处渝怀铁路、319 国道、涪（陵）南（川）公路围成的"金三角"地带，距涪陵城区约 6 千米，且涪（陵）南（川）公路从园区边缘穿过，可进入性较强。

同时，涪陵荔枝园以涪陵境内的大梁山为依托，园区空旷幽静、山清水秀、空气清新，环境质量状况良好，能够满足客源市场的休闲度假需求，是人们休闲度假的理想去处。

(二) 自然条件适宜，历史文化底蕴丰厚

涪陵区属中亚热带湿润季风气候，热量充足、阵水丰沛、立体气候明

显，地带性土壤为黄壤，据农业专家考证，适宜荔枝生长。

涪陵荔枝具有渊源深长的历史。据考证，秦以前本地已有荔枝种植，至唐宋时得到大面积推广。在晋朝常璩所著《华阳国志·巴记》、北宋初期的《太平寰宇记》、明代徐光启《农政全书》等文献中都有关于涪陵荔枝的记载或佐证。蔡襄《荔枝谱》中也有记载："唐天宝中妃子尤爱嗜，涪州岁命驿致。时之词人多所称咏。"这不由得使人们想起唐代大诗人杜牧那脍炙人口的诗句"一骑红尘妃子笑，无人知是荔枝来"，并由此联想到有关杨贵妃的一幕幕历史画面。

二、项目目标的确定

（一）项目功能目标

以涪陵荔枝园良好的生态环境为依托，深入挖掘其文化内涵，力争将其建设成为一个集观光林、娱乐、度假于一体的旅游胜地，成为涪陵的"后花园"，并力争成为长江三峡黄金旅游线上的一颗璀璨明珠。

（二）市场选择

涪陵荔枝园具有较强的本地客源市场基础，凭借其独特的资源优越的区位，不仅能够成为重庆市主城区及周边区、市、县居民周末休闲旅游的理想去处，还有望吸引长江三峡及"乌江画廊"的国内外过境游客。因此，将涪陵荔枝园市场定位为：近期以涪陵本地客源为主，积极拓展重庆主城区及周边区、县的游客；中期以开拓重庆市主城区及周边区、县客源为重点，积极吸引长江三峡和"乌江画廊"的国内外过境游客；远期以拓展国内市场为重点，并不断开拓海外市场和远东短程市场。

（三）项目主题定位

从具有渊源历史的涪陵荔枝入手，以唐朝大诗人杜牧的佳句"一骑红尘妃子笑，无人知是荔枝来"为线索，并根据史册记载的"唐天宝中妃子尤嗜涪州荔"，将荔枝和贵妃有机结合，并深入挖掘大唐文化，以此作为涪陵荔枝园旅游开发的文化底蕴。

据此，拟以展现唐朝风情为项目核心，以塑造"重庆第一文化乐园"

为目标，表达"汇聚唐朝文化，展现唐朝风情"的理念，将其主题形象定位为"重庆第一园，领略唐朝风"。

三、项目设计

在可持续发展思想的指导下，根据当地资源可开发利用的程度，并结合荔枝园的功能目标定位，将涪陵荔枝园划分为三大区域，即生态保护区、荔林区和唐文化观光游览区。各功能区的主要景观建设项目和旅游活动安排如下：

（一）荔林区

1. 建设项目

（1）荔枝林。在生态保护区与唐文化观光游览区之间种植荔枝，种植面积约 4000 亩，分两期进行。

（2）荔驿道。在荔林区修建仿唐的荔驿道以供游人观光，路面用碎石或石板铺成，途中设唐朝建筑风格的凉亭。

（3）荔园迷宫。在梯子湾一带选一片荔枝林来建荔园迷宫，在迷宫的入口处立一块书写白居易《荔枝图序》的碑，对园中的小道进行迷宫设计（如八卦阵），让游人穿行探，寓智于娱。

2. 节庆活动项目

（1）荔枝林赏花节。荔枝开花时，花型多样、颜色为绿白或淡黄、芳香四溢。走进荔枝林，沁人心脾的花香和赏心悦目的花朵令人陶醉，流连忘返。

（2）荔枝品尝节。在硕果累累的金秋，当游客走进荔枝林时，沉甸甸的成串的果实会给人以丰收的喜悦，摘一颗荔枝放进嘴里，人们可真正体会到"甘滋之胜莫能著"的意境。

（二）贵妃鱼池

1. 建设项目

（1）垂钓鱼池。对现有的水池进行整修，在水中放养各种食用鱼，供游人垂钓，面积约 2000 平方米。

（2）水边休闲长廊。在鱼池边修建仿唐建筑风格的长廊，可供游人观赏、喝茶、进行各种休闲娱乐活动，同时长廊本身也是一道美丽的风景。

（3）移动式水乐宫。游船形式、外观仿唐建筑风格，供游人进餐、娱乐、观景等。

（4）人造鱼缸。利用鱼池南面的小山，对其岩壁进行修整以作为"鱼缸"的一面壁，其他三面用大块的玻璃挡起，这样一个大型的人造鱼缸就形成了。其内可放养一些珍贵的鱼种，如红鲤、贵妃鱼等，以供游人观赏。另外，还可在其旁边设立精品观赏鱼销售店，以满足具有养宠雅兴的游人的需要。

（5）鱼食一条街。在鱼池南面建设鱼食一条街，面积达2000平方米，修建一个面积约600平方米的餐厅，外观仿唐建筑风格，开发鱼系列饮食，如鱼面、鱼豆花、荔枝清炖鱼等。

2. 活动项目

（1）钓鱼比赛。每周末可举行一次钓鱼比赛活动，钓鱼数量最多者可给予某种奖励，吸引游客。

（2）钓鱼—做鱼—吃鱼。周末和节假日以家庭为单位和朋友结伴外出旅游成为人们的一种消费时尚，可以推出钓鱼—做鱼—吃鱼这项多人才能合作完成的活动，为处于忙碌的生活、工作、学习中的家庭及朋友之间提供一个沟通交流、增进感情的机会。同时，可为游客提供渔具、炊具、调料以及烹饪场所等。

（三）贵妃游乐场

唐代是我国古代娱乐文化史上一个具有代表性的黄金时代。为了尽展唐代娱乐文化，并且为游人提供一个娱乐、休闲的好场所，在坚持总体布局原则的基础上，结合园区的地形条件，特拟定在碾槽湾一带建设贵妃游乐场。

1. 建设项目

（1）球场。面积约800平方米，场地内培植耐踏性的草坪，球场周围插仿唐的旗帜。

（2）棋室。采用唐朝建筑风格，分上下两层，内部陈设如棋桌、凳子等都要仿唐，建筑面积约460平方米。

（3）滚木球馆（即保龄球馆）。仿唐建筑风格，占地300平方米，15球道。

2. 活动内容

(1) 击鞠。打马球，其打法是骑在马上，用一种"毽杖"术击球。马球多选质地坚、弹性好的木料做成，拳头大小，中空，外面涂上朱红色的漆，所谓"坚圆净滑"。"毽杖"长有数尺，也是木质，头部称杖头，呈月牙状，所谓"初月飞来画枝头"。参赛的马，一般都受过训练，不必受骑手的驱使即能自动地斡旋行止。

(2) 棋戏。包括同棋、象棋和弹棋，其中的弹棋即今天的台球游戏。

(3) 秋千。我国传统的体育娱乐活动。唐代秋千首先流行于宫女中，后来这种游戏上至大家闺秀，下及乡中少妇，在民间广为盛行，杜甫诗云"万里秋千习欲同"，正反映了民间"秋千戏"的盛行。荡秋千的黄金季节在春天，其时春暖花开，树绿草青，人们喜于户外活动。

(4) 捉迷藏。中国捉迷藏最早见于唐代，捉迷藏玩法有多种，可一人裹目捉，也可多人裹目捉，还有不裹目，让他人藏好后再捉，这种限于一定范围内的游戏深受儿童喜爱，吸引众多的儿童来参与。

(5) 斗蟋蟀。中国最早的斗蟋蟀见于唐代，将其置于盆内或瓶内，挑引、撩拨双方咬斗，以战胜者为优。

(6) 滚木球。唐代"滚木球"又称"十五柱球戏""木射"。玩时用木球从地面上抛滚出去，击打一定距离的 15 根小木柱。柱分两类，一类十根，上分别写"仁、义、礼、智、信、温、良、恭、俭、让"十个红字；另一类五根，上分别写"傲、慢、佞、贪、滥"五个黑字。抛球击中红字者为胜，击中黑字者受罚，相当于今天的保龄球。

(四) 贵妃文化广场

1. 建设项目

(1) 贵妃音乐喷泉。位于文化广场中央，是广场的标志物。喷泉中央塑杨贵妃雕像，雕像要体现唐代妇女以丰腴为美的特征，且贵妃作会心微笑状，一方面以展示"一骑红尘妃子笑，涪州八月荔香来"的美好意境，另一方面还可通过贵妃的微笑表示出笑迎天下宾客之意。贵妃雕像的塑造要有一定的高度和视觉冲击力，并采用现代高科技技术，通过五彩的激光和梦幻的水形及古典音乐如《雨霖铃》，营造出恬静优雅的气氛，为贵妃文化广场锦上添花。

(2) 梦幻舞台。位于文化广场的西南方向。梦幻舞台是各项大型娱乐节目表演的中心，舞台造型呈圆弧形，建筑风格要采用唐朝建筑风格。梦幻舞台正上方修建一个超大银屏，既可放映露天电影、录像，又可发布各式广告。梦幻舞台的背景是远山和深沟，且常常是云雾缭绕，在这种背景的衬托下，梦幻舞台显得更加古朴典雅，远远看去如仙境一般。

（3）贵妃廊。分布在文化广场的四周，集中体现多姿多彩的大唐文化，其间可布局乐天亭（即白居易亭，请著名书法家写白居易的《荔枝图序》，以此作为石刻艺术墙的序，且在亭内塑乐天像，以供游客瞻仰唐代大诗人白居易）、石刻艺术墙（唐朝的石窟艺术和壁画享有盛名，石刻艺术是展示唐文化的一种代表，主要内容是从涪州运荔枝到长安的故事，主题表现主要是"贵妃爱荔"的历史；另外还可雕刻中国古代四大美人图，以其他三大美人来衬托杨贵妃的独到之美）、诗碑林（集中古今咏叹杨贵妃及有关荔枝的诗文，由当代书法名家书写、名匠雕刻集中展示）。

2. 节庆活动

（1）唐文化艺术节。在每年三月春暖花开的季节举行一次唐文化艺术节，节日期间推出"唐玄宗上朝""杨贵妃霓裳舞"等活动，吸引游客。

（2）贵妃荔枝诗歌节、书法节。每年在荔枝成熟的季节，召开以贵妃荔枝为主题的诗歌创作、诗歌咏唱、书法挥毫等系列文化活动。

（3）唐朝书画展。展览由当代著名书法家和画家完成的有关唐文化及唐朝历史的书画。

（4）唐朝礼仪式婚典。在每年的"五一""十一""元旦"等旅游黄金时段，按唐朝礼仪举行面向大众，既有表演性，又有参与性的结婚庆典，并以此对外承办婚礼。

（5）选美节。爱美之心，人皆有之。每周可定时举行一次女子选美活动，让参加者模仿杨贵妃的神态举止，由主持人根据唐代的审美标准，从参加者中选出每周佳丽一名，被选中者可赠送一件唐朝饰品或其他礼物，以作纪念。穿插宫廷选美和民间选美两种方式。

（五）佛教文化区

本区内的陶家庙是涪陵修建得最早，也是最大的一座寺庙，但在"文革"时期被毁。借佛娱乐、借佛游春，是我国的传统，且目前的民间宗教信仰、祈神拜佛活动也常常和旅游结合在一起。因此，陶家庙的恢复重建非常必要。

建筑项目主要包括以下内容：

（1）爬山廊。象鼻山的半山腰地势相对平缓，在道路两边可修建爬山长廊，一方面可为游人提供爬山休息的场所，另一方面可在此售卖香火，为游人进香拜佛提供方便，还可在此出售各种佛教文化纪念品等。

（2）庙宇。我国汉地佛教的佛寺建筑格局一般都是坐北朝南。象鼻山海拔621米处，地势相对平缓，可在此处建筑庙宇。庙宇的建筑要坐北朝南，用地面积达600平方米。根据斜坡式的地形条件，庙宇可建成错层式结构，建筑面积可达450平方米。

（3）观景塔。塔是佛教的产物，为佛教建筑的重要形式。佛塔既能点缀风景，又可供人登临远眺。因此，在庙宇北边的一块面积达300平方米的平地上建一个观景塔。因佛教以奇数表示清白，塔的层数以单层居多，故观景塔可建成七层，高达20米。塔建成以后，游人登塔眺望，串珠状的景区格局一览无余，两江秀色及灯红酒绿的现代化涪陵城市景观也尽收眼底；除此之外，还可登塔朝看日出、暮观日落，远眺千里秀色。

（4）素食餐厅。在庙宇东侧，海拔640.6米的山地建一座面积达500平方米的餐厅。因汉族佛教认为素食可以长养慈悲心，且有禁食肉食的条文，所以餐厅主要推出各种素食，还可推出斋饭。

节庆活动以各种庙会为主。佛教中有许多传统的节日，如佛诞节（农历四月初八）、观音菩萨的三个节日（农历二月十九、六月十九、九月十九）等，在这些传统的佛教节日举办庙会，举行各种宗教仪式，并配以具有地方特色的各种表演，引来络绎不绝的游客。

四、项目配套

（一）政策保障

坚持以政府为主导，企业为主体的旅游发展策略。实行一系列的优惠政策，如投资政策、财政政策、价格及税收政策、吸引人才政策。

（二）资金筹措

为保证项目的正常运行，应当贯彻"国家、地方、部门、个人"一齐上的方针，坚持"谁投资谁开发、谁受益谁保护"的原则，培育多元投资主体，开辟多种投资渠道，主要有政府投资、银行贷款、招商引资、自筹资金四种融资渠道。

（三）建立、健全景区管理组织

在涪陵荔枝园景区的建设过程中，主要由荔枝街道办事处负责管理，其下设荔枝园旅游开发公司，在景区建设完成后，必须建立、健全景区管理组织，其组织结构如图7-1所示。

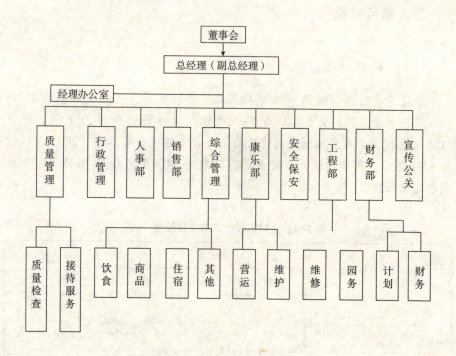

图7-1　景区组织结构

（四）实行依法治旅

积极贯彻国家及地方制定的各种旅游法规，并以相关旅游业的行政法规、地方法规及规章为依据，结合景区的实际情况，制定相应的管理制度；同时要加强旅游法规、规章、制度的执行，实行依法治旅。

（五）注重吸收和引进专业人才，加强对职工的教育和培训

景区的良性发展离不开各种专业人才，如经营管理人才、公关营销人才、接待人员、财会人员等，因此涪陵荔枝园的发展要实行各种吸引人才的政策，积极引进各种专业人才，同时还要定期对职工进行培训，建设一支高素质的旅游专业人才队伍。

五、项目效益

（一）项目财务预算与分析

涪陵荔枝园项目建设应当分期实施，滚动发展，项目建设期为三年，拟分三期投资 2493 万元，如表 7-1 所示。拟订第一期（2001 年）投资 1186 万元，主要用于基础设施建设及主要景点建设；第二期（2002 年）投资 1231 万元，用于其他景点建设；第三期（2003 年）投资 76 万元，完成剩余建设项目。

表 7-1　涪陵荔枝园旅游项目投资分析

项目名称	建设期			投资总额（万元）
	一期	二期	三期	
景区大门	△			8
荔枝种植	△	△		700
荔驿道		△		15
垂钓鱼池	△			10
水边休闲长廊	△			20
移动式水乐宫		△		100
人造鱼缸			△	30
餐饮部	△	△		50

续表

项目名称	建设期			投资总额
	一期	二期	三期	（万元）
渔具销售店	△			10
马球场		△		100
棋室		△		80
其他游乐设施		△	△	150
唐朝饮食店	△	△		120
木牌坊			△	10
贵妃音乐喷泉	△			30
梦幻舞台		△		50
贵妃廊	△			80
贵妃东宫（改造）	△			10
爬山长廊		△		20
庙宇	△	△		200
观景塔		△		30
素食餐厅		△		20
西宫		△		50
西宫花园		△	△	30
旅游商品销售店	△			20
唐装摄影摄像点	△			10
酿酒作坊		△	△	50
现管理大楼（改造）	△			10
旅游综合服务大楼	△	△		150
旅游基础设施	△	△		120
旅游附属设施	△	△		80

项目名称	建设期			投资总额
	一期	二期	三期	（万元）
环保绿化	△	△	△	50
项目管理费				60
不可预见费				20
合计				2493

注：△号代表项目所经过的建设期

根据表7-2和静态投资回收期的计算公式：

Pt=累计净现金流量开始正值的年份-1+上年累计净现金流量绝对值/当年净现金流量值

可求得涪陵荔枝园项目的静态投资回收期 Pt = 5-1+（926.4÷786.3）= 1.18（其中包括三年建设期）。

表7-2　涪陵荔枝园项目全部投资财务现金流量

年份	2001	2002	2003	2004	2005
现金流入	0	625	750	1443	1875.9
现金流出	1186	1385	499.5	673.9	1089.6
净现金流量	−1186	−760	250.5	769.1	786.3
累计净现金流量	−1186	−1946	−1695.5	−926.4	140.1
年份	2006	2007	2008	2009	2010
现金流入	2345.8	2932.3	4469.7	5139.5	5910.3
现金流出	1305.2	1652.7	1985.4	2123.9	2036.4
净现金流量	1040.6	1279.6	2484.3	3015.6	3873.9
累计净现金流量	1129.9	2409.5	4893.8	7909.4	11783.3

根据表7-2和净现值公式：

NPV-表示第 T 年的净现金流量；n-表示计算期，本项目取1-100；i_0-表示期望的投资收益率或折现率，本项目取30%，求得涪陵荔枝园项目的财务净现值为：

NPV=514.6

通过上述对涪陵荔枝园项目的静态与动态财务预算与分析得出，该项目不仅能达到30%的期望收益率，而且还有剩余盈利，说明该项目在财务收益上是可行的。

（二）项目经济效益分析

从以上模拟分析我们可以看出，涪陵荔枝园的开发能为本地带来巨大的直接经济收益；另外，涪陵荔枝园的开发建设还将为本地带来巨大的间接经济收益，从而优化本地的产业结构，带动和促进地方经济的繁荣发展。

（三）项目社会效益分析

涪陵荔枝园旅游业的发展，有利于解决当地的就业问题和优化本地的产业结构；可以促进本土文化和外来文化的交流，加快外界信息的传递，促进本地人思想观念的更新，逐步改变人们传统的消费观念，提高居民的消费档次和品位，不断提高居民的生活水平和质量。

（四）项目环境效益分析

保持良好的生态环境，是当地旅游业可持续发展的前提。因此，涪陵荔枝园的开发有利于提高人们的环境保护意识，它促使人们无论是在旅游开发还是在发展经济过程中，都把环境保护放在重要位置，有利于推动景区退耕还林还草的进行，从而有利于保护景区植被的种类，涵养水源，保持生物物种的多样性，维持生态平衡。

六、项目运作

（一）营销口号设计

三千宠爱在一身，唯喜涪州荔枝来

一骑红尘妃子笑,涪州八月荔香来

(二) 项目营销策略

根据成本费用、市场需求及市场竞争状况,实行灵活定价。

在旅游项目投产初期,主要是直接销售;待涪陵荔枝园的声誉提高,资金雄厚时,可取多渠道销售策略,通过批发商把项目产品广泛分配给零售商;继而可以根据中间商在市场营销中的作用,选择其中有利于项目产品推销的几家中间商。

采取多种促销方式,比如通过电视、报纸、杂志、广播等大众媒体以及户外广告、交通工具、专业杂志等特定媒体来传播;定期举办旅游节庆;促销人员与重点客源市场的代表性单位、团体、企业、家庭建立长期的联系;公关促销、网络促销等。

讨论与作业

> 1. 旅游项目和旅游产品的区别与联系有哪些?
> 2. 结合该案例谈谈你对旅游项目策划主要内容的理解。
> 3. 任意选取一个你所熟悉的区域,借鉴该案例给出你的旅游项目的创意。

第二节
旅游项目布局和区划

一、旅游景区项目建设的时间布局

(一) 旅游景区项目内容的时间布局

通常,在旅游景区内进行旅游项目安排时要兼顾以下几方面因素:

①旅游景区内设施、设备及旅游吸引物等资源在全年不同时段的综合利用率。如针对北方气候条件，可增加冬游项目和室内项目，塑造旅游市场新形象，调整旅游市场消费观念，开展复合旅游等。②游客采用不同交通方式出行时，交通时间花费与景区游览时间的配比问题。③按照游客情景体验需求，如何进行景区内外旅游交通景观设计和旅游项目安排，才能达到临近景区时通过沿途景观引领激发游览兴趣，进入景区后游览中持续出现兴奋点、高潮不断等预期效果。④合理安排旅游景区内游览、休息、进餐、住宿等环节，体现全方位服务理念及提高旅游景区综合收益。

（二）旅游景区项目建设的时间布局

项目建设时间的安排主要应从旅游景区自身的人力、财力、物力等条件，项目技术基础以及市场需要等方面来进行考虑。同一时间不宜安排过多的项目，过多的项目不仅会占用较多的资源，也会增加景区管理的难度。通常会根据旅游景区规划实施进度，结合旅游景区项目的重要性，相应地将旅游景区项目建设的周期分为近期、中期、远期。

二、旅游景区项目建设的空间布局

项目空间布局是从旅游景区的土地利用空间角度出发，研究既定的空间内安排什么项目及每个项目的具体位置等，关键在于把握项目与主题的关系，努力做到主题指导项目，项目服从主题。

旅游景区项目区划是旅游景区空间布局的一种表现手法，具体来说，是将旅游景区项目涉及的空间范围按照一定标准进行划分，分解为数个相互之间有一定联系又有各自特色的区域。比较常见的旅游景区空间区划模式有：

（一）根据资源特色进行划分

如莱芜市云台山景区，从游览区自然旅游资源和文化主题分析，云台山主峰及其周围山峰，有大天庭结构态势，是以道教文化资源为中心的组合区。北侧山谷是革命历史纪念地，主题明确。东北部的鹁鸽楼水库，水面开阔，岸线曲折，果林密布，是体现雅静休闲、人间趣味的特色资源。根据资源类型的不同，将全区划分为大天庭景区、革命纪念地景区和瑶池游乐景区三部分。

（二）根据文化内涵进行划分

如聊斋文化景区根据景区文化内涵，将整个景区划分为故里、故居和故事三大板块。

（三）根据旅游开发建设格局进行划分

如根据旅游开发建设格局，将沂蒙湖景区划分为八个景区，即跋山景区、沂蒙水乡景区、金牛岛景区、王子崮景区、凤落院景区、会仙院景区、千亩荷塘景区和宿山景区。

（四）根据旅游功能进行划分

如根据旅游功能的不同，将姬王崮景区划分为六大功能区，即入口区、引景区、杨家洼沂蒙民俗休闲游憩区、崮崖·姬王城自然文化景观游赏区、观光农业生产区、山林生态建设区。

（五）根据地理交通特征进行划分

如微山岛景区，根据自然地理环境和公路设施建设旅游交通结构，将景区空间划分为"一湖、三岛、一陆"和"一环、两片、两轴"。

（六）根据逻辑关系进行划分

如马陵山景区就是依据马陵之战的逻辑关系，将整个景区划分为诱敌区和歼敌区。

（七）立体划分法

如对宝相寺景区的划分，按照地理区位和文化内涵将景区划分为中轴核心区、西部佛祖生平园林区、东部佛教文化景观区三大区域；按照建筑风格划分为大门，西部佛祖生平园林区，体现古印度风貌的舍卫城，体现中国宋代风貌的宝相寺与观音院，体现东瀛、西藏与东南亚风貌异域佛教文化区；根据文化主题划分九大板块：慈航普渡、须弥神山、古宝相寺、佛祖涅槃、西方极乐世界（包括佛祖出世、成道、传道）、东方琉璃世界（包括南传、藏传、东瀛佛教文化区）、出水观音、天王护佑、王台卫城。

案例

百灵庙城镇草原历史文化旅游中心
旅游项目空间布局

　　根据对达尔罕茂明安联合旗（以下简称达茂旗）旅游资源的评价和2013~2025年达茂旗的旅游发展战略空间的布局、发展目标及战略步骤，进行"百灵庙城镇草原文化历史旅游中心"具体旅游项目的设计和空间布局。

　　紧紧依托达茂旗的政治、经济、文化和交通枢纽中心——百灵庙镇，充分挖掘其深厚的草原文化历史内涵，集中展示达茂旗的草原文化、英雄文化、红色文化、古城及岩画文化和蒙古民族文化等，全力加强城区旅游要素配套设施的建设，不断增强城镇整体吸引力和完善城镇旅游功能，使其成为我国北方草原文化魅力独特的新型旅游城镇，到2025年，把百灵庙（城）镇建成包头市达茂旗的草原文化历史旅游中心，争取建成国家4A级旅游景区，主要分为草原历史文化园区（包括百灵庙暴动与百灵庙战役纪念园和草原历史文化雕塑园）、敖伦苏木古城恢复区、世界岩画公园、百灵湿地公园、原生态马术竞技场（那达慕会场）和康熙营盘六个区域，如图7-2所示。

一、草原历史文化园区

（一）百灵庙暴动与百灵庙战役纪念园

　　百灵庙暴动和百灵庙战役是在日本侵华时期爆发的两场著名的局部战争。百灵庙暴动是在中国共产党的领导下，为了反对德王与日军的相互勾结而发动的一次武装起义。这次暴动沉重地打击了日伪势力，振奋了全民族的抗日精神，创建了一支共产党领导下的蒙古族武装力量，为日后开展抗日斗争奠定了基础。百灵庙战役是由爱国将领傅作义亲自组织指挥的一次震惊中外的抗日战役。这次战役打击了日本侵略者蚕食绥远的嚣张气焰，极大地振奋了中华民族的精神，鼓舞了全国人民的斗志，增强了团结一致、不屈不挠、战胜日本侵略者的信心。

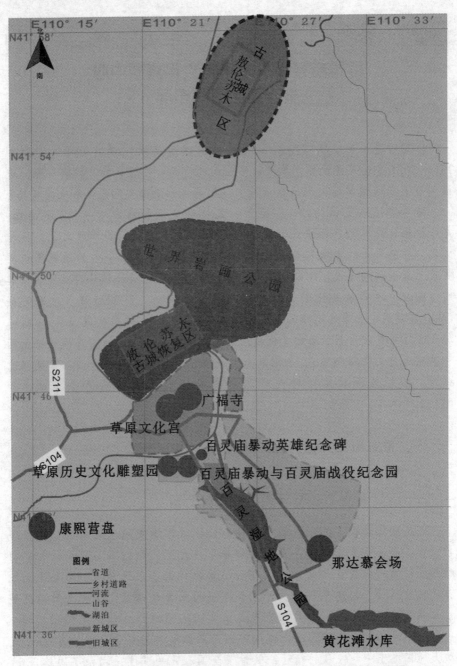

图7-2　百灵庙城镇草原文化历史旅游中心旅游项目空间布局示意图

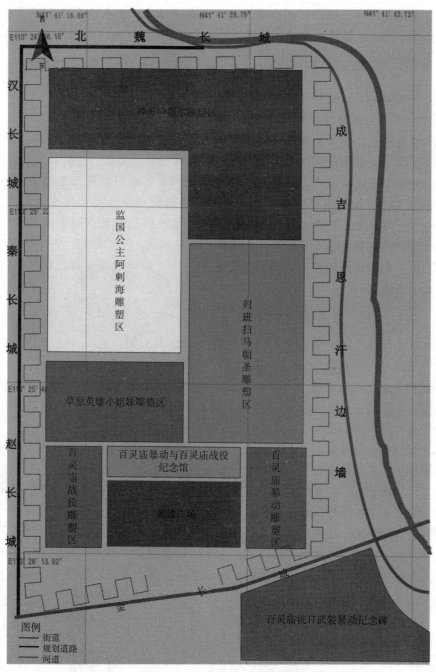

图7-3　草原历史文化园旅游项目空间布局示意图

基于百灵庙暴动和百灵庙战役的重大历史意义，依托女儿山和其上的百灵庙抗日武装暴动纪念碑，跨过 S104 公路，在其西南坡上建设百灵庙暴动与百灵庙战役纪念园，如图 7-3 所示。

1. 百灵庙抗日武装暴动纪念碑

对百灵庙英雄纪念碑进行美化修缮，使其更具地方色彩和民族特点。

2. 百灵庙暴动与百灵庙战役纪念馆

在纪念园建设百灵庙暴动与百灵庙战役纪念馆，纪念馆内分别设追思堂、展览室、放映厅、战争室等，收藏各种展览品、模型、复制品和图画，真正把游客带进一个个活生生的战争场面。利用高新科技使纪念馆不仅能给游客直观的视觉感受，更可以有身临其境般的体验。在馆内建立剧院，聘请演出团体表演战争及历史题材的节目，通过追忆和纪念历史英雄人物的丰功伟绩，使当代人和新一代人受到历史和革命的传统教育。

在英雄广场两侧分别建设百灵庙暴动与百灵庙战役雕塑群，建草原历史文化雕塑园。

（二）草原历史文化雕塑园

其主要位于百灵庙暴动与百灵庙战役纪念园西侧，包括百灵庙暴动与百灵庙战役纪念园里的百灵庙暴动与百灵庙战役雕塑群；园内设有六区，分别代表着达茂旗六张历史人物文化名片，在此集中展示达茂旗富有代表性的历史人文旅游资源，会使游客受到强烈的视觉冲击，从而对达茂旗旅游形象形成深刻的记忆。

神勇哈萨尔雕塑区主要介绍蒙元英雄哈萨尔的生平事迹，监国公主阿剌海雕塑区主要介绍成吉思汗三公主阿剌海的传奇故事，列班·扫马朝圣雕塑区主要介绍与马可波罗齐名的文化使者列班·扫马的故事，草原英雄小姐妹雕塑区主要介绍草原英雄小姐妹的故事，百灵庙暴动雕塑区主要介绍乌兰夫领导的打响全国抗日第一枪的百灵庙武装暴动，百灵庙战役雕塑区主要展示爱国将领傅作义亲自组织指挥的"百灵庙大捷"，英雄广场在草原历史文化园区入口处建设英雄广场。广场上依次排列着哈萨尔、三公主阿剌海、列班·扫马、乌兰夫、傅作义和龙梅玉荣七位古今英雄人物的雕塑。

二、敖伦苏木古城（恢复）区

跨过艾不盖河，在百灵庙镇的西北方向，部分恢复 640 多年前的敖伦苏木古城。将这里打造成不仅有着高耸雄伟的殿堂、豪华雅致的宫邸楼阁，还有鳞次栉比的街衢商店和金碧辉煌的蒙元文化等建筑物的风貌，使这里突出蒙元文化的审美内涵，尽可能地保留它特殊的审美价值。按照古城三部曲开发：马背上的帝国、驰乐园和马背上的民族。

（一）马背上的帝国

1. 古城恢复

根据古城遗址考古发现及史料记载，恢复敖伦苏木古城原有景教寺院、罗马教会堂、孔庙、王府及喇嘛庙等主要建筑。

2. 蜡像馆

建设与古城风格相契合的复古式的展厅，以栩栩如生的蜡像的形式展示三公主监国的情景。

3. 体验区

建时空穿梭厅及时空隧道，具体设计如下：

（1）时空穿梭厅。建设与古城风格相契合的复古式的时空穿梭厅，前厅陈列汪古部落的文物，介绍历史等，里室为高科技放映厅，高大的屏幕上半部为动画模拟的汪古部落时期古城的生活状况，并在一角显示敖伦苏木古城建筑年代1323年。下半部外接安放在影视城内的摄像机，同步播出影视城内的实况，一角显示当天的时间，这样上下近700年，形成直观且富有冲击力的对比。

（2）时空隧道。入口为一复古的巨大的石门，命名为"时空门"，并以地下隧道的形式，连接城外的现代和城内的古代。在隧道中设有复古式的有轨的蒙古战车，供游客乘坐，同时在隧道中利用灯光，以仿制景观等方法营造逼真的在美丽的自然景观中穿梭的氛围，让游客在穿越隧道时体会到心旷神怡，而在穿越隧道前后又可以感受到古今的巨大差异，体验千古奇特的变迁。

（二）驰乐园

1. 蒙元篇

建主题餐厅，具体设计如下。"蒙元皇家——可汗篇"主题餐厅：该主题餐厅的建筑以蒙元时期各君主的名字来命名各蒙古包，在包内用壁画的形式展现本包君主的历史事迹，并由专业人员演奏蒙古族特色乐器，让游客在品尝蒙古族特色美食的同时，享受一场视听的盛宴。"蒙元皇家——皇后篇"主题餐厅：该餐厅与"蒙元皇家——可汗篇"相呼应，每个蒙古包以历代皇后的名字命名，内部以民俗壁画形式展现其生平，并配以现场演奏的民俗特色音乐。

2. 汪古篇

分梦回汪古、购回汪古、味回汪古及宗教文化街四部分，具体设计如下。梦回汪古：复古度假村（与古城呼应），在离古城不远的地方择址建一个有1000张床位的度假村，建筑风格要求复古样式，使之成为达茂旗东部地区重要的休闲度假地点，其中可以配备一些复古式的旅馆，以解决部分游客的临时住宿问题。购回汪古：复古购物街（与古城呼应），在度假村旁仿照汪古建筑风格兴建一条古玩街，用于古玩买卖和具有复古特色的旅游商品的销售。味回汪古：复古餐厅（与古城呼应），在度假村旁兴建名为"味回汪古"的仿古食府，以复古餐饮口味和复古设施为卖点。宗教文化街：在景教教堂遗址的附近建设景教及其相关宗教的建筑（可按发展顺序建筑）。

（三）马背上的民族

1. 民族园

仿真部落生活。在旅游集散区的外围，划分区域，设立各游牧民族的部落，各自模拟真实的本部落的生活，同时给各部落安排自己独有的特色性的节目；展示各部落服饰、饮食、歌舞；可以在仿真部落生活的过程中予以体现，同时也可设立节庆活动，进行集中的展示，如部落间的篝火晚会和那达慕大会等。

2. 北方少数民族民俗文艺荟萃博物馆

完整再现达茂旗历史上曾经生活过的匈奴、汪古、突厥、契丹等20多个北方少数民族昔日的文明，展示、制作和出售各民族工艺品。

三、世界岩画公园

世界岩画公园主要通过逼真仿制技术，部分再现世界岩画的主要内容，是集科研、科普、出版和旅游于一体的世界岩画集中展示的窗口，如图7-4所示。

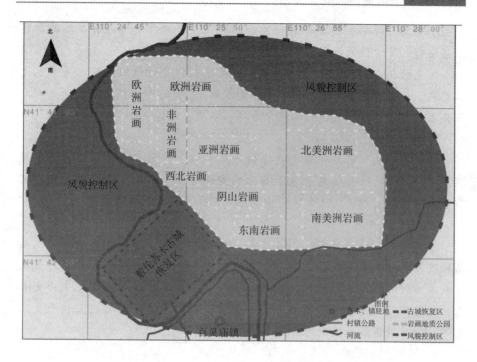

图 7-4 世界岩画公园旅游项目空间布局示意图

(一) 世界岩画园

世界岩画园主要包括我国西北岩画、阴山岩画园、东南岩画和欧洲岩画、非洲岩画、北美洲岩画、南美洲岩画。通过有选择的高质量的仿制技术，再现世界岩画代表区域的主要风貌和内容，其中重点建设阴山岩画区（见阴山岩画园）。在世界岩画内容较生动的作品附近，运用雕塑和实物等方式再现岩画中的动物、人物、车辆、器具、生产和生活的故事等。

(二) 阴山岩画园

1. 阴山岩画历史文化馆

通过图片展示、文字说明、电子设备演示及实物等展示形式，将公园内独特的地质遗迹、优美的自然景观和人文景观展现出来，充分体现阴山岩画的美丽与神奇。

馆内设 4D 影院，用现代化技术真实地还原在此生活的古代北方匈奴、敕勒、柔然、鲜卑、蒙古等游牧民族的生产、生活历史，游客身临其境犹如穿越回到了古代游牧民族的生活情景。

馆内设阴山岩画 DIY 馆。游客可以亲手制作各种与阴山岩画有关的手工艺品，在刻有文字的岩画旁设置"释义板"，供游客猜想文字的含义并写在板上，可以进行有奖销售旅游纪念品，供游客留念。

2. 阴山岩画地质广场

在阴山岩画历史文化馆前建立该地质广场，地质广场为缩小的达茂旗版图，用特殊的地面铺装来表示岩画的空间分布。广场设立若干文化墙记载岩画的由来、作者、历史等。中间陈列阴山岩画地质公园主碑。

3. 阴山岩"话"长廊

基于阴山岩画题材广泛、内容丰富及反映了北方游牧民族的生产、生活状况等特点，依据每个岩画题材，编写故事，用舞台剧、情景剧的形式来表现当时游牧民族的生产、生活和文化，并在其中设立游牧文化历史长廊，以各游牧民族的岩画为起点和导火索，用长廊的形式表述民族历史文化等，由导游讲解岩画中的历史。

4. 阴山岩画天书

用岩石制造成巨大的竖立的书的形状，寓意为每一幅岩画都是一部史书。天书首先在巨大的规模上给人以视觉冲击力。在书上刻画岩画，叙述岩画的历史和演化过程等相关知识。运用科技手段，让游客们带着专业的耳麦，走进天书的一定范围内便能听到天书上刻画内容的讲解，成为一本会说话的书。夜晚可以借助这本书作为一个电影的屏幕，播放科普岩画知识的影片等。

四、百灵庙湿地公园

依托塔尔浑河，在百灵庙东南方建立百灵湿地公园，根据区内地势条件改造地形地貌、营造植物群落和动物栖息地。

（一）挖掘百灵鸟湖

根据现有水域、草地和农用地等地形地貌进行建设和改造，主要包括：扩建和修葺河道，使其呈现百灵鸟的形状，寓意百灵鸟的故乡，与"百灵庙"名称呼应。采用不规则的、自然的形式设计岸线，供不同物种的不同需要。

湿地公园划分为核心保护区、湿地景观展示区及游览娱乐参观区。

（二）核心保护区

在湿地生态系统较完整和生物多样性丰富的区域建立核心保护区。建设鸟类及其他动物栖息地，为其取食、休息、做巢之用；保护区内不对游客开放，只允许进行湿地研究、保护、观察等工作。

（三）湿地景观展示区

核心保护区外围，设置湿地景观展示区，着重从生态多样性、物种多样性、湿地景观三方面去开发，可以设置芦苇荡、水生花卉园、水鸟馆、湿地科普区等。

（四）游览娱乐参观区

在生态系统敏感性低的区域，开展以湿地为主题的休闲娱乐活动，设置草坪休息区、水上娱乐区，为游客提供一个娱乐活动的空间。

（五）注重营造植物群落

按照植物适应性选择和种植植物，尽量不要采用园艺物种植物，使其具有一定的"野性"，且不同功能区有各具特色的植物，使其具有生物多样性。

五、原生态马术竞技场（那达慕会场）

在距离百灵庙镇东南方向 7 千米，塔尔浑河的东北方向，完善和扩建达茂旗永久性那达慕会场及其相关的基础实施。在马场内部分别设立服务区、主看台、入口广场、主会场、训练场、备用看台、商业区、马匹交易及赛马服务中心和蒙古包群，如图 7-5 所示。

其主要项目如下。

（一）游客乘骑

主要是提供各种不同大小、颜色的马匹满足各个年龄段游客的需要。

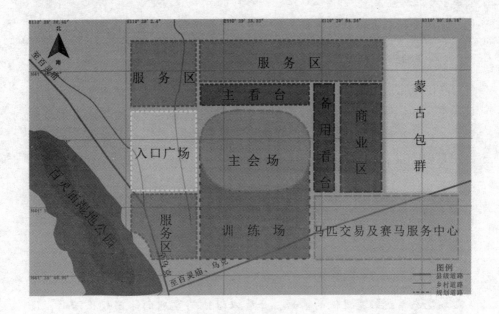

图 7-5　原生态马术竞技场（那达慕会场）旅游项目空间布局示意图

游客可以选择自己喜爱的马匹在场内驰骋。

（二）专业赛马

主要为国内外一些正规的赛马比赛提供场地。

（三）草原竞技、游艺比赛

通过与当地企业的合作，结合那达慕平台开展原生态的草原竞技、游艺比赛，邀请电视台做直播，通过选手们激烈的比赛，选拔出周冠军、月冠军、年冠军，分别给予一定的奖励。

（四）草原养马和驯马表演

充分挖掘草原原生态的养马和驯马文化，挑选技术好的当地牧民，穿着蒙古袍进行现场养马和驯马表演。

六、康熙营盘

根据资料记载并运用现代科技手段，采取仿真模拟形式，还原一个古营盘。用石头依山势砌成一个呈长方形的圈圈，墙高 1.3 米左右，东西约 60 米，南北约 40 米，营盘里保留旱井、营房残垣的痕迹，使游客身临其境，就能感觉到当年盔甲战马厮杀的声音仿佛依然盘旋在营盘的上空。

在其旁边建立一个"狼性训练营"，主要为游客和达茂旗本地及周边学校提供一个户外训练场地，设计独特的且富有思想性、挑战性和趣味性的户外拓展训练项目，培训人们的团队意识，提高人们的情商和培养积极进取的人生态度，比如攀岩、高空抓杠等。这些素质拓展训练也可以进行安全知识的教育，既可以培养和提高人们的素质，也可以起到普及科学知识的目的。

针对周边学校及其来这里旅游的游客举办户外训练活动。

讨论与作业

1. 影响旅游景区项目的时间布局的因素有哪些？
2. 常见的旅游景区项目空间区划模式有哪些？
3. 结合案例，谈谈你对旅游景区项目空间布局的理解。

第八章

旅游形象策划

本章导读

　　伴随着旅游业竞争的日趋激烈，旅游形象策划已经成为区域旅游业增强旅游吸引力和竞争力的必要手段。旅游形象除了对旅游者的旅游活动产生重要影响之外，还引导着旅游产品、旅游营销的发展方向。因此，独特、鲜明、准确的旅游形象是旅游规划的重要内容之一。

　　旅游形象从旅游者的角度讲，是旅游者通过各种传播媒介或实地经历所获得的由多种意念要素汇集而成的印象总和，它是旅游者对旅游地的主观印象；从旅游地的角度讲，它是有选择地提炼旅游地固有的各种资源要素，形成具有代表性的对外宣传形象，继而对旅游者进行意念传播，它反映着旅游地的客观形象。

　　我国对旅游形象问题的研究开始于 20 世纪 90 年代，目前比较流行的是将企业形象识别系统（Corporate Identity System，CIS）理论导入旅游形象设计，进而形成旅游形象系统（Tourism Image System，TIS）理论。旅游形象系统一般是在详细分析规划区域地脉、文脉、受众调查的基础上，进行形象定位。在形象定位的基础上导入 CIS，从而形成三个子系统构成的统一、系统性工程。三大子系统分别为理念识别（Mind Identity，MI）、视觉识别（Visual Identity，VI）和行为识别（Behavior Identity，BI）。

第一节
旅游形象策划

　　旅游形象是旅游者进行旅行决策的关键性因素之一，旅游规划不能无视这一重要因素。

　　旅游形象市场调研是旅游形象策划的基础环节，通过市场调研才能明确旅游形象现状，在分析现状的基础上才能策划符合市场需求的旅游形象定位。首先要进行旅游形象的市场调研。通过市场调查首先明确旅游形象的现状，从而明确设计目标。旅游形象的市场调查主要包括旅游者信息调查和旅游形象构成要素调查两个方面。旅游者信息调查是个体信息调查。而旅游形象构成要素调查主要包括旅游知名度、美誉度和认可度调查。旅游形象市场调查很难有可靠的现成资料，往往需要通过问卷调查、电话访问、网上调查、与旅游者座谈等方式获得第一手信息。

　　旅游形象的策划不仅需要考虑市场需求，也需要客观分析自身状态。旅游规划地旅游形象影响因素可以分为地脉和文脉。地脉和文脉最早由陈传康等提出，地脉是指一个地域的自然地理背景，文脉是指一个地域的历史、人文背景。地脉是一个地域旅游形象的物质基础，基本包括地理位置、气候状况、地形地貌、生态环境、生物种类等因素。在旅游策划过程中需要对地脉进行要素分析和加工，但是这种加工是有限度的。而地域的文脉，包括历史遗迹、文化风俗、古代建筑、园林等因素，也是可塑性较大的。

　　旅游形象策划中的理念识别常用来指导旅游形象定位。理念识别系统规定了旅游形象系统的整体方向性，是整个系统的中枢系统。理念识别系统是指规划地因历史文化内涵、价值观、形象定位和发展目标的不同，而区别于其他旅游地的整套系统。理念识别系统需要确定的内容包括旅游地理念识别、形象定位和旅游口号拟定。

　　旅游形象策划中的行为识别系统的作用为管理旅游服务质量、约束居民行为和指导外部市场营销。行为识别系统的建立目的是设计尽力使旅游地旅游相关人员的思想管理和动作行为趋于一致性，指其动态行为应在理念识别的指导下进行。

　　视觉识别系统是理念识别系统和行为识别系统的具体化和可视化表现。视觉形象必须具备清晰、易懂的特征，还必须在突出地方特色的基础上，使众多、分散的人工符号在确定空间范围内形成统一的形象特征。

案例 1

广西巴马旅游形象调查

一、旅游形象调查知识点

旅游形象调查涉及的内容有旅游地知名度、美誉度和认可度。

旅游地知名度是旅游者和潜在旅游者对旅游目的地知晓程度的衡量，其计算公式为：

知名度＝(知晓旅游地的人数/总人数)×100

旅游地美誉度是旅游者和潜在旅游者对旅游地是否喜爱和认可的衡量，其计算公式为：

美誉度＝(赞赏旅游地的人数/知晓旅游地的人数)×100

旅游地认可度是对旅游者把旅游地的产品和服务纳入自己的消费对象的可能性程度的衡量，其计算公式为：

认可度＝(行为人数/知晓人数)×100

二、广西巴马旅游形象调查

(一) 调查的内容

了解巴马现有旅游形象，即调查该旅游地的知名度、美誉度和认可度；了解旅游者对巴马的本底感知；了解旅游者对巴马旅游形象的内容认知和影响旅游地形象的主要因素；了解不同地区旅游者对巴马形象认知的差异；重点了解巴马长寿养生旅游形象的影响因素；了解旅游者对旅游地形象认知的途径；了解旅游者对旅游地的实地感知及满意度；对客源市场进行分析。

(二) 调查基本情况

2014 年 3 月，在巴马选择了五个有代表性的景点，对其游客进行了抽样调查，为保证抽样结果的科学性，调查人员在各旅游点按照随机原则访问游客。调查人员携带问卷当面访问被访者，当场回收问卷，共计访问 300 名游客，其中有效样本数为 298，问卷有效回收率为 99.5%。

为了进一步扩大调查范围，2014 年 3~4 月在全国性问卷调查网发放网络电子问卷，回收电子版有效问卷 102 份。收集的调查问卷内容不仅包括游客对巴马旅游的本底认知、旅游的总体印象、直接感知和信息来源等方面，还涉及游客的来源地、年龄、收入、工作性质、受教育程度等基本信息。

被调查人群性别分布均衡，年龄段在 15~44 岁的占调查总人数的 38.25%，旅游者以中老年为主，文化程度达到高中以上的占大多数，大学本科以上的人数占总调查人数的 31.24%，职业构成多样化。

（三）调查结果分析

1. 游客对巴马的本底感知形象分析

通过 SPSS 和 Excel 软件对调查结果进行统计分析，发现游客对巴马的本底认知形象基本情况是：有近 1/3 的人表示"不了解"，其余将其认知为"长寿养生之乡"的占 1/4，"少数民族风情"占 19%，而认知为"自然山水美景"的占参加调查总人数的 1/5，其余认知为"红色旅游地"的占 8%。

巴马属于知名度不高而美誉度较高的区域，有近 1/3 的人表示对巴马"不了解"，而了解巴马的人对其表示赞赏的较多。

巴马被大家认知的旅游形象是"自然山水旅游地"和"长寿养生地"以及"民族风情旅游地"，三者中"民族风情旅游地"的认知较其他两者低，"自然山水美景"的形象认知略低于"长寿养生之乡"。

2. 游客对巴马的直接感知形象分析

游客对巴马的直接感知将会影响到其对巴马的重游率。本次调查了解了巴马游客对巴马旅游的总体评价和具体评价。

游客对巴马的总体评价为"好"和"较好"的占 70%，说明巴马在各方面基本得到了游客的认可，其美誉度较高。

在具体评价中，巴马的自然风光和生态环境得到了大部分人的认可，但对于旅游服务和住宿接待条件游客的评价较低，只有 20% 左右的人认为好或非常好，其他都认为一般或不好。对交通状况的满意度一般，认为好和非常好的总共只占 37%，可见整个巴马的旅游形象在这方面表现不尽如人意。

3. 不同地区游客对巴马形象认知的比较

将巴马的游客分为本地游客、周边地区游客、外省游客、港澳台地区游客和国外游客几大类，从抽样调查结果来看，巴马的游客中有 10% 来自本地（河池市境内），广西区内游客占 38%，区外国内游客占 47.2%，港澳台地区和国外游客占不到 5%，可见目前巴马的旅游市场主要以国内游客为主，巴马打造国际长寿养生旅游度假胜地任重而道远，但其发展潜力巨大。

本地和周边地区游客对巴马自然生态良好的形象认识较高，而本地人对长寿养生的认识一般，周边地区对长寿养生旅游地的认知较高。自治区以外的国内游客和境外游客对巴马的形象认知不足，均有超过 60% 的人称其对巴马不了解；境外游客对巴马是少数民族地区有一定认知。

总体来看，通过对巴马形象认知的调查可以得出以下结论：巴马的核心旅游资源长寿养生文化及长寿养生旅游资源在国内外的知名度不高，特别在自治区以外的地区普遍较低，而在自治区内，"自然生态"的认识度又略低于"长寿养生"，这说明巴马旅游形象品牌建设对于核心形象品牌的建设力度和宣传力度不够，巴马要打造国际长寿旅游度假胜地的目标显然和巴马的形象现实有一定差距。巴马旅游形象设计与塑造关键是摆脱不利和反面的形象，如服务设施落后、交通不便等负面形象，提高游客满意度；充分挖掘和利用优质的旅游形象因素，如长寿养生和自然生态旅游形象；此外还要重视形象的传播，减少对其不了解的游客数量，提高知名度。

根据调查，结合本身资源特点，巴马的旅游形象定位为世界生态长寿之乡。

讨论与作业

1. 旅游形象调查包含的内容有哪些？
2. 本案例从哪几个方面分析了旅游资源的形象现状？
3. 根据案例总结旅游形象调查的步骤。

案例2

凉城旅游形象地脉、文脉分析及
理念识别系统构建

　　形象定位是在考虑到市场性和地方性分析的基础之上，对旅游地各方面发展的全面的、整体的、准确的表达，从而阐释旅游地的关键旅游形象。它是对旅游区域产品的准确诠释，一方面应该努力地表现旅游地的地方性资源，另一方面又不能太过烦琐，要简单明白，给游客以想象的空间，激发游客出去旅游，是旅游形象的设计前提。

一、凉城县旅游形象脉络分析

（一）地脉分析

1. 山水凉城

　　凉城县境内的山脉均属阴山山脉支脉，有蛮汉山和马头山两个山系，主要山峰分布于县境北部和南部。其中，蛮汉山海拔 2305 米，其山顶为县境的最高点。

　　境内主要河流有弓坝河、五号河、步量河、天成河、永兴河、苜花河、索岱沟河、太平寨河等，分属岱海、永定河、黄河三大水系。其中，岱海湖形似海棠叶，属半咸水湖泊，长约 25 千米，宽约 10 千米，最宽处达 14 千米，水面面积为 160 平方千米，最低处海拔为 1205 米，平均深度为 7 米，最深处达 17 米，为盆地内地表水和地下水汇聚的场所，水面高程 1225 米，蓄水量为 13 亿立方米，是内蒙古自治区的第三大内陆湖。

2. 生态凉城

　　凉城县地处中温带半干旱大陆性季风气候区，但这里气候宜人，环境优雅，冬季温而不寒，夏季凉而不闷，是内蒙古少有的集森林、草原、山水于一体的圣地，境内北亘蛮汉山，南衔马头山，中怀岱海滩，总面积 3451 平方千米，东西长约 82 千米，南北宽约 73 千米，素有"七山一水二分滩"之称，森林覆盖率 58.8%，是全国百佳绿化县之一，全年无霜期109~

125 天, 平均年降水量 427 毫米, 平均日照 1629.7 小时, 全年有效积温 2430℃, 年均风速 2.6m/s, 平均海拔 1731.5 米, 最高 2305 米, 最低 1158 米。

凉城县森林资源丰富, 北部蛮汉山为天然次生林主要分布区, 白桦、山杨和灌木遍布沟掌、陡坡及山顶, 位于中段的二龙什台于 1993 年被命名为 "国家级森林保护公园"。人工林遍布全县, 以岱海盆地、中南部丘陵区为多, 主要树种有落叶松、樟子松、油松、云杉、杨树、槐树、榆树、旱柳等。近年来, 通过大力实施退耕还林 (草)、天然林保护、京津风沙源治理等项目工程, 生态环境得到进一步改善, 造林面积年均以 10 万亩、48 万株的速度递增。全县森林覆盖率达到 26.7%, 林草覆盖率达到 58.8%, 木材总蓄积量 149.531 万立方米, 年生长量 4 万立方米, 采伐量 1956.8 立方米。

岱海湖在历史上文字记载甚详, 汉代称 "诸闻泽", 魏曰 "盐池", 宋元称 "鸳鸯泊", 明称 "威宁海", 清代蒙古人谓 "岱嘎淖尔", 清末民初称 "岱海", 沿用至今。岱海湖是以生态水系为特征的自然景观, 有 "高原仙湖" 之称, 旅游资源主要体现为岱海湖面、山体、草原、芦苇以及与之息息相关的生物资源。

3. 高原凉城

凉城县地处内蒙古高原南部, 大青山南麓, 长城, 地貌复杂多样, 以山地丘陵为主, 四面环山, 中间滩川, 怀抱岱海。中低山地由北部的蛮汉山和南部的马头山构成, 占全县总面积的 47.83%, 海拔高度在 1158~2305 米; 丘陵分布在岱海盆地周围和后营、曹碾乡南端, 占总面积的 23.46%, 海拔在 1300~1500 米; 陷落盆地平原有岱海滩、水泡滩及后营盆地, 占全县总面积 24.20%, 其中岱海盆地最大, 占全县总面积 6%; 山间盆地分布在中低山地和丘陵区之间, 平缓, 阶梯发育差, 多呈洼地, 占总面积的 4.51%。

(二) 文脉分析

1. 历史凉城

凉城早在距今 6000 年前的远古时代就有人类繁衍生息, 是历史上中原经济文化与草原经济文化交流的结合点和军事要冲。从战国的赵武灵王胡服骑射, 开辟疆土, 到秦汉时代与匈奴长期对峙, 从南北朝拓拔珪北魏政权的形成和发展, 到成吉思汗、忽必烈、康熙帝在这一带的活动, 以及抗战时期根据地的建立，都在凉城留下了一道道历史痕迹，为我们提供了挖掘不尽的历史文化内涵，如表8-1所示。

表8-1 历史名人与凉城县渊源

历史名人	渊　源
胡服骑射的明君——赵武灵王	赵武灵王（约公元前340~前295年），名雍，战国时期赵国国君，杰出的政治家、军事家、改革家。他所推行的"胡服骑射"政策，对于当时赵国乃至以后中国社会的发展都产生了积极的影响。赵武灵王实行"胡服骑射"，不但适应了同周边国家的军事竞争，最重要的是解决了以代郡和邯郸为代表的两种文化、两种政治势力造成的南北分裂局面。战国时，凉城属赵国代郡，位于西北边境，是赵武灵王向西拓疆的军事根据地和"胡服骑射"政策的实践区域
戍边良将——李牧	李牧（？~公元前229年），战国时期赵国人，杰出的军事家、统帅，官至赵国相，受封赵国武安君，是继廉颇、赵奢之后赵国最重要的将领。赵国在公元前309年赵武灵王时期，李牧带兵独当北部戍边之责。据史料记载，"苍鹤径"即为现在凉城境内的"石匣子沟"，是当时北方少数民族进入中原的必经之路。赵国为扼守此通道，在径口之南修筑城堡取名为"参合城"（即现在凉城县永兴镇板城村），并派李牧驻守此关。李牧常年驻守北部代郡、雁门郡（今山西代县西北）边境地区防御匈奴，他根据实际情况，采取有力措施加强了军队的战斗力，有效地防备了匈奴的侵扰
拒敌阴山的飞将军——李广	李广（？~公元前119年），陇西成纪（今甘肃静宁成纪乡）人，西汉著名军事家，曾做过骑郎将、骁骑都尉、未央卫尉、郡太守，镇守边郡（雁门郡一带），被称为"飞将军"。汉代雁门郡领14县，其中善无、沃阳（凉城古称）、中陵三县都是当时雁门郡的军事重镇，对稳定边关、保卫中原发挥了积极作用
北魏开国皇帝——拓跋珪	北魏道武帝（371~409年），北魏王朝的建立者，386~409年在位，出生于凉城县参合陂北部（今凉城县岱海镇榆树坡村），鲜卑族拓跋部人。先世曾建立代国，为符坚所灭。淝水战后，他乘机复国，初称代，不久改称魏，皇始二年（397年）攻破后燕都城中山（今河北省定县），拥有黄河以北地区，成南北朝对峙之势。次年建都平城（今山西省大同）。他使鲜卑人分地定居，从事耕种；任用汉族地主官僚，加速鲜卑社会发展。晚年政事苛暴，被次子拓跋绍杀死

历史名人	渊　源
关山万里代父从军——花木兰	北魏太武帝年间，突厥犯边，花木兰女扮男装，代父从军，征战疆场多载，屡建功勋。花木兰还多次参与了北魏兵伐柔然的战争。据史料记载，花木兰曾在岱海滩一带驻军征战，给凉城人民留下了美好的印象。为纪念这位巾帼英雄，2005 年，凉城在县城东出口建了花木兰雕塑
贺龙	1945 年 10 月至 1946 年 1 月，晋绥军区贺龙司令曾率部三进凉城，展开了革命活动。为了纪念贺龙同志的卓著功勋，凉城县人民政府于 1987 年建立和修缮了贺龙革命活动旧址
郑天翔	1914 年 9 月 9 日，郑天翔出生在现在的六苏木镇南方子村。1935 年，郑天翔参加了北平学生组织发动的"12·9"抗日救亡活动，1936 年，加入了中国共产党，1937 年入陕北公学学习，曾任中共晋察冀北岳区委宣传部科长、阜平县委副书记、绥南专署专员、中共中央华北局宣传部科长，新中国成立后，历任中共包头市委副书记、书记、包头市市长、中共北京市委副书记、书记处书记兼秘书长，第七机械工业部第一副部长、部长，航天工业部顾问，最高人民法院院长，是中共七大、八大、十二大代表，中顾委委员

2. 文化凉城

凉城县坐落在内蒙古高原南原，地处中原与北方的扭结地带，是古代中原通往云中的必经之地，亦是中原民族与北方少数民族进行经济、文化交流的桥梁。它既吸引了中原的先进文化，发展了自己的民族特色，又对中原文化的向北传播及之后中原与各民族的大融合起着不可估量的重要作用。也因此，高原凉城有高原特有的穹庐顶的蒙古包、饮食，蒙古高原"胡服骑射"的习俗等高原文化，同时被历史赋予特有的地域文化，包括西口文化、移民文化。

"走西口"是清代以来成千上万的晋、陕等地老百姓涌入归化城、土默特、察哈尔和鄂尔多斯等地谋生的移民活动。"走西口"这一移民活动，大大改变了内蒙古地区的社会结构、经济结构和生活方式。同时，占移民比例极高的山西移民，作为文化传播的主要载体，将山西的晋文化带到了内蒙古中西部地区，使当地形成了富有浓郁山西本土特色的移民文化。晋文化作为农耕文化的一部分，通过人口迁移，与当地的游牧文化相融合，形成了富有活力的多元文化，如表8-2所示。

表8-2 鲜卑文化与凉城

类 别	内 容
鲜卑族的迁徙	鲜卑族先秦时已活动于大兴安岭中部与北部，其名则始显于东汉初年，语言、习俗与乌桓同。秦、汉之际匈奴灭东胡，乌桓、鲜卑并受匈奴役属。汉武帝大败匈奴，徙乌桓于上谷、渔阳、右北平、辽西、辽东五郡塞外，鲜卑人随之南迁乌桓故地饶乐水（今西拉木伦河）流域，一部分（拓跋部）则南迁至大泽（呼伦贝尔草原）。东汉初，乌桓内迁，鲜卑又因之迁到五郡塞外。北匈奴西迁，鲜卑进至匈奴故地，并其余众，势力渐盛。汉桓帝时，首领檀石槐建庭于高柳北弹汗山（今山西阳高西北），组成诸部军政联合体，东、中、西三部各置大人率领。魏晋时期，北方草原上活动的主要是鲜卑各部
鲜卑族在凉城	北魏共历17帝，171年，是鲜卑族拓跋部建立起来的少数民族政权。385年，15岁的拓跋珪趁前秦灭亡、北方混乱的机会重兴代国，牛川即位，定都盛乐，又在次年即386年改国号为"魏"，是为"北魏"。395年，后燕太子慕容宝率10万大军进攻北魏。拓跋珪退到黄河以南（今内蒙古鄂尔多斯地区）。后燕大军历经3个月没有找到北魏的主力，加之消息阻隔，军心不安，慕容宝烧掉渡船准备退兵，拓跋珪亲率精锐主力部队从捷道伏兵于参合陂（今岱海北岸地区），与慕容宝大战，大败慕容宝于参合陂，这是拓跋珪进入中原前的一次决定性战争，从此北方很快统一。398年，他将国都从盛乐迁到平城（大同），并自称皇帝
凉城的鲜卑古文物	1962年9月，东十号乡小坝子滩，文物都是金银器，有官印、镶嵌动物形戒指、动物形饰件、动物纹饰牌和耳坠等。金印共有两方，印面长宽各约2.2厘米，驼钮，印文为篆书阴文"晋鲜卑归义侯"和"晋乌丸归义侯"各六字。银印一方，印面长2.1厘米，宽2.15厘米，也是驼印，印文是篆书阴文"晋鲜卑率善中郎将"八字。以动物纹或动物形铸成的装饰品，其中一件金饰牌的背面刻有"猗㐌金"三字

二、凉城县旅游形象策划

(一) 凉城县旅游形象理念识别系统

1. 一级理念：清凉胜境·休闲福地·山水凉城

理念诠释：以"山水"概括凉城县旅游资源特色，凉城县四面环山，山岳景观优良，尤以北部蛮汉山、南部马头山为优；岱海是内蒙古境内第三大湖泊，岱海温泉是区域内唯一的天然自涌温泉。可见，凉城县山水资源突出、组合条件优越。以"休闲"定位凉城县及岱海景区自然景观休闲和文化休闲的旅游发展方向，福地是天然洞金山卧佛的护佑之地，也是佛缘之地。定位于此最大的优势在于，以"山水、避暑、休闲"为特色的旅游资源与内蒙古中西部地区主体旅游资源如草原、沙漠等形成很好的互补，对一级市场客源有强烈的吸引力。

2. 二级理念：温泉养生之乡·凉爽休闲之城

理念诠释：侧重突出凉城最重要的旅游资源温泉和避暑气候，凉城温泉是呼和浩特周边地区唯一的天然自涌温泉，水质优良，历史悠久，文化底蕴深厚，在当地有很高的知名度，规划中也把温泉列为最重要的旅游资源，迎合当地时代养生的消费需求。而凉城的名称里就包含了凉爽、清凉的意境，因此把温泉和凉爽的气候条件综合起来形成休闲度假的氛围，打造名副其实的休闲度假胜地。

3. 三级理念：拓跋珪故里·生态宜居地

理念诠释：突出凉城县资源和区位优势，突出草原岱海、生态景观、历史文化、民族风情等特点，全力打造"领略草原天池的壮丽景观、解读北魏王朝的历史渊源、体味皇帝沐浴的切身感受"的旅游地形象。

(二) 分区形象定位

根据旅游资源的空间分布、品位、特色与组合条件，结合与主要客源市场的交通联系与差异选择，确定凉城县旅游业"一心两廊三区六片"的空间格局。其中，"六片"是凉城县重点打造的六大旅游片区：岱海旅游度假区、永兴湖旅游区、蛮汉山旅游度假区、洞金山旅游区、岱海温泉小镇、马头山旅游区。

针对六大区域的资源特色和文化底蕴，对各区形象定位如下：

（1）岱海旅游度假区：环湖草原、避暑胜境。

（2）永兴湖旅游区：高原湿地、生态凉城。

（3）蛮汉山旅游度假区：林海、草地、运动、休闲。

（4）洞金山旅游度假区：草原圣境、岱海佛缘。

（5）岱海温泉小镇：休闲水城、风情小镇。

（6）马头山旅游区：马首镇关、遥望岱海。

（三）形象口号策划

口号是旅游形象的最重要缩影，也是旅游形象理念中心思想的灵魂所在。因此，形象定位经常借助口号的力量进行宣传、表述。其表达方式简洁明确，宣传效率高。

温泉养生之乡·凉爽休闲之城

山水凉城·休闲岱海

中原要塞·口外明珠

上山下海·极致体验

诗画山水·魅力凉城

养生温泉·边塞凉城

山海云天，度假胜地

清凉胜境，避暑天堂

品味生活从这里开始

关外休闲地，高原生态游

神山秀水，西口风情

观岱海，泡温泉，品北魏风情

温泉森林岱海，凉城邀请您享受休闲人生（呼包大城区）

温泉草原、林涛岱海，凉城邀请您体验边塞风情（电视）

凉城，凉爽之城（北京）

温泉度假胜地，滨水休闲中心（呼包大城区）

上山下海去，温泉养生游（呼包大城区户外）

三净之地（净山、净水、净空），魅力凉城（呼包大城区报纸、广播）

浪漫并不遥远，近在凉城岱海（呼包大城区报纸、广播、户外）

蛮汉花香，岱海鱼肥，金秋下凉城（呼包大城区报纸、广播、户外）

　　江南离你那么远却又那么近——凉城欢迎你（呼包大城区报纸、广播、户外）

讨论与作业

> 1. 凉城县的旅游形象定位是如何反映其独有的地脉和文脉的？
> 2. 旅游形象理念识别系统包括哪些内容？如何识别？
> 3. 成功的旅游形象口号体现了哪些原则？评价凉城的旅游形象口号体现了哪些地方特点？

案例3

杭锦旗旅游形象视觉识别系统

一、杭锦旗旅游形象要素分析

（一）自然环境要素

　　杭锦旗位于鄂尔多斯高原西北部，地处鄂尔多斯高原与河套平原交会处，在黄河"几"字湾里，库布齐沙漠横亘东西，黄河流经境内242千米，留下数万亩沃野，也形成了独特的塞外风光。

　　杭锦旗自然旅游资源具有多样性，有堪称世界奇观的库布齐特大响沙带、美丽神秘的七星湖、具有神奇疗效的摩林河温泉、水鸟翔集的黄河故道马头弯、花香袭人的万亩马莲滩，还有广袤的鄂尔多斯草原，以及历史悠久的朔方古郡、扑朔迷离的大漠神光等神奇景观，令人叹为观止，流连忘返。

　　1. 要素一：黄河

　　流经这里的黄河宽达3千米的河谷水网密布、纵横交错，三盛公水利枢纽、黄河铁路大桥、22座跨河浮桥将滚滚河水拦腰截断，133千米长的黄河灌渠干支相连；32万亩现代农业基地整齐划一。

时至春分时节，黄河开河过程中，碎裂的浮冰在向北推进过程中，因气温变低，冰块越积越大，后冰推前冰，冰块相互拥挤而形成高达3~5米，甚至更高的冰坝，其绵延可达数十千米。

北部的黄河沿岸景观与南部的梁外草原遥相呼应，在库布齐沙漠的衬托下，形成了草、沙和水三位一体的综合旅游资源开发优良态势。

2. 要素二：沙漠

据史料记载，库布齐沙漠形成于汉代，随着自然和人类的变迁，沙漠面积由小变大，总体趋势是由西北向东南方向扩展蔓延。库布齐沙漠是我国第七大沙漠，也是距北京、天津最近的沙漠，位于黄河以南的鄂尔多斯高原北部边缘，沙漠总长400千米，宽度为30~80千米，总面积61万平方千米，形状为东窄西宽的条状形。库布齐沙漠神奇莫测，变化多端，一望无际，新月状、垄状、蜂窝状沙丘纵横交错，穿插叠复，谷底红色、丘顶黄色，形成彩色沙丘，是杭锦旗最响亮的旅游龙头资源。

南北宽5千米的响沙带，在晴好天气，人行其上或坐在沙面上顺坡下滑时，周围表层的黄沙便随人一起下滑，同时发出如同蛙鸣的呱呱声，随着下滑速度的加快或数人同时下滑，沙鸣声逐渐加大，像汽车飞驰，飞机掠过，直至沉雷轰鸣。如遇强风天气，劲风吹至高大沙丘顶部的黄沙在背风坡整层滑落，可自然发声，轻者如有人在拨琴弦，忽有忽无，若隐若现，重者如同滚地雷由近及远传播出去。

位于响沙带腹地，即穿沙公路27千米敖包附近的高大沙丘顶端，多次出现神光，有白色、红色或彩色，形态呈放射状、鸟状或飘带状，出现时间在晚上7~12时，使绚丽多彩的库布齐沙漠更加神奇莫测。

3. 要素三：草原

鄂尔多斯草原夏季绿草如茵，一望无际，核心区由一个蒙古大营和200多个蒙古包组成的蒙古包群设计独特，别具一格，万亩马莲滩丛丛马莲相连成片，坦荡无垠，夏季盛开的马莲花仿佛又把绿茵如毯的整个河川谷地铺上了一层紫色的地毯。

4. 要素四：温泉

摩林河温泉，是由几十个水泉组成的温泉群，泉水呈碧绿色，43℃的温泉水冬夏常溢，清澈透明，水中含有20多种微量元素，对养生保健益处甚多。其附近的五彩砂泉，在泉眼中，随着汩汩上冒的泉水，红色、黑色、黄色、绿色、白色的砂粒石子上下翻滚，星星点点，俯视泉眼，如同观看万花筒，堪称奇泉。

5. 要素五：湖泊

杭锦旗的湖泊代表是位于库布齐沙漠腹地的道图（七星湖），由七个天然湖泊依北斗七星状串联而成，是黄河故道的冲击湖，形成库布齐沙漠中最大的绿洲湿地。这里水面开阔、芦苇遍野、飞鸟成群、鱼翔浅底，最大的大道图面积达 15 平方千米，为杭锦旗第二大湖泊、第一大淡水湖，湖滨绿草如茵，建有高档度假别墅、蒙古包、牧家乐等旅游接待设施。新落成的库布齐沙漠会议中心和中心餐厅，极具地方特色，外形酷似蒙古族男、女帽子，2007 年 8 月 6 日定为《国际沙漠论坛》的永久会址。清晨日出时分，黄沙丘顶、湖中、湖滨出现三日同辉奇观，可谓名胜奇景。

（二）人文环境要素

杭锦旗已有 2000 多年悠久历史，自古即为多民族交流、融合之地。早在远古时期，先民即在这块美丽的土地上繁衍生息，创造灿烂文化，并形成锡尼镇南、吴家油房、高起祥村、宋银宝梁、道劳乌素等新石器时代古人类遗址。秦始皇三十二年（公元前 215 年），秦朝在河套北部轩置九原郡，本旗当时属九原郡。汉初，旗境悉归朔方郡，境内有广牧县、朔方县、沃野县、大城县、渠搜县、呼道县、修郡县、曾设州、路建制。汉武帝时期，动用 10 余万人，耗费"数十百巨万"，于杭锦旗沙日召地区再建朔方城，为朔方郡治。清顺治六年（1649 年）清朝在鄂尔多斯设旗，本旗时名右翼后旗，1914 年，伊克昭盟各旗归绥远特别区（1929 年改省）。1949 年 9 月 19 日，绥远省和平解放，是年 12 月，杭锦旗人民政府（后改为杭锦旗人民自治政府）成立，1954 年 6 月，绥远省撤销，本旗隶属于内蒙古自治区伊克昭盟。1956 年，达拉特旗十三区的二圪旦湾、芒哈图二乡划入杭锦旗。此后杭锦旗建置、境域未做大变动，延续至今。

1. 西河郡遗址

西河郡遗址是汉代遗存下来的古城遗址，古城依山傍水，长方形墙基南、北、西三面断续可见，是古城汉代时西部地区的重要城池之一，东西长 1446 米，南北宽 1100 米，城内砖瓦、陶片遍地，亦向游人诉说着古城曾经的辉煌。据考古挖掘，城西中部为官署区及商业街横街以及铸钱遗址和铸造兵器的场所。在古城的东、南、西三面山梁上，分布有墓葬千座以上。

2. 普提济渡寺

普提济渡寺（原名什拉天棉图庙）位于杭锦旗巴音乌素化工区境内，是内蒙古自治区西部最大的寺庙，建于清朝同治年间，毁于"文革"，曾三度被毁又三度修复。该寺是现任国家政协委员、北京市政协常委、中国佛教协会副会长、北京雍和宫持图布丹·加木扬的出家地，改革开放后他对该寺的恢复建设做了大量的工作。该寺重修于2006年，寺内巴拉登巴日贡大塔高33米（地上地下共计七层），小塔、苏格庆大殿、甘珠尔殿、护法殿、四大天王殿均气势恢宏，殿内金碧辉煌，神像、金佛、经书分层错落有序，陈设古老淳朴，汉白玉释迦牟尼雕像矗立在庙前广场上，庄严肃穆。普提济渡寺的建筑形式和装饰手法，体现了汉、藏两种庙宇建筑风格，形象生动，别具一格。殿内佛像传神，色彩绚丽，壁画形象逼真。

3. 阿拉腾敖包

阿拉腾敖包是杭黎德部落迁往宝日陶亥时，为祭祀哈日芒乃淖尔盐湖而修建的，已有500余年的历史，是历史上鄂尔多斯各旗王爷的公祭敖包，经2006年重建后，由直径18.9米、高13米的主敖包和周围13个小敖包组成，苏力德高高屹立于大敖包顶端，每年农历五月初三有数万人来这里祭祀，参加那达慕大会。

二、杭锦旗旅游形象的视觉符号识别系统设计

（一）名称

杭锦旗——多彩的战车部落。名称是游客认知旅游地的起点。一个好名称，可以产生强烈的吸引力。杭锦旗在对外宣传上不易与公众进行沟通，在进行旅游形象宣传时，把杭锦旗的汉语意思表达清楚，在公众心目中建立杭锦旗与黄河、草原、沙漠和温泉的紧密联系，给游客一个不一样的内蒙古草原。

（二）杭锦旗旅游标识

随着旅游业的发展，旅游地标识已渐渐为人们所重视，成为旅游地形象的标志。建议以招投标方式请专业人员拿出多种设计方案，经充分认识

后，组织投票确定。建议设计以沙漠为背景的战车标识。具体标识设计建议如下：

标识为铜制的圆形结构，以连绵起伏的金黄色沙漠为标识背景，前景中心是一辆古铜色的战车，战车是双轮毂的铜制结构，斜向左上呈45°角，寓意勇往直前，战车前辕抽象成腾飞的战马，似有非有，通过抽象成战马形状的车辕，赋予战车动的灵魂，车后方颜色凝重，车前进方向颜色明快，预示奔向光明，远离黑暗。整组画面协调统一，动静互补，明暗呼应。

（三）杭锦旗旅游标准字、标准色

文字是旅游地视觉识别系统中最常用的符号之一，它的统一性能传达一种独特的旅游形象。旅游区在旅游系统内的办公环境、办公用品、设备、招牌、橱窗广告、交通工具、陈列室、文件、门票、宣传材料等统一标注标徽和使用标准色、标准字。建议杭锦旗旅游形象标准色为代表以上七种资源的七种颜色。

（四）杭锦旗旅游象征性吉祥物

采用生动有趣的吉祥物来宣扬旅游地独特的个性，容易博得公众的喜爱，达到广泛传播的效果。而且，吉祥物可以通过多种方式加以利用，促进旅游地的多元化经营。杭锦旗旅游吉祥物可考虑采用七色卡通战车形象。

（五）杭锦旗旅游形象代言人

选择在现代社会经济生活中具有较大影响力的公众人物，作为杭锦旗旅游形象代言人，借助其社会影响力扩大杭锦旗旅游知名度。在确定旅游形象代言人时应注意保持代言人本身与杭锦旗旅游形象之间的内在联系。

（六）杭锦旗旅游户外广告

户外广告主要有旗帜、条幅、标识牌、路牌或方向牌、导游图、灯柱广告、模型广告、气球广告等形式。户外广告因其散布于旅游地各处而成为旅游地景观的一部分。户外广告的设计首先要考虑到与周围景观的和谐搭配。

讨论与作业

1. 旅游形象视觉识别系统包含的内容有哪些？
2. 如何进行旅游形象视觉识别系统设计？

 案例4

达尔罕茂明安联合旗视觉展示区域

一、达尔罕茂明安联合旗旅游形象理念

达尔罕茂明安联合旗（简称达茂旗）的旅游形象理念为"钢城的草原 青城的花园 休闲的达茂"。

达茂旗旅游形象的区域旅游形象理念，主要针对达茂旗旅游的一级市场呼包鄂及区内其他周边地区。由于达茂旗是内蒙古自治区19个边境旗（市）和23个牧业旗之一，旗政府所在地百灵庙镇素有"草原码头""陆路口岸"之美称，拥有1.6万平方千米的原生态优质牧场，名胜古迹众多，人文景观独特。这里距包头市仅160千米，包头素有"钢城"之称，所以称达茂草原为"钢城的草原"是实至名归。这里距呼和浩特市也仅158千米，呼和浩特市也被人们称为"青城"，是内蒙古自治区的首府，达茂旗优美的景色，宜人的环境，是名副其实的"青城的花园"。正是有这样得天独厚的地理位置条件和自然天成的草原美景，再加上古韵悠久的草原神秘文明，让达茂旗浑然天成般地成为四方游客流连忘返的休闲之地，而达茂旗也立志将这里打造成休憩、闲适的旅游胜地。所以，"休闲的达茂"既是达茂旗的现状，更是未来达茂旗旅游发展的趋势。

二、达茂旗视觉识别系统

对于达茂旗旅游地名称、旅游地标徽、旅游地标准字体、旅游地形象

代表、旅游地吉祥物、旅游地纪念品、旅游地交通工具、旅游地人形象、旅游地企业形象这些能给游客视觉冲击的要素，对游客所处的边界处入口、汽车站、公路收费站、各旅游观光点等视觉形象区位，需要进行系统的整体设计。

1. 徽标设计

在达茂旗旅游形象整体徽标设计中，要重点体现达茂旗具有代表性的大旅游资源希拉穆仁草原、阴山岩画、哈萨尔祭奠堂、敖伦苏木古城、草原英雄小姐妹等，要突出生态、文化、休闲、民族风情和热情好客的达茂旗。其具体设计如图8-1所示。

图8-1 达茂旗旅游标识设计意向

设计说明如下：

（1）整体以蓝色、白色、绿色为主色调。蓝色代表天空、长生天，象征神秘和永恒，体现美丽、智慧、安详和休闲；白色代表朴实与善良，象征纯洁与神圣，体现信任与开放；绿色代表生态与宁静，体现生机与希望。

（2）标志中部飞马由五彩哈达白色、红色、黄色、蓝色、绿色组成，白色象征白云，红色象征火一样的热情，黄色象征大地，蓝色象征蓝天，绿色象征美丽的草原。马是中国旅游标志中的代表性符号，也是蒙古族的代表性动物（马背上的民族）。马头以祥云点缀，与中国旅游标志"马踏祥云"设计要素相吻合，从而锁定了旅游标志的特性。飞马整体线条流畅，富有速度感。下方波浪形绿色区域，代表广袤的达茂草原，也与达茂旗"南高北低"的地势相吻合。

（3）飞马上方的蒙文"达尔罕茂明安联合旗"，进一步锁定了标志的地域性和民族特色。

（4）整个标识寓意达茂旗源远流长、深邃无限和令人神往的草原文明，象征达茂旗草原人民热情、奔放与好客，更体现蓝天、白云、草原和休闲的主题，是"神秘草原 休闲达茂"旅游形象的集中体现。

（5）标准色值和字体。

标准色值为蓝色 C = 100，M = 0，Y = 0，K = 0；红色 C = 0，M = 100，Y = 100，K = 0；黄色 C = 0，M = 0，Y = 100，K = 0；绿色 C = 60，M = 0，Y = 100，K = 0。标准字体为圆内中字，华文新魏；拼音为 Arial。

2. 视觉景观形象设计

（1）窗口形象。对达茂旗及呼包鄂等主要旅游集散地、交通枢纽等进行整体装修与广告设计，加大各交通出入口附近的绿化面积，树立大型的旅游宣传广告牌。

（2）街景风貌。重点展示达茂旗神秘的草原历史文化和休闲文化，在百灵庙镇、希拉穆仁镇和哈萨尔纪念区等重要景区建相应主题的文化广场、商业广场，体现达茂旗集草原、文化、休闲、娱乐与艺术等融为一体的构想。

（3）建筑风格。对不同主题的重点旅游区域进行贴合其主题的建筑风格整体规划，使整体建筑基础的色彩和造型与周围景色环境相呼应，营造一个和谐宜人的建筑空间环境。

（4）古迹风貌。尽可能保持原有特色，对历史文化遗迹进行重点保护，对古镇、古村、古建筑的空间轮廓线、街巷民居轮廓线进行妥善保护。

讨论与作业

1. 旅游徽标设计考虑哪些因素？
2. 选择一个熟悉的区域，设计其旅游徽标。
3. 理念与旅游视觉形象设计的关系是什么？
4. 视觉景观设计主要针对哪些地区？

案例5
山东省"好客山东"旅游形象行为识别

旅游地服务是旅游者在旅游地活动中的核心环节，它指旅游者在旅游地发生的一切服务行为。而旅游服务形象来自服务行为发生过程中每一个与旅游者接触的岗位形象。

一、"好客山东"旅游形象口号及形象标识解析

作为旅游大省，山东省的旅游形象口号也是不断发展和完善的，最初的旅游形象口号是由市场自发形成的"一山一水一圣人"，体现了强烈的资源特色。"一山"指的是中华民族象征之一的泰山；"一水"指的是以趵突泉为主的水资源；"一圣人"指的是对中国人影响深远的儒家文化创始人孔子。

2002年山东省的旅游形象口号变为"走近孔子，扬帆青岛"。"走近孔子"这一形象定位首先突出了儒家文化作为鲁文化的核心地位，并准确地概括了山东旅游文化的面貌和独特之处。青岛作为2008年奥运会水上运动主办城市，"扬帆"形象展示了青岛的综合实力和生机活力，侧面突出反映了山东的旅游形象。

2007年末，经过广泛的市场调研和创意策划，山东省的旅游形象口号变为"文化圣地，度假天堂"。此旅游形象广受好评是因为它既体现了山东的特色，又兼顾了旅游消费需求。

纵观山东历史，上下五千年，代有圣人出；横看齐鲁大地，青山秀水田园美，碧海蓝天气象新。如此丰富的资源和多样的功能，用任何一个具体的产品或文化符号都难以概括。而"文化圣地"则浓缩了山东厚重的文化积淀和灿若星河的历史文化名人，只一个"圣"字，便高度体现了山东在中国历史文化中的位置和文化旅游产品的博大精深。

休闲度假旅游是世界旅游消费的趋势和潮流，山东处于中、日、韩"旅游金三角"的核心位置，距离亚洲两个最大的客源输出国韩国和日本最近，同时又位于长江三角洲和环渤海地区两大国内客源地的中间位置，双

重的市场结构对山东的高端度假和文化体验产品有着旺盛的市场需求。"天堂"二字，十分形象地概括了山东度假产品的优美环境、优秀品质、优良服务和优质的体验。

山东省为推广旅游形象口号也推出了山东新旅游形象标识"好客山东"，如图8-2所示。

图8-2 山东新旅游形象标识

山东旅游形象标识，结合了传统元素与现代设计的新动向，通过文字符号图形化设计融汇古今元素，突出"山东 Shandong"与"山东人"最核心的形象表达："好客 Friendly"。同时，绚丽的英文符号色彩组合与汉字字体"山东"以及一枚清晰的"好客"朱文印章，共同组成了这个文化气息浓厚、充满愉悦感的现代标志。

"好客山东 Friendly Shandong"，是对山东旅游最生动、最直接的信息传递。"有朋自远方来，不亦乐乎？"两千多年传承下来的齐鲁待客之道，从未改变。中英文的组合设计方式也是国际化趋势的要求所在。

山东旅游形象标识，将中外、古今的语言、文字、设计元素融合到一起，以丰富的色彩变化，对应山东深厚的历史文化底蕴和独特的休闲度假魅力，丰富、动感、亲切，构成强烈的视觉冲击。以五岳之首、大海之滨、孔孟之乡、礼仪之邦的整体形象，结合"山东、山东人"的"好客之道"，以"诚实、尚义、豪放"的鲜明个性，传递特色化、国际化的现代形象与文化意识。一个饱含"山东人"热情的充满感召力的新形象，构成强烈的视觉记忆。这一形象标识通过多角度、多层面的立体化推广和应用，可以形成丰富的信息传递，增强山东旅游形象的社会认知度，也将唤起更多更强烈的对山东乃至中国文化的向往、求知与探索欲望。

二、山东省"好客山东"旅游形象行为识别

山东为更好地落实"好客山东"旅游形象，在 2009 年针对星级饭店、旅行社、旅游景区、旅游交通、旅游购物等旅游服务部门出台了《"好客山东"旅游服务标准》。

(一) 术语和释义

本标准采用术语和释义——"好客山东 Friendly Shandong"

"好客山东 Friendly Shandong"，是山东旅游形象标识，该标识通过文字符号图形化设计，突出"山东 Shandong"最核心的形象表达——"好客 Friendly"，是对山东旅游最生动、最直接的信息传递，是对山东旅游服务特色的高度概括。

(二) "好客山东"服务环境

1. 旅游形象标识的使用

在旅行社名称标牌上设山东旅游形象标识。

在营业厅放置山东旅游形象标识牌。

在旅行社业务用品，如导游小旗子、太阳帽、旅行包、旅游背心等旅游纪念品上设山东旅游形象标识。

在办公用品及对外交往的信笺上印制山东旅游形象标识。

在工作人员的名片上印制山东旅游形象标识。

2. "好客山东"服务礼仪

(1) 问候礼仪。各类旅游场所工作人员见到客人时，应主动问好，微笑致意，礼貌待人。问候语可说"'好客山东'欢迎您""早上好""中午好""晚上好"等，并视情况行鞠躬礼、握手礼、抱拳礼、招手礼等礼节。

(2) 迎送礼仪。各类旅游场所接待客人时，应提供迎送礼仪服务。接

待 VIP 客人或重要旅游团队时，应在机场、饭店、旅游景区等场所举行欢迎仪式，必要时赠送具有山东或当地特色的旅游纪念品、工艺品、吉祥物等礼仪赠品。送别客人时应说"祝您一路平安""欢迎您再来好客之乡"等送别语。

（3）服务礼仪。①旅行社迎接客人时，导游员应致欢迎词，介绍山东省或当地风土民情、历史文化、经济社会发展取得的成就等情况，向客人发放含有游览行程、旅游须知、旅游咨询电话、旅游投诉电话等内容的《"好客山东"服务卡》，提供方便周到服务。为客人安排团队餐时，应适当安排具有山东或当地特色的菜品及风味小吃。送别客人时，导游员应致欢送词，并祝客人一路平安。②旅游景区讲解员（导游员）要持证上岗，游览讲解要做到生动活泼、富有吸引力。未经客人同意不得随意减少内容，更不得随意增加额外收费游览项目。

（4）文明旅游礼仪。对客人以礼相待，一视同仁，尊重客人风俗习惯和宗教信仰。净化旅游市场秩序，优化旅游市场环境。

（5）诚信旅游礼仪。诚信为本，宾客至上，童叟无欺，竭诚服务。

（6）旅游投诉礼仪。受理客人投诉快速及时，做到有投诉必接，有投诉必解决。

（三）旅行社服务规范

1. 旅行社从业人员基本要求

热爱祖国，维护国家利益和民族尊严，遵守社会公德，遵守《旅行社管理条例》等国家法律法规和行业规章。

有良好的职业道德，诚实守信，维护旅行社企业形象和商业信誉。

遵守工作纪律，热爱本职工作，严格按照国家旅游局颁发的《导游服务质量标准》《旅行社国内旅游服务质量》《旅行社出境旅游质量标准》等行业标准，尽职尽责完成工作任务，努力为客人提供优质服务。

导游人员应认真学习导游业务知识，不断提高导游技能技巧，努力掌握丰富的政治、经济、历史、地理以及国情、省情、市情、风土习俗等方面的知识。

导游人员为客人讲解，应做到语言准确、生动、形象、流畅、富有表达和适度幽默感，注意使用礼貌用语。导游服务方式、方法应灵活多样，讲究艺术。

导游人员上岗时应佩戴导游证，着工装或指定服装，服饰整洁、得体，行为举止端庄、大方、稳重，态度亲切、和蔼，不得有不合礼仪的举止言谈。

2. 接团准备

组团社应及时与接团社以及航空、铁路、公路、航运等交通客运部门确认旅游团社计划的各项安排，确保准确无误，并保留书面确认记录。

接团社应按照组团社要求，以及制订接待计划。制订接待计划应做到内容清楚、格式规范，标明服务标准、特别要求和有关注意事项。

接团社应做好旅游团沿途机（车）票、住宿、就餐、购物、车辆、文娱活动等服务项目的预订工作，不得出现漏订、重订、错订现象，并适时告知各接待单位，予以确认。

接团前，导游和其他人员应认真阅读接待计划和有关材料，了解掌握旅游团队名称、人数、性别、职务、国别地区、宗教习俗等情况，及时掌握客人在住宿、用车、游览、用餐等方面是否有特殊要求，是否有老弱病残等需要特殊服务的客人。

导游人员应及时落实为旅游团队提供交通服务的车辆车型、车号和驾驶员姓名，与驾驶员确定接头地点并告知活动日程和具体时间。

导游人员应熟悉掌握旅游团队所住饭店位置、概况，核实旅游团所需房间数目、类型等情况。

导游人员应掌握并随身携带有关旅行社、饭店、餐厅、车队、景点、购物商店、娱乐场所、全陪和其他服务人员的联系电话。

导游人员应准备核实客人抵达时间、地点，带齐导游证、社旗、接站牌、结算单等必备物品。

3. 接团服务

导游人员应提前30分钟抵达接站地点或预定位置等候客人到来。

客人出站时，导游人员应站在明显位置，举接站牌或社旗，主动认找需接旅游团队，经核实组团社、全陪等名称均相符后，确定迎接旅游团队，避免发生错接事故。

客人抵达后，地陪应及时与全陪沟通，核对旅游团客人名单、人数、住房、交通等有关情况和要求。如有变化，应尽快通知旅行社做出相应安排。

导游人员应及时协助客人将行李集中放在指定位置，提醒客人检查自己的行李物品，带齐随身行李。若发生行李破损、丢失等情况，导游人员应积极协助客人到有关部门办理行李查询或赔偿申报手续。

客人集合后，导游人员引导客人前往乘车处，站立车门旁，搀扶或协助客人上车。上车后，导游人员应协助客人就座，并礼貌清点人数。客人到齐坐稳后，请司机开车。

前往下榻饭店途中，导游人员应向客人作自我介绍，并介绍驾驶员和其他服务人员，致简短欢迎词，宣布日程安排及注意事项，并向客人介绍当地市容、民俗、沿途风光等有关情况。

抵达饭店前，导游人员应向客人介绍饭店内就餐形式、地点、时间，并告知下步活动安排和出发时间、地点，向客人说明自由活动外出时的有关注意事项，如记清饭店名称、地址、联系电话等。

到达饭店后，导游人员应协助客人办理住宿手续，协调帮助客人尽快拿到行李，并提醒客人寄存贵重物品。

导游人员应掌握全团客人所住房间号，认真检查团队客房是否清洁、设备是否完好，引领客人入住。

4. 游览服务

旅行社应科学合理安排客人游览活动内容、时间、路线。

导游人员应严格按照旅行社确定的接待计划，安排客人的旅行、游览活动，不得随意减少、增加旅游项目。

遇有特殊情况确需改变旅游线路时，导游人员应请示旅行社同意后，对日程安排予以调整，并及时做好各个环节的衔接工作。

导游人员应利用就餐时间了解客人身体状况，向客人重申出发时间、乘车或集合地点，提醒客人带好手提包、摄像机、照相机等随身物品。

游览出发前，导游人员应提前10分钟恭候在车门旁，照顾客人上车。赴景点路途中，应向客人问候，告知当天行程、天气预报、重要新闻和有关注意事项，简要介绍拟参观景点的情况，并根据客人特点、兴趣或要求，穿插介绍有关历史典故、风土人情等，热情回答客人提问。

到达景点下车前，导游人员应向客人宣布集合时间、地点、车牌号以及参观游览中需注意事项等。集合后发现客人有未到时，导游人员要沿游览路线返回寻找，必要时，通知旅行社协助寻找。

导游人员应合理调度安排游览进度，保证在计划的时间与费用内，让客人能充分地游览、观赏景点，做到讲解与游览相结合，集中与分散相结合，给客人留有摄影时间，使游览充实、轻松、愉快。

游览过程中，导游人员根据不同客人特点，运用不同导游手法和技巧，有针对性地讲解，做到内容准确、条理清晰、语言生动、手法灵活、繁简适度，增加客人游兴。讲解时不得掺杂有反动、黄色、低级穷趣味等不健康内容。

游览中，导游人员要适时提醒客人注意人身安全，在行走困难的地段，要注意照顾年老体弱者，以防发生意外。

全天游览活动结束后，导游人员要主动向全陪、领队征求意见、建议，共同协商，及时妥善解决当日游览过程中遇到的问题。

5. 餐饮服务

旅行社所选餐馆环境整洁，设施符合好客服务要求，提供的食品、饮品符合国家食品卫生的规定和要求。

旅行社应向客人公开就餐标准，不得擅自降低餐饮标准，要求餐馆明码标价，确保膳食质量。

导游人员要及时熟悉掌握就餐餐馆位置、设施及餐饮特色，确认日程安排中旅游团每次用餐人数、标准、时间、地点及特殊要求等情况。

导游人员要及时了解掌握客人饮食习惯，并向餐馆反映，提出建议、意见，适当调整饭菜品种和口味。

就餐时导游人员应引导客人入座，并做好相应安排，向客人介绍餐馆设施及菜肴特色等情况。

导游人员要注意饭菜质量和上菜速度，客人饭菜上齐后，导游人员方可就餐。

导游人员应在客人餐位附近就餐，以便随时解决客人在就餐过程中出现的问题，解答客人在就餐过程中的提问。

6. 购物服务

旅行社应安排旅游团到信誉好、有特色、价格公平的购物场所购物。

导游人员应按照旅游计划日程，安排购物时间、地点、次数，不得擅自增加购物次数。但如果旅游团中多数客人要求增加购物次数，在与全陪协商并告知接团社后，可予以满足。

客人下车前，导游人员要告知客人购物停留时间和有关购物的注意事项。

导游人员应主动热情协助客人选购商品，介绍商品性能，并协助客人办理商品托运手续。

导游人员应提醒客人索要并保存购物发票。若发现所购商品有质量问题，导游人员应协助客人交涉退换、处理索赔。当时无法解决的问题，导游人员要代为客人继续交涉，直至妥善解决。

导游人员要及时提醒客人在自由购物时，注意选择购物场所，避免上当受骗。

导游人员不得向购物商店索取回扣，不强行兜售或包办代替，不得向客人推销伪劣商品，不得要求客人为自己购买商品。

7. 送团服务

导游人员应根据客人预订航班（车次）时间，留出充裕时间，确定客人行李交送和出发时间、地点，并及时通知客人。

导游人员应协助客人办理退房和私人账目结账等有关事宜。行李集中后，导游人员要认真清点行李，办理交接手续，并主动提醒客人检查随身行李物品是否带齐。

在前往机场（车站、码头）途中，导游人员应致欢送词。

到达机场（车站、码头）下车前，导游人员应再次提醒客人带齐随身行李，照顾客人下车后，检查车内有无客人遗留物品。

对乘飞机离开的客人，导游人员应协助客人办好登机和行李托运手续。对离境的客人，导游人员应在客人所乘飞机起飞后方可离开机场。如遇天气或其他原因，临时取消航班（车次、船次），不能离开所在城市时，应注意争取全陪合作，做好说明解释工作，稳定客人情绪，并立即与机场有关部门联系，协助安排好客人食宿。

客人离去后，对客人委托事宜，导游人员应认真办理，并及时向客人回复。

接团任务结束后，导游人员应认真及时地做好接团小结、导游日志等记录，按规定整理好团队档案，做到一团一档。

8. 销售服务

旅行社在经营活动中应按照规定的经营范围开展经营活动，要诚信经营，遵守商业道德，不得超范围经营。

旅行社设计推出的旅游产品及产品广告应符合国家法律法规及行业标准的要求，特色突出，适应客人需求。

旅行社制作的旅游产品广告、图片、导游图、招贴画等各类宣传品应设计新颖，文字通俗易懂，内容准确无误，不能用模糊、不确定用语故意误导、欺骗客人，不得进行虚假广告宣传。

旅行社应对客人提供服务的餐馆、住宿、交通、娱乐等各接待单位进行认真考察，经考察合格的，方可作为旅行社定点接待单位，并建立各定点接待单位业务档案。所选定点接待单位的经营环境、设施设备、食品卫生等方面应符合国家有关规定和要求。

旅行社应向客人提供各种有关旅游产品的详细资料。资料应标明价格及相应的餐饮、住宿、交通等服务标准。内容应具体、翔实、全面，方便客人选择。

旅行社销售人员应熟悉产品特点、介绍及相关的旅游资源、设施、交通情况，积极向客人推荐旅游产品，耐心向客人解答各种业务咨询。

旅行社向客人出售旅游产品应与客人签订规范的旅游合同，合同内容应符合国家和行业有关规定，合同要使用规范的语言文字，表述清晰，避免因表述不清引起客人误解，造成纠纷。

旅行社应按照合同约定的内容和标准为客人提供服务。

9. 安全工作

旅行社应建立严格的安全管理规章制度，明确岗位职责，制定安全应急措施，实行24小时安全值班制度，认真搞好旅游安全教育培训，加强监督检查，确保把安全工作落到实处。

旅行社应按照国家有关规定办理旅行社责任保险，并根据客人要求，协助客人办理人身意外伤害险等险种，投保范围、内容、金额等要向客人公布。导游人员要熟悉保险索赔业务知识，熟练办理有关手续。

旅行社租用车辆，应该选择经营信誉好、管理水平高、各类保险齐全、营运手续齐全的旅游汽车公司，以及责任心强、技术过硬的驾驶人员，所租用车辆符合国家旅游局颁发的《旅游汽车服务质量》行业标准，并与旅游汽车公司签订《旅行社旅游团队接待用车合同》，明确旅行社与旅游汽车公司之间的义务和责任。导游人员带团前应详细询查车辆安全有关手续。

旅行社应充分考虑影响行车安全的各种因素，合理安排旅游行程。

导游人员应及时提醒、监督驾驶员遵守交通安全有关法律法规和规定，及时纠正驾驶员疲劳驾驶、超速驾驶等违章行为，确保行车安全。

　　导游人员要适时提醒客人注意安全，不要擅自进入危险区域，提醒客人看管好所带财物，防止发生丢失、被盗现象，正确处理各种临时情况，遇有险情，要沉着冷静，不擅离岗位，积极排除险情。

　　导游人员不应带领客人到没有安全保障的地点游览参观。在游览过程中，遇有可能危及客人人身安全的紧急情况时，应及时调整行程，并立即报告旅行社。

　　导游人员在旅游途中应主动照顾客人安全上下车，陪伴照顾好年老体弱者，每天乘车出发前要清点人数。

　　一旦发生意外安全事故，导游人员应迅速采取救援措施，并及时将事故有关情况通知旅行社和有关部门，旅行社应立即派员赶赴现场，配合有关部门做好救援及善后处理工作。

　　10. 质量监督与投诉处理

　　旅行社应建立健全旅游服务质量监督和投诉处理制度，设部门专门负责旅游服务质量监督和投诉处理工作。

　　旅行社应按有关规定实行导游服务质量反馈制度，向客人发放《导游服务质量征求意见表》，并在行程结束时收回，强化对服务质量的监控。

　　旅行社应严格按有关规定处理投诉。旅行社投诉受理人员应耐心倾听客人申诉，认真做好记录，及时调查了解情况，核查事实，在规定期限内做出处理意见，向客人做出答复。投诉处理完毕后，旅行社要将投诉记录、证明材料、调查处理结果、答复信函等有关材料整理归纳。

讨论与作业

　　1. 旅游形象行为识别的涉及群体或者部门包含哪些？

　　2. 旅游形象中的理念识别、视觉识别和行为识别的关系是怎样的？

第二节
旅游形象推广

旅游形象策划出来后，需要推广进入市场接受旅游者的检验。旅游形象市场推广的主要手段如下：

其一，人员推广，是利用与旅游者的直接或者间接接触宣传旅游形象。一方面可以在旅游地通过旅行社、酒店、景点（区）的工作人员及当地居民，借助旅游宣传册向游客宣传旅游形象；另一方面也可以在客源地设立机构，派出人员进行客户端宣传与维护；甚至可以邀请客源地知名的作家、明星、其他有影响力的人员深入到目的地实地考察，提高文章、图画等宣传旅游形象。

其二，广告推广，宣传效应明显，旅游形象可以通过户外广告、大众传媒广告、各类印刷品及利用网络等通信工具进行宣传。

其三，渠道推广，主要是借助旅行社的力量，宣传、推广目的地旅游形象。

其四，公关推广，形式比较多样，可以是选择举办大型节庆活动来进行推广，也可以找到合适的形象大使负责宣传。

 案例

商都县旅游形象识别系统及推广方案

一、商都县旅游形象识别系统

（一）理念识别

综合考虑商都的地脉、文脉、人脉、旅游开发的主要方向、城镇形象气质，商都旅游形象首先需要突出商都的文化内涵，其次要体现商都的山水生态环境。鉴于此，对其旅游形象的理念做以下界定：

1. 一级理念

一级理念为草原商道·山水驿站、北国石林·商旅之都。

商道文化是商都最具特色的文化类型之一，其中"张库大道"是草原丝绸之路的重要构成；大石架石林是商都最具开发价值和潜力的旅游资源，也是商都未来打造核心旅游产品和品牌形象的关键吸引物。"草原商道·山水"和"北国石林·商旅之都"的理念，都以商都的资源和文化特色为基础，又暗含了商都的名字，是对商都旅游形象的抽象提升。

2. 二级理念

二级理念为草原丝绸之路上的山水驿站；塞外商旅地·休闲新领地；旅游处女地·生态大商都；塞外石林·休闲商都。

"山水驿站"第一个层面的意义是指山水旅游的驿站，通过这四个字告诉旅游者，商都是山水自然旅游产品的重要节点和环节；第二个层面的意义是将商都的山水生态环境与商都六台、七台、八台的商旅驿站文化相结合，因此，山水驿站也就是草原丝绸之路上的休憩据点。"商旅之都"点名商都的商旅文化特色，塑造商都文化之都的气质和特色。"塞外商旅地·休闲大本营"将商都的地理区位、文化特色与休闲旅游的功能融合在一起，前半句点名自身特质，后半句阐释功能导向。"旅游处女地·生态大商都"着力突出商都的生态自然品质以及未被开发的原生状态。

（二）视觉识别

其是指在理念基础指导下，根据地脉、人脉、文脉构建商都旅游形象的行为形象、视觉形象、听觉形象和风情形象等子系统，主要为旅游宣传口号、旅游 LOGO、商都旅游服务形象和绿色游客引导形象等内容。

旅游 LOGO 的设计十分重要，通过鲜明、独特的图案，简单的方式，把旅游产品更快捷地推向世界，形成持久的视觉效应。基于商都旅游形象理念定位，对商都旅游 LOGO 作以下设计，如图 8-3 所示。

（三）听觉识别

旅游口号是以目的地所处的自然、社会环境为背景，以目的地的景观资源为基础，将目的地最具优势的特征加以提炼，概括成一句口号，以达到打动旅游者、激发其亲临实地一游的欲望的目的，如表 8-3 所示。

图 8-3　商都旅游 LOGO 设计

表 8-3　商都旅游产品的宣传口号

对　象	宣传口号
商都	草原商道·山水驿站 你我的风景，尽在商都 北国石林·商旅之都 商都：草原丝绸之路上的山水驿站 塞外商旅地·休闲大本营 旅游处女地·生态大商都 塞外石林·休闲商都 苍茫之旅·文化商都 商都：邂逅激情，体验苍茫 商都：山、水、石的家乡 商都：草原丝绸之路上的明珠 商都：京津后花园，度假新去处 自驾游，去商都!
西山石林	到西山石林，寻找最真的自己 西山石林：有一个美丽的传说，这里的石头会唱歌 西山石林：媲美云南石林的塞外石林 塞北石林，绝美商都!
莲花寺	黄教圣地，心灵禅修 莲花寺：静听莲花盛开的声音

（四）行为识别

1. 服务形象

服务形象主要体现在旅游服务人员的服务标准化和服务个性化两个方面。商都旅游服务人员要有崇高的敬业精神。在大规模旅游景区或接待服务场所，服务人员应统一着装，挂牌持照上岗，提供方便、快捷、无干扰的服务，让游客充分体会欣欣向荣的旅游服务员工的文化内涵和素养。景区周边社区居民要仁信待客，做到热情、礼貌、朴实；在义务咨询、义务导游、宽厚待客、微笑相助、邻里和睦、共同发展等方面，要充分体现"民风淳朴，民风优良"的人文理念。管理工作人员必须有强烈的敬业精神和较强的业务素质，在市场调查、产品推广、公共关系、促销活动、公益文化活动、内部管理等方面，处理问题快而迅速、公正而有技巧。有关旅游服务形象相关的部分内容会在人力资源规划板块中详细阐释。

2. 游客形象

商都及境内各旅游区要切实强化自身的宣教功能，实现对旅游者的引导和生态教育，使游客能够体验到在商都旅游的休闲氛围和休闲气质，并进而通过游客的口口相传和关联效应，实现商都旅游形象的传播和散布。游客形象主要体现在旅行前、旅行中和旅行结束后等几个不同阶段。在每一个阶段，都需要将商都的产品特色、民俗风情、文化特质、形象口号等通过不同方式传播给游客，使其产生文化认同和记忆关联。

二、旅游品牌结构体系

品牌建设是旅游地开发建设的重点目标之一。对商都而言，绝大多数山水及文化资源，目前都处于待开发状态。随着商都旅游的快速发展，其旅游产品结构将会进一步完善，旅游功能也会实现由当前传统观光向休闲度假功能的转变，从而为商都旅游品牌的构建提供前提和基础。

商都的品牌结构包括以商都为整体打造的一级品牌、以核心景区打造的二级品牌，以及以各片区特色旅游项目打造的三级品牌。

（一）一级品牌：北国石林

根据商都的资源品质及未来产品开发方向，结合商都旅游形象的设计和打造商都旅游的一级品牌，主要以西山石林为核心，打造"石林之都"的品牌形象。商都县的西山石林面积广阔、景观壮阔、完整性好、具有较高的观赏价值和游憩体验价值，是商都最具开发潜力和最容易被旅游市场认可、接受的旅游品牌。

（二）二级品牌：山水驿站

根据商都的旅游形象定位，以及未来旅游产品的开发方向和功能定位，"山水驿站"是商都需要重点打造的二级旅游品牌。从商都周边旅游市场来看，将山水旅游资源合并开发，从而形成有吸引力的山水旅游产品精品旅游地还很少见。商都境内的西山石林、麻黄山、铜顶山、公鸡山，以及察汗淖尔湖、不冻河水库、八股地水库等山水资源丰富，景观效果好，具有打造综合型山水观光体验旅游产品的天然条件。在今后的旅游开发过程中，通过"驿站"的形象和方式，将商都境内优质的山水旅游产品串联起来，形成"山一程、水一程"，步移景异的旅游体验效果。此外，要切实实现山水观光、山水休闲、山水度假、山水体验、山水运动、山水康体、山水科普、山水养生、山水创意、山水节事等不同产品和活动的配套开发，形成塞外第一"山水旅游品牌"，为游客提供独特的"太行水乡"旅游体验。

（三）三级品牌：商旅之都、滨水休闲、亲水胜地

商都旅游的三级品牌依托核心旅游景区和吸引物而打造，主要包括七台镇、西山石林、察汗淖尔湖、八股地水库、麻黄山等。三级品牌的打造一方面是培育核心旅游景区的重要内容，另一方面也是共同打造商都"山水驿站，文化商都"二级品牌的关键步骤。

七台镇：商道文化第一镇、草原丝绸之路上的明珠。

大石架石林：塞北石林，绝美商都。

察汗淖尔湖：草原深处的滨水休闲胜地。

八股地水库：水草丰美、养生天堂！

麻黄山：塞外养生第一山。

（四）片区三级品牌：各片区特色旅游项目

除去各核心旅游景区和吸引物，商都旅游的各大功能片区也是打造品牌结构的重要地域。根据空间结构和功能区划，各旅游项目区块的品牌特

色如下所示：

城镇中心游憩板块：商旅文化特色城镇。

东部特色文化休闲游憩项目区块：鲜卑部族、宗教朝圣、心灵游憩。

南部特色产业游憩体验项目区块：生态农业、产业休闲、水上运动。

北部盐文化及水生态休闲项目区块：邻水人家、快乐盐疗、养生休闲。

三、品牌形象营销策略

在旅游市场竞争日趋激烈的今天，旅游产品价值的实现切实需要旅游市场营销的介入和推动。旅游市场营销是旅游地，尤其是新兴旅游地传播品牌形象、培育潜在游客、扩大和拓展客源的关键手段。对商都而言，其旅游品牌及形象的营销推广也需要一系列的营销策略来实现。

（一）媒体营销策略

媒体营销是旅游形象及品牌传播的主要途径。传统的报纸、杂志、电视、广播，以及新兴的网络、广告、影视等不同媒体，对应着不同的目标市场和受众，从而产生不同的营销和宣传效果。尤其是基于互联网的"旅游目的地营销系统"，对于旅游地形象的推广、传播具有其他媒体不可比拟的优势。

影视剧热播效应：筹划以商都民俗风情和历史文化为背景的电影、电视剧、动画片和主题歌曲，促销商都旅游。

特色网络元素促销：制作与商都旅游相关的特色手机铃声、手机图片、电脑与手机游戏等，促销商都旅游。

旅游宣传册：策划制作内容翔实、信息及时、针对不同群体的旅游宣传册，向旅行社提供切实、及时的旅游信息，建立良好合作关系。

媒体广告：在广播、电视、报刊、互联网等大众媒体上刊登广告；在旅游专业媒体上刊登广告或新闻报道、特写、经验介绍；制作品牌宣传片并在相关媒体上播放；聘请或公开选拔旅游形象大使。

媒体活动：通过新闻报道、趣味短文、有奖征文、网络游记、专题采写、摄影比赛等各种各样的宣传形式，把旅游的新景点、新体验、新感觉传达给目标群体，做到周周有报道、月月有新闻。

交通工具营销：开通以景区名称命名的专列、专线客车。在飞机、火车或出租车等载体上做宣传广告，如在过往飞机上通过各种表现形式，比如画册、悬挂商都风景图片、发放宣传材料等形式向飞机上的游客充分展现旅游资源。

机场旅游中心为中转游客提供详细而且超值的租赁汽车服务、交通指南服务和信息指南服务。

旅游护照和旅行卡：推出商都旅游优惠卡和最畅销的旅游访问卡，在机场、信息中心、各大博物馆、剧院、商店以及饭馆协助出售。铁路部门也提供坚强后盾，在很多售票窗口出售卡片，而且作为一种特殊服务，消费者还可以在火车、飞机上选购这个卡片。

充分发挥和利用网络营销信息传播迅速、触角广阔和深入的特点，建立以商都旅游门户网站、商都旅游信息数据库、商都旅游网上预订系统等为核心的网络信息平台的建设；同时强化网络专项营销的造势宣传。

（二）节事营销策略

节事活动营销是当前旅游营销的重要方式，能够利用节事瞬间集聚的人气扩大营销宣传的范围和效果，从而达到广泛的营销目的。节事营销主要包括学术活动、商业演出、节庆活动和重大事件等。

1. 学术活动

通过聘请旅游学术界的知名学者对特定旅游地区的旅游发展进行把脉，或者承办国内外旅游学术会议等方式，将旅游媒体、行业聚集到一起，达到营销的目的。

2. 商业演出

通过赞助商业演出等方式，对商都旅游进行推介、传播，包括在演出中植入旅游地形象及品牌的宣传内容。

3. 节庆活动

将传统的春节、民间庙会、旅游文化节等节庆活动与旅游景区、旅游产品的推介相结合，促进商都旅游的营销推广。

（三）公关营销策略

公共营销是旅游市场营销的重要方式，主要通过政府公关、媒体公关、口碑宣传、关系营销等不同方式，促进旅游景区与政府、媒体等机构的协作关系，实现旅游市场的开发。

（四）价格营销策略

价格营销策略主要是通过价格杠杆实现对旅游市场的招徕，如景区淡季的降价策略、门票优惠或免票制度等。尤其是针对特定市场，如老年人市场、青少年学生市场都可通过特殊的价格策略，实现对专项市场的吸引。

（五）联合营销策略

联合营销策略是商都实现旅游跨越式发展的重要方式。如前所述，商都周边存在较多知名度较高的自然或文化观光型旅游景区，如成吉思汗陵、响沙湾、葛根塔拉、辉腾锡勒等。在商都旅游发展的初期，需要通过与这些旅游地的联合营销，进入区域旅游发展的整体格局，进而谋求更大的认知和发展。

1. 区域联合

对商都而言，区域联合首先是与周边区县的联合，尤其是与集宁、凉城等区县的联合。目前，集宁作为全国最著名的皮革城之一，每年有大量的游客前往，而凉城随着岱海旅游景区的开发，也形成了相对稳定的休闲度假旅游市场群体，尤其是温泉度假和滑雪旅游的游客，商都的旅游开发要借助这些周边区县旅游的特色，使自己融入区域旅游线路。其次是要实现商都与河北张家口、山西大同等临近旅游地的区域联合。

2. 品牌联合

商都旅游品牌的打造，需要借助周边区县旅游品牌的共同推动和促进。商都周边的成吉思汗陵、响沙湾、葛根塔拉、辉腾锡勒等都是知名度较高的旅游品牌，商都旅游的营销一方面要屏蔽跟这些品牌的同质竞争，另一方面，也是更重要的，要强化其相互联合，进行品牌的联合营销，将商都休闲度假的功能充填到周边品牌之中，实现区域联动。

3. 企业联合

区域联合与品牌联合的主体应该由企业主持、政府支持和推动。要实现不同景区管理机构之间，以及旅游行业不同要素经营管理者之间的区域联合，通过打造联合旅游线路或产业链条，实现区域共同联动发展。

四、重点市场营销方案

根据旅游目标市场的分级定位，商都国内旅游市场营销的重点城市分别是北京、天津、呼和浩特、包头、鄂尔多斯、大同等。这些重点市场的共同点是都与商都存在地缘上的相近性，都是商都潜在旅游客源市场的重点推介对象；不同点是针对不同的客源市场，重点推介的内容和形象需要有所差别。整体来看，商都所在的京津冀区域是我国三大经济核心区，市民出游意识强、年出游率高、支付能力强、旅游需求更新速度快，对传统高端旅游产品以及新兴时尚旅游产品都有着旺盛的旅游需求，是商都扩展市场份额、实现旅游跨越式发展的关键和保证。

(一) 京津旅游市场的营销方案

主打以山水休闲、民俗体验、盐疗养生、商务休闲为主的休闲体验产品，打造京津市场的"休闲大本营"和"城市后花园"。

空间距离的相近性，使得京津地区成为商都旅游需要重点开发的客源市场。京津市场作为我国传统三大客源市场之一，其出游能力、出游频率都相对较强，而且随着自驾车旅游的普及，京津游客的出游半径得到了前所未有的延伸。对京津市民而言，传统的山水观光已无法满足其日益增长的休闲度假旅游需求，能够提供优越的休闲度假环境和完备的主题体验的旅游地逐渐受到游客和市场的青睐。

商都作为新兴发展的旅游地，对旅游市场而言具有新鲜感，尤其对日益成熟、理性的京津市民而言，其在旅游市场上的横空出世，能够吸引部分京津市民的眼光。但真正将京津市民转化成现实的游客，还需要有针对性的市场营销和推广活动来实现。具体而言，商都应充分展示自身的资源环境优势，将山水休闲、民俗体验、盐疗养生、军事体验等旅游产品通过形象建设和品牌打造，集中展示给京津市民，将商都打造成京津游客休闲度假的首选目的地，建设京津市场的"休闲大本营"和"城市后花园"。

在营销媒体的选择上，由于京津市民的知识文化水平相对较高，对电脑网络等新媒体的应用相对普遍，因此主要以网络营销为主，配合以电视、广播、报纸等传统媒体，可以在京津地区的主要车站、机场、CBD、RBD等人流密集地区发布旅游形象及产品的图片集视频，扩大商都旅游的宣传力度。此外，也需要同京津地区的自驾车协会组织、自助游网络组织、户外俱乐部、健身俱乐部、城市拓展训练中心等机构合作，通过价格营销或关系营销，开辟更为广阔的市场客源。

（二）呼包鄂旅游市场营销方案

主打以自驾车为主要旅行方式的周末休闲品牌。

对任何旅游地而言，近距离市场都是需要重点开发和稳定保持的基础市场。商都旅游的发展离不开对京津等大城市市场的开发，但也离不开对内蒙古本地旅游市场的积极争取和招徕。尤其是内蒙古旅游黄金三角洲呼包鄂地区，是内蒙古文化、经济中心，也是内蒙古地区重要的客源输出地。尽管从传统山水观光旅游产品来看，商都很难与周边区县相提并论，但从休闲体验旅游产品，尤其是周末短期休闲度假和特种主题体验类产品来看，商都具有周边区县所不具有的后发优势。

针对呼包鄂旅游市场，重点对象要集中在自驾游群体、家庭周末休闲游群体、户外健身俱乐部以及部分专项市场。一方面，通过网络、电视、报纸等媒体广泛宣传商都"草原商道，山水驿站"的休闲旅游形象；另一方面，适时推出适合周末和节假日休闲的短期旅游线路及项目，注重休闲活动品质的设计和提升。另外，针对自驾车游客群体，要做好自驾车营地的建设和推广，为游客提供自由、休闲、轻松、愉悦的 DIY 式旅游体验。专项细分市场中的青年情侣市场、婚纱摄影市场、亲子体验市场等都是需要重点开发的近距离市场。

（三）大同、张家口旅游市场营销方案

以宗教旅游、军事体验、运动休闲、商务旅游为主要推介产品的营销方案，区域协作，互补共赢。

要抓住乌大张（乌兰察布、大同、张家口）三市区域合作的机遇开拓大同、张家口市场，虽然两市还不是商都市场的主体，但随着商都旅游的不断开发、旅游形象的确立、旅游品牌的成型，大同、张家口市场对商都的重要作用将会体现得更为明显。这一方面源于保定旅游产品与大同、张家口旅游产品之间存在的互补性，另一方面源于旅游线路组合的跨区域性，从而使得内蒙古、山西的不同旅游地都能够相互连接、互为客源。

对大同、张家口市场的开发，首先要充分展示商都的旅游产品体系，

尤其是宗教旅游、军事体验、运动休闲及商务旅游旅游产品；其次，要充分利用旅行社、网络、电视广告等不同媒体的营销推广；最后，基于区域合作的关系营销和公关营销也是实现对太原、张家口市场开发的重要方面。

五、旅游节事活动策划

如前所述，旅游节事活动因其能在瞬间集聚大量人气，带动旅游相关产业的大发展，而成为广受青睐的营销手段。策划并实施一系列具有广泛影响的重大节事活动，是实现商都旅游引爆市场的首要方式。

1. "草原商道，山水驿站"：商都文化旅游节暨国际生态旅游论坛

依托商都丰富的水系资源，强力建设商都"山水驿站"的旅游形象；依托商都特色的石林景观，打造商都"塞北石林"的品牌形象，并开办名为"草原商道，山水驿站"的商都文化旅游节暨国际生态旅游论坛。时间可定在每年7月，每年一届，旅游节以宣传推介旅游产品、旅游形象及旅游品牌为主，通过邀请国内外知名景区、旅行社参会，实现商都旅游与其他区域旅游产品、旅游企业的合作。国际生态旅游论坛以生态旅游和可持续发展为指向，以探讨商都旅游发展的生态指标和产业生态化为主题，邀请国内外学界、业界知名人士、主要旅游媒体、搜索门户网站等参加，扩大商都旅游的知名度、影响力。

2. 商都麻黄山山地养生旅游节

随着人民生活生平的提高，康体养生逐渐成为城乡居民关注的重要内容。药膳养生、温泉养生渐已成风。养生文化的流行和普及，为旅游休闲文化的发展和提升创造了前提和条件。对商都而言，依托优越的山水组合环境，尤其是麻黄山中药种植基地的基础，开发以山地康体运动为核心的养生旅游节。商都山地养生旅游节可以神仙山为主要基地，将宗教文化、山地运动休闲、养生度假等功能实现融合发展，打造华北山地养生第一节事品牌。

3. 七台镇商旅文化展销会

在每年7月，在区域协作的基础上，举办七台镇商旅文化展销会。通过展销会的形式，实现商都周边不同旅游地、旅游景区、旅游企业、旅游公司等的相互交流与合作；也可通过展销会互通有无，共同促进旅游商品开发的创新化、专业化、地域特色化、品牌体系化，促进区域旅游的合作

共赢。

4. 莲花寺藏传佛教祭祀大典

通过文化梳理，对商都宗教文化，尤其是藏传佛教文化进行整合，依托莲花寺及其周边的山地环境，打造莲花寺藏传佛教祭祀大典。祭祀大典可参照泰山、少林寺等地的封禅大典，在内容上重点阐释藏传佛教在久远的历史发展中沉淀在商都境内的社会思潮与文化内涵。考虑到商都旅游产品的整体结构，祭祀大典可以在莲花寺等寺庙资源开发相对成熟的基础上，以夜间旅游产品的形式来打造，从而延长游客停留时间，也为山地休闲、运动休闲、宗教朝拜等产品的发展提供游客基础和市场前提。

讨论与作业

1. 旅游形象推广的形式有哪些？各有什么优点？
2. 评述商都县针对不同旅游市场的旅游形象推广策略。

第九章

旅游开发的政策保障和危机管理

本章导读

政策的决策基于很多因素。旅游发展目标是制定政策最重要的基础，因为政策规定了目标将如何得以实现。如果目标是尽可能减小旅游业对社会文化的影响，相应政策就应该是旅游业的发展应受到高度控制和限制。从总体来说，旅游政策应反映整个国家和地区旅游业的总体开发政策和规划要求，使旅游业成为国家或地区总体开发中的一个有机组成部分。

旅游业具有高度综合性和紧密关联性的特点，这也决定其脆弱性和敏感性的弱点，由这些弱点引起的旅游危机是旅游业发展中出现的不可回避现象。国际上对旅游危机的研究开始于 20 世纪 70 年代。1974 年，世界旅游业由于遭受世界范围内能源危机严重冲击，国际旅行研究协会开始关注危机，当年该协会年度会议的主题为"旅行研究在危机年代中的贡献"，这是旅游业危机管理首次引起世人的关注。我国旅游业发展时间不长，以前对旅游危机的认识和研究相对肤浅。但随着目前全球经济一体化趋势的日益加快，国际国内发生一些突发事件引发的旅游危机对我国旅游业来一定冲击，旅游危机管理也引起了国内一些机构和人士的注意。

旅游危机管理是指政府、旅游企业对旅游开发、经营、旅游者消费过程中可能产生的危机因素采取预防或消除设施，以及在危险发生后采取弥补的科学管理行为。根据发生旅游危机的成因可以将旅游危机主要分为来自生态方面的危机、来自社会方面的危机、突发公共卫生危机、来自政治方面的危机、来自经济方面的危机、来自旅游行业自身的危机等类型。

第一节
政策保障体系

政策制定的依据是对当前旅游业发展模式、基础设施情况、旅游景点和旅游市场的调查分析结果。社会经济和环境因素是政策决策要着重考虑的，特别是当地社会和环境的吸纳能力或承载力。

政府在旅游政策决策过程中应起主导作用，因为政策会影响全国及整个社会，而且必须平衡经济、环境和社会各方面的利益。国家和社会的发展目标应高于个人、团体和部门利益，但在制定政策时也必须考虑这些方面的利益。

 案例

海南国际旅游岛建设的政策保障研究

一、海南旅游发展的机遇

（一）国家层面对旅游业发展的支持

2009 年 12 月 1 日，国务院发布第 41 号文件《国务院关于加快发展旅游业的意见》，明确指出要"把旅游业培育成国民经济的战略性支柱产业和人民群众更加满意的现代服务业"。对旅游业的高度定位表现出旅游业被作为我国新时期的重大战略举措，放在了国民经济和社会发展战略全局中更重要的位置。

（二）海南国际旅游岛建设上升为国家战略

2009 年 12 月 31 日，国务院签署第 44 号文件《关于推进海南国际旅游岛建设发展的若干意见》，将海南建设国际旅游岛上升为国家战略，在政策、资金、项目安排等方面给予海南特殊扶持。

(三) 区域合作备受重视

中国—东盟自由贸易区的成立标志着中国与东盟之间的经济联系上升到新的历史水平，必将为中国和东盟各国的贸易发展和经济合作增添新的动力，对促进世界贸易发展和世界经济发展发挥积极作用。泛北部湾区域经济合作依据地缘经济概念，超越单纯的地理界线，丰富和充实了中国与东盟合作的内涵，加强了我国与东盟国家开展次区域合作，对维护中国南海的战略安全和稳定，具有深远的战略意义和重要的现实价值。泛珠三角"9+2"区域合作，是在经济全球化和区域经济一体化的背景下展开的，其根本目的在于通过加强泛珠三角区域合作来提升该区域经济的整体实力和竞争力，实现经济持续、快速、协调发展。

(四) 两岸关系的持续改善

随着两岸关系的改善，交流与合作的机会增多，对台湾旅游的深入研究，可以为三亚旅游业在观光农业、生态旅游、乡村旅游、旅游管理等方面提供有益借鉴，也将进一步拓宽三亚旅游发展的融资渠道。

二、海南旅游发展的挑战

(一) 海南在旅游发展中不断面临着国内外同类目的地的竞争

以邮轮为例，国内滨海城市中，现在正着力打造邮轮港口的城市就有上海、大连、秦皇岛、天津、青岛等14个之多。高尔夫和旅游地产也是大多数滨海省市的旅游发展重点，这给海南旅游发展带来了有力的挑战。此外，加入东盟自由贸易区后，海南将面临国外同类目的地的竞争，如泰国、印度尼西亚等。

(二) 旅游产业质量和效益有待提高

根据对海南游客的消费结构研究，到海南旅游的国内游客主要花费集中在：交通、餐饮。交通占 26.24%，住宿占 21.99%，餐饮占 17.65%，购物占 12.4%，门票占 9.55%，娱乐占 7.14%，其他占 5.03%。国内过夜游客人均花费 902.41 元，平均停留 2.73 天。到海南旅游的国际游客主要花费集中在：交通、餐饮。交通费占 31.47%，餐饮占 17.9%，购物占 15.88%，住宿占 15.87%，娱乐占 8.31%，人均消费 1599.47 元，停留天数为 3.36 天。度假休闲、观光旅游仍是中外游客出游的主要目的，分别占 59.2% 和 41.3%。游客花费要素中交通、餐饮占前两位。相对于其他休闲度假型旅游目的地，海南游客停留时间普遍较短，人均消费水平低，导致海南旅游经济整体收益较低。

三、保障海南国际旅游岛建设的政策措施

（一）财税政策

落实中央财政，加大对海南转移支付政策，争取更多的建设资金，落实中央财政的专项补助。制订中央财政对国际旅游岛建设专项补助资金的使用计划，切实提高资金使用效益。制定国家生态补偿机制试点省实施办法，加大中央财政对海南的生态补偿力度。大力推进各类减排工程设施建设，增加"以奖代补"专项转移支付。

海南省及下辖各市、县政府要加大对旅游基础设施建设的投入，省、市、县财政要加大对旅游基础设施建设的投入，加大对旅游宣传推广、人才培训、公共服务的支持力度。省级财政每年从预算中安排专项资金，设立海南省金融发展专项资金、服务业发展专项资金、中小企业成长性奖励资金、中小企业发展专项资金、农业小额贷款贴息资金，用于支持经济发展，专项资金视财力状况逐年增加。

制定境外旅客购物离境退税的具体方法，制定离岛旅客免税购物政策实施办法，积极推进旅游免退税购物建设。引进大型免税集团和大型商业公司建设和经营免税店，积极建设国际旅游购物中心。制定洋浦保税港区启运港退税管理办法，在洋浦保税港区实施启运港退税政策，凡从洋浦港中转出的货物，从启运港启运时即可办理出口退税业务。

（二）投融资政策

引导旅游企业上市融资，积极鼓励符合条件的旅游企业上市融资。

制定旅游企业债券发行管理办法，鼓励和支持符合条件的海南省旅游

企业发行企业债券；支持符合条件的旅游企业发行短期融资券、企业债券和中期票据。

加大对旅游企业和旅游项目的融资授信支持；对旅游企业实行中小企业贷款优惠政策；开办依托景区经营权和门票收入等的质押贷款业务。

鼓励社会资本投资设立担保服务公司，成立两家注册资本金1亿元以上的民营或股份制担保机构，支持其申请开展典当业务，提高对中小企业的融资担保能力；推动设立中外合资融资租赁公司，支持重大项目建设，发挥融资租赁、典当等融资方式在中小企业融资中的作用。

进一步完善旅游业融资担保等信用增强体系，加大各类信用担保机构对旅游企业和旅游项目的担保力度；鼓励中小旅游企业和乡村旅游经营户以互助联保方式实现小额融资；在海口市、三亚市、琼海市开展小额贷款公司试点工作，设立五家以上小额贷款公司；引进有实力的中外金融机构来海南设立分支机构；组建两家村镇银行；鼓励银行机构设立和完善中小企业专营部门，优化业务流程与考核机制。

制定房地产投资信托基金设立方案，积极设立海南房地产投资信托基金；设立海南省旅游产业投资基金；制定旅游产业投资基金设立方案，联合社会资本；按照国际旅游岛的总体要求，编制《海南省鼓励外商投资优势产业目录》，将海南省纳入《中西部地区外商投资优势产业目录》执行省份。

(三) 土地政策

科学修编土地利用总体规划，落实最严格的土地管理制度；根据土地管理法规，对土地利用总体规划实施定期评估和调整机制；根据国际旅游岛建设需要，对年度用地计划进行跨年度调剂，年度土地供应要适当增加旅游业发展用地。

开展农村集体建设用地流转试点工作，鼓励农村集体经济组织和村民利用集体建设用地自主开发旅游项目，探索建立城乡统一的建设用地市场；科学规划、集约用海，充分利用海洋资源优势，集聚发展临港工业、海洋渔业、海洋运输业和海洋观光旅游业；编制西沙和无居民岛屿旅游发展规划，依法对西沙和无居民岛屿进行土地确权登记。

（四）开放政策

实行开放、便利的出入境管理政策措施。

推进发展海洋旅游。在维护国家领土完整和海洋权益的前提下，搞好规划，制定海洋旅游标准，完善海洋旅游救助体系和预设警、预报体系，积极稳妥推进开放、开发西沙旅游，有序发展无居民岛屿旅游，大力发展海洋旅游。

制定游艇管理办法。简化游艇出入境手续，实行宽松有益监管，提供安全服务保障。在国务院已经批准的五个开放海港口岸扩大水域开放，在非开放口岸的水域争取设立游艇停泊点和游艇活动区域。

（五）配套政策

努力实现投资贸易便利化、外币兑换便利化、刷卡消费便利化、资金汇划便利化；推广使用旅游一卡通，建立游客综合消费便利支付体系；提升金融服务功能，开展跨境贸易人民币结算试点和个人本外币特许业务试点，设立小额外汇自由兑换窗口，改善外汇支付结算环境，开展离岸金融业务试点。

建立适应国际旅游岛建设的旅游保险体系，完善旅行社责任保险、旅游意外险，探索开发油轮保险、特种旅游保险等新险种；推进农业保险试点，发展农业、渔业保险新产品，鼓励发展农村小额保险；发展船舶、海上货运、保赔保险等保险业务，推动有实力的金融机构、航运企业共同建立航运保险机构。

讨论与作业

1. 旅游业在海南的作用和重要性。
2. 目前，国家层面的旅游政策有哪些？
3. 海南发展旅游业面临哪些挑战？
4. 本案例涉及哪几个方面政策？

第二节
旅游危机管理

一、政府是危机管理的核心

政府危机管理是指政府为预测和识别可能遭受的危机，采取防范措施，阻止危机发生，并尽量使危机的不利影响最小化的系统过程。具体来说，政府危机管理包括以下几个阶段和主要任务：①在危机征兆期，致力于从根本上防止危机的形成和爆发或将其尽早制止于萌芽状态。在这一阶段，要求政府旅游主管部门和相关政府部门注重收集各种危机资讯，对危机进行中期、长期的预测分析；通过模拟危机情势，不断完善危机发生的预警与监控系统；建立危机管理的计划系统，制定危机战略和对策。②在危机发作期和延续期，致力于危机的及时救治。在这一阶段，要求政府充分发挥危机监测系统的作用，探寻危机根源并对危机的变化做出分析判断；成立危机管理的行动系统，解决危机；及时进行基于诚实和透明的信息沟通，正确处理危机与旅游业发展以及各种行为主体的利益关系。③在危机痊愈期，及时进行危机总结。要求政府旅游管理部门根据旅游者消费心理和消费行为的改变，恢复旅游市场；加强危机学习，提升反危机能力。

二、旅游企业危机管理

实践表明，企业成功的一个重要因素就是危机管理。旅游企业危机管理包括以下几个方面：①成立企业危机管理的领导机构，建立企业危机管理制度，在危机中积极进行自救；②建立企业危机管理预警系统和危机应对处理系统；③培养和强化企业管理人员与员工的危机意识；④及时评价企业应对危机的计划、决策，建立完善的危机学习机制；⑤建立与媒体、公众良好高效的信息沟通系统。

三、旅游从业人员危机管理

旅游从业人员的危机管理包括：①树立危机意识，正确认识危机；②主动承担社会责任，积极参与政府与企业的危机救治；③加强职业培训与学习。

 案例 1

四川汶川"5·12"地震中旅游恢复措施探讨

一、震后四川旅游业状况

（一）四川旅游资源受损，旅游收入锐减

汶川地震使四川旅游业受到毁灭性的打击，旅游资源损失严重，旅游经济一蹶不振。地震导致四川旅游曾一度被叫停，据统计，全省 4000 多个旅游景区中有 568 个遭到损坏，累计损失达 278.4 亿元。旅游人数和收入也出现大幅度下滑现象，以 2008 年 1~3 季度为例，四川累计接待国内游客和入境游客分别为 1.3 亿人次和 47.93 万人次，比上年同期下降 18.7％及59.6％，而累计旅游收入为 773.28 亿元，同比下降 18％。

（二）四川旅游形象受损

四川地震还给现实及潜在旅游者心里留下阴影，地震引起的一系列连锁反应，使四川旅游安全目的地的形象受到重创。笔者认为，新闻媒体关于汶川地震危机的报道是把"双刃剑"，具有正反两方面效果。一方面，传播最新地震灾区危机信息，让受众明白政府救援进展状况，保证危机信息的公开透明；另一方面，危机信息的传播同时具有"负面放大效应"，很多惨不忍睹的地震画面充斥荧屏和报纸，增加了受众的恐慌心理意识。本次地震中受损害的旅游景区多数位于成都平原、川西北和川北地区，川南和力陈地区受灾较少，但很多受众受负面信息"放大效应"影响，会对整个四川旅游业产生恐慌心理，认为四川旅游不安全，短期内不会再到四川旅

游，四川旅游必然要经历阶段性低迷。因此，恢复四川旅游业在广大旅游者心中的形象成为当地政府及旅游企业工作的重点。

二、震后政府旅游恢复措施

（一）四川灾区旅游政策扶持与旅游资源修复

为了恢复灾区旅游业，帮助四川旅游业走出低谷，四川省政府先后制定了一系列优惠政策和帮扶措施。这在很大程度上激励了旅游企业和旅游个体经营者的斗志，成为地震后旅游恢复的重要保证。另外，政府制定了灾区旅游发展规划纲要，采取科学的、以人为本的方法规划灾区旅游资源，共制定 173 个旅游规划项目，投资 49.44 亿元；同时加大招商引资力度，签订 45 个旅游项目，签约总金额 538.81 亿元。经过旅游资源再建设，不仅使得固有旅游资源以崭新面貌迎接游客，更重新规划了一批包括地震遗址公园在内的新人文旅游资源景观。四川旅游业面貌焕然一新，迈向新台阶。

（二）解决危机信息不对称问题，重塑旅游业形象

为了恢复四川旅游形象，四川省政府制定了旅游市场恢复振兴三个阶段的措施，分别是：第一阶段，2008 年下半年，开展"四川人游四川"活动，全面恢复灾区旅游，树立"汶川地震百年不遇，四川旅游依然美丽"的安全旅游形象；第二阶段，全面恢复推广四川旅游，树立"天下四川有爱，熊猫故乡更美"的舒适旅游形象；第三阶段，2010 年，旅游市场全方位恢复阶段，推出震后形成的新的旅游产品和路线，打造"天下四川有爱，熊猫故乡更美"的完美旅游形象。

四川省政府利用世界媒体聚焦四川的有利时机，邀请国内外媒体单位和旅行商来川实地考察，并且先在川内以及重庆、湖北、陕西等周边省市广播电台电视台、报纸杂志等媒体发布四川旅游美景美食的广告，然后在中央电视台和凤凰卫视等具有国际影响力的电视媒体打造以"感恩回馈"为主体，以介绍四川旅游特色为内容的旅游宣传片，重塑"青山依旧在，蜀风犹自香"的旅游形象，另外还在网络媒体中开展四川旅游有奖知识问答等一系列舆论宣传活动，都在向公众传达"放心游四川"的正面信息，取得良好的宣传效果。四川省有关政府部门凭借政府公信力打消公众对旅

游安全的顾虑，成功实现了政府旅游危机公关的目的。

九寨沟景区在汶川地震中并未遭受严重损坏，仅是通往九寨沟的道路中断。但是公众普遍认为九寨沟旅游不安全，导致2008年5~8月九寨沟游客数量同比下降70%，景区收入大幅滑落。地震发生后，四川省政府和九寨沟管理局及时宣传九寨沟，邀请国内外媒体考察团赴九寨沟考察，打消外界顾虑，取得良好经济效益和社会效益。

2009年3月，成都市政府为了回馈社会对四川的无私帮助，向四川省外游客发放1500万张熊猫金卡，向四川省内游客发放500万张熊猫银卡，使国内外游客在规定日期内免费或半价游览成都市11个国有重点旅游景区，通过二次消费，将旅游产业经济增长模式由门票收入转化为目的地消费收入。据市统计局统计，2009年全年接待旅游者5570.43万人次，同比增长34.05%；全年旅游总收入501.3亿元，同比增长33.53%，向世人展示了四川震后旅游新形象。

三、结论与启示

政府运用所掌握的舆论工具真正做到了危机中信息的充分沟通与披露，而且关于地震信息的负面报道与救援进展的正面报道也公开透明。中国媒体界客观公正、主动积极的报道受到世界公众的一致好评。

在后续的灾后重建包括旅游业恢复中，政府充分利用媒体资源，开展旅游危机公关，重新塑造并扩大四川旅游形象在世界上的知名度。

不少旅游企业在旅游危机中的作用消极，旅游企业理应明确自身定位，在旅游危机恢复中分担政府的责任。

这也暴露出中国旅游业缺乏一套完善的预警和管理机制。

讨论与作业

1. 政府是如何解决信息不对称问题的？
2. 比较"5·12"汶川地震前后旅游消费者行为有哪些变化。
3. 总结危机管理的阶段及每个阶段的工作内容。
4. 地震给旅游目的地带来哪些影响？

案例2

印度尼西亚巴厘岛爆炸的旅游危机管理

一、巴厘岛的旅游业与巴厘岛爆炸

巴厘岛位于印度尼西亚爪哇岛（Java）的东海岸，总面积2095平方千米，肥沃的火山土使水稻及其他粮食作物成为当地主要的经济支柱。与许多海岛一样，巴厘岛的经济尤其依赖旅游业。巴厘岛居民在对外宣传中向人们展示了一个热带岛屿的天堂景象，使人们可以逃离世界的压力，同时它的独特风格也将它与印度尼西亚的其他地方区别开来，那就是这里拥有巨大的魅力和迷人的文化，这些特色源自当地居民在日常生活中形成的独特印度教文化。来自世界各地的旅游者被吸引至巴厘岛的度假地，这几乎占据了印度尼西亚的旅游业。2001年该岛吸引了大约250万旅游者，创造了14亿美元的收入，印度尼西亚当年的旅游总收入为54亿美元。国际旅游者占全国游客总数的一半，日本和澳大利亚是主要的客源市场，来访的旅游者分别为35000人次和25000人次。旅游占巴厘岛全部收入的80%，为岛上40%的人提供了就业机会，共有1400个饭店和750个餐馆。统计数据表明了巴厘岛旅游业的重要作用。但同时，巴厘岛对旅游业过分依赖的劣势也在2002年爆炸发生时凸显出来，来访旅游者锐减，"失去的天堂"的形象也被世界媒体广泛宣传。

爆炸发生在库塔岛两个相邻的俱乐部——帕迪迪斯科舞厅和萨瑞俱乐部，这里深受年轻旅游者的喜爱。爆炸发生的时间为2002年10月12日（星期六）的晚上，爆炸的巨大威力及随后的大火使人们无法辨认尸体。最终的死亡人数为191人，另有300人受伤，伤亡最多的是澳大利亚人和欧洲人，伤者中也有印度尼西亚当地人。相当于足球场大的一块地方被炸毁，450座建筑物遭到破坏。主要嫌疑犯为伊斯兰极端分子和基地组织成员，爆炸是基于反对伊斯兰复兴运动的背景，因为印度尼西亚90%的人是穆斯林，东南亚的大部分政客也是穆斯林。国际恐怖分子网络的培植，伴随着反美情绪及某些地方对西方人和西方利益的敌对情绪，交战状态日益高涨。爆炸对巴厘岛的旅游业产生了直接影响，进而对印度尼西亚的旅游业产生影响，这种影响在本地及周边国家和地区蔓延。

在爆炸发生后，2000 名旅游者几乎是立刻就决定缩减他们在巴厘岛的度假行程。2002 年 10 月 15 日，仅有 2833 名国际旅游者登岛，而爆炸发生前的平均来访人数为 4650 人。尽管大马航空公司（Garuda）在爆炸发生后增加了航班，以应付旅游者的大量离开，但是此后服务和运力都下降了。巴厘岛占到了印度尼西亚国际航线的 60%，其中最能获利的是澳大利亚的旅游者，但是 40% 来自澳大利亚的预订在 10 月 21 日被取消。所有类型的住宿设施都遭受了需求下降的打击，饭店出租率也从 10 月 13 日的 74.8% 骤跌至 10 月 19 日的 33.4%，随后跌到了 10%。餐馆零售商和旅游景点顾客减少，小公司前途堪忧，导游和手工业者处于危险境地，数量庞大的小贩也包括在内。印度尼西亚旅游和艺术部（ITCB）主席在 10 月底总结情况时说："如果我们不赶快行动，第二个爆炸就会发生，那就是经济爆炸。巴厘 90% 的经济直接或间接地依赖旅游业。不只是饭店、航空公司、旅行社会受影响，出租车、服装、纪念品和食品产业都会遭受灾难。"恐怖暴行成为人们来巴厘岛和印度尼西亚其他地方旅游的障碍，官方预测 2002 年的游客来访量会比 2001 年降低 16%，2003 年的目标也由原来的 450 万～470 万人次减少约 100 万人次，只达到 300 万人次。旅游部门预计，国际和国内市场将会分别损失 18 亿美元和 20 亿美元的收入，相当于印度尼西亚国民生产总值的 6.6%，导致 270 万人失业。休闲和公务旅游同时也被取消，以亚太旅游协会（PATA）为例，它的第一届关于可持续旅游的年会原定在爪哇岛西部举行，但因为与会代表和发言人的无法前来而取消。随着澳大利亚、美国、英国和其他国家政府部门发布警告，印度尼西亚旅游业陷入了更加危险的境地。这些警告强烈建议人们不要到印度尼西亚各地旅游，呼吁国民回国而且要求不必要的外交人员撤退。

随后，媒体发布了更多的覆盖东南亚地区的资讯。澳大利亚将文莱、柬埔寨、老挝、马来西亚、缅甸、菲律宾、新加坡和泰国列为高风险的国家。英国对它的公民提高了文莱、柬埔寨、老挝、新加坡和越南的风险等级，美国向它的公民发布了对东南亚的风险警告，尤其是对马来西亚和菲律宾要提起特别关注。其他国家像加拿大、德国、日本、芬兰、瑞典和葡萄牙都相继发出了预警通知，日本随后把澳大利亚也列为日本国民应提高警惕的国家之一。

这些关注旅游者安全的举措营造了一种恐怖的氛围，使得旅游运营商都不愿意推销警告中包括的东南亚国家。CNN 报道了度假旅游者的担忧，这些旅游者尽量避开整个地区，因而抑制了游客人数增长。马来西亚 2002 年 10 月的游客人数暴跌了 28%，在很大程度上是因为国际旅游警告。

二、印度尼西亚旅游部门的应对

在危机早期，政府的目标主要是救助受害者和疏导外国游客，同时配合激活旅游市场，新闻中心设在雅加达和巴厘岛，差不多 50 万美元被用于库塔岛的重建，建立了由产业部门、当地权威部门和中央政府组成的工作组。当地政府官员呼吁撤销旅游警告，认为这些会隔离印度尼西亚，阻止它的发展，也不利于与恐怖主义作斗争。由 150 多名业界人士参加的全国会议持续了两天，讨论如何恢复该岛的形象问题。印度尼西亚旅游和艺术部（ITCB）主席向受难者和他们的家人表达了哀悼，并发誓要反击恐怖分子，并说："我们不能失去这一部分，否则我们将无法生存。因此我们不能恐慌，而是应该加倍努力地工作以便更好地立足。"

中期的战略包括改变原有的计划，取而代之的是赴澳大利亚和其他伤亡者的祖国进行慰问访问，同时与主要客源市场及时沟通，以保证他们可以得到最新的信息；建立了一个基于安全、产品开发和市场营销的长期计划，包括拯救、复原、常规化和扩张四个步骤，总预算约为 300 万美元。政府采取措施将进入印度尼西亚的安全系统升级，改进移民服务，重建交通网络，提供税收激励，设立专门发言人，并对东盟（ASEAN）给予特别关注。另外，国内旅游被列入议事日程。印度尼西亚在整个世界旅游市场上占有重要的位置，旅游和文化部长号召旅游者到来并希望他们可以切身体会到巴厘岛是安全的。他随后开始前往欧洲各国首都旅行，希望可以减轻人们的恐惧感。2002 年 12 月 5 日被定为全国性的默哀祈祷日，以纪念在爆炸中的死伤者，当时在爆炸发生地举行了一场精心组织的仪式，以净化这片岛屿。祈祷者也是整个洗礼的一部分，包括数千名巴厘人、死伤者的亲属及政府官员。其中死伤者的近亲的食宿和交通费用由印度尼西亚政府提供。

从地方政府来看，重点在于保持旅游业的活力，使巴厘岛避免成为"魔鬼之镇"。在宣传中强调那里没有抢劫发生，并且对当地人救助受害者和帮助安全力量进驻以保护他们邻居的安全的做法表示赞赏，同时告知旅游者的信息就是"这是第一次也是最后一次发生的袭击，而且与内部冲突毫不相关，完全是国际恐怖分子所为，所以旅游者完全不用担心还会引发其他冲突。恐怖分子可以破坏库塔岛，但是不能摧毁其精神，而这一点恰恰是我们可以提供给旅游者的"。印度尼西亚政府部门现实地对待海外营销会受到抑制的事实，等待时间慢慢冲淡人们的记忆，因为再多的努力与国际媒体报道中恐怖分子毁坏、肢解、烧焦尸体的画面比起来都是徒劳的。同时，人们仍然会记得巴厘岛是一个吸引人的地方，本质上是无可取代的，在世界旅游市场上的排名象征着它的未来很有前途。巴厘岛面对世界公开承认它所面临的暂时困难，而不是隐藏或企图隐藏它们。

散布在业界和世界范围内的所有信息都在传达事实的真相，消除由于媒体曲解所引起的误解，而且向外界传达这样一种信念：尽管受到危及全球的恐怖主义的威胁，但是巴厘岛仍然和世界上其他地方一样安全。而且，政府官员立即向外界表达同情，通过向特定国家的慰问访问以达到补救的目的。官员们同样通过向外界展示巴厘人的境况和政府在恢复旅游业至危机发生前的水平时所面临的无法控制的困境来博得同情。

在海外市场受到打击的情况下，通过激发爱国主义感情来鼓励国内旅游发展成为重要的过渡战略。旅游公司通过降价策略以刺激销售。公共部门认识到仅靠单一的价格策略是行不通的，需要旅行运营商和旅行社稳定、一致的支持。他们同时也向外国政府发出呼吁，希望他们降低旅游警告的等级或者将其取消。在长期战略方面包括更有效的安全警戒和移民控制，提高基础设施水平，对投资者的财政激励。这些战略的实施有赖于中央政府，因为政府在对爆炸事故的调查和对犯罪分子的起诉中的成功表现，对于危机的解决至关重要，它有助于激起人们的信任，使巴厘岛和印度尼西亚其他目的地健康发展。

三、巴厘岛之外的反应

其他受到冲击的国家旅游机构（NTO）对爆炸和旅游警告产生的不安全感也纷纷做出了回应，它们也将安全事务摆在了优先位置。国家旅游机构将注意力更多地转移到通过个体或群体的承诺使旅游者相信他们的政府。泰国国家旅游局在"旅游信息中心"扩充了警力，并且安排应对紧急情况的额外训练以"恢复旅游者信心",同时加强控制,所有的相关机构之间保持紧密联系以共享信息。在马来西亚和菲律宾,警察在夜总会、旅游景点和商业广场加强巡逻,并增加交通枢纽的警力,有关这些措施的信息都通过国内外各种媒介公布于众。

就连新加坡这样一个长期享有安全目的地形象和强硬政府称号的国家,也在劝说旅游者相信它们的旅游业没有受到风险的威胁。新加坡旅游局(STB)在2002年11月发表的公告中强调它们致力于"营造一个安全的度假环境",而且没有任何特别的危险危害到它们国家。2002年9月以后,当地政府在所有的边界检查点和主要地区采取措施,增加了警察巡逻,而且与国外进行信息沟通和交流。区域性营销被各国的国家旅游组织视为另一件优先考虑的事,它由新加坡旅游局最先提出,旨在"激励业内人士信心,并由亚太地区内的旅游开始"。该激励的核心为一揽子针对旅游者的特殊计划,包括在众多的景点和零售店提供折扣和免费门票。所有的国家旅游机构仍然在远程市场上开展促销活动。新加坡和马来西亚政府联合作东,邀请来自欧洲的旅行社进行"熟悉旅行",使其可以对当地的环境有切身的体会,掌握第一手的信息。

区域内的国家旅游组织仍然通过声明来强调其安全形象。2002年11月初召开的东盟峰会的成员国包括文莱、柬埔寨、老挝、印度尼西亚、马来西亚、缅甸、新加坡、泰国、菲律宾和越南,在此次会议上,旅游被列为重要日程。与会者坚持认为其他国家应该停止"在尚未有证据证实接下来可能会有恐怖分子袭击的传言时就不分青红皂白地建议它们的国民不要来我们的国家旅游,或者对我们的国家采取措施"的做法,并"建议他们政府基于事实的立场,考虑到每个国家的安全"。区域旅游组织对于环境的改变做出的迅速反应集中于国内旅游和区域内的旅游发展,这两个市场与远程市场相比并不是那么脆弱。另外,工作重点在于恢复信心和传播准确的信息,加强政府对于危机控制和安全的信息管理。尽管面临许多问题,但是也同样存在着机遇,那就是旅游方式的转变。那些拥有迷人的海滨度假地的国家,包括泰国和南非,都将其自身作为巴厘岛和越南的替代品向外界促销。相当一部分的商务旅游也被会议组织者从巴厘岛和新加坡转移到另一个合适的会议地点。度假旅游具有较高的弹性,旅游者更愿意选择一个在他们看来不那么危险的地方度假,经常是较近又较为熟悉的地方,而不是将度假活动完全取消。

四、结论与启示

巴厘岛爆炸产生的后果显示，负责旅游目的地营销的旅游组织官员在危机爆发的非常时期面临两难境地。危机难以预计，而且会对目的地形象和入境旅游产生巨大的危害，人们也会受到巨大的伤害，尤其在短期内如此。它并不仅对危机的发生地产生影响，当事件成为世界公众关注的焦点时，就会对它所在的整个国家和地区产生影响。地方和国家政府的行动或者不行动、客源国出于保护本国国民的安全考虑采取措施（发布旅游警告）或者不采取措施，会增加或减轻人们对危险的意识。旅游营销和开发部门在危机发生时起着关键作用，必须根据未来的目标决定应该采取什么样的即时行动。

在巴厘岛的案例中，政府选择通过表达遗憾和同情来赢得支持和团结。国内旅游被摆在一个高度优先的位置，同时致力于向海外市场传达正面信息。安全和放心成为营销的主题，一系列的实践活动被用来保证传达这样的意图。尽管该地区的其他机构受到危机的冲击没有这么严重，他们同样也致力于使旅游者相信这个地方是安全的。降价和特别促销活动也是重要的工具，迫于国外政府的威胁，在政治上首先强调恐怖分子的威胁得到了广泛的共识。

长期的恢复阶段在11月底有所体现，表现为日入境旅游者超过出境人数，但是危机的完全解决尚待时日。在危机反应阶段的第一个组成要素是行动，接着是寻求恢复和重建物质环境和目的地形象，同时还要对目标市场进行重新评价。在战略组成要素方面，巴厘岛没有正式的计划来识别风险或者在袭击发生前制订计划。但是，爆炸的发生加深了人们对这种必要性的认识，以保证这个岛可以更好地应对未来紧急情况的发生。

尽管巴厘岛从危机演变到危机的最终解决，当地、国家和国际上的反应和后果有待进一步的研究，但案例揭示出：

危机发生后想要即刻回到危机前的水平几乎不大可能，因此短期通过救援等激活措施有助于旅游业的恢复。

政府旅游组织开展主题活动对于恢复的进程能够起到重要的作用，时机和最后的结果取决于一系列因素，这些因素通常不在他们所能控制的范围以内，比如恐怖主义的重现和政府对它们的应对手段。

　　旅游业与外部环境息息相关，不可能脱离外部的发展和国际、国内政策而存在。尽管人们致力于根除恐怖主义的威胁，但是恐怖分子的威胁仍然存在，旅游目的地仍然是潜在的攻击目标。因而，危机管理计划应该被摆在最优先的位置加以考虑，以帮助有关部门更好地应对他们未来可能面临的这些挑战。

讨论与作业

1. 巴厘岛爆炸事件对旅游业的影响如何？
2. 针对巴厘岛保障事件外界的反应是什么？
3. 总结危机管理的阶段及每个阶段的工作内容。
4. 本案例中各相关部门是如何做的？

参考文献

［1］包头市达尔罕茂明安联合旗人民政府. 包头市达尔罕茂明安联合旗旅游发展总体规划（2013—2025）［Z］. 2013.

［2］保继刚，楚义芳. 旅游地理学［M］. 北京：高等教育出版社，1999.

［3］北京科技大学旅游研究与规划项目中心. 包头市达尔罕茂明安联合旗旅游发展总体规划（2013—2025 年）［Z］. 2012.

［4］布赖恩·鲍尼费斯，克里斯·库珀等. 世界旅游目的地经营管理案例——以旅游地理学视角分析［M］. 沈阳：辽宁科学技术出版社，2009.

［5］布赖恩·鲍尼费斯，克里斯·库珀等. 世界旅游目的地经营管理案例——以旅游地理学视角分析［M］. 孙小珂，赵青松，王金悦等译. 沈阳：辽宁科学技术出版社，2009.

［6］曹诗图，王衍用，阚如良等. 旅游开发与规划［M］. 武汉：武汉大学出版社，2007.

［7］陈启跃. 旅游线路设计［M］. 上海：上海交通大学出版社，2010.

［8］陈文婷，韩春鲜，董琳. 新疆滑雪旅游资源评价及市场分析［J］. 干旱区资源与环境，2009（6）.

［9］达茂旗旅游局. 马鬃山现代农业休闲度假区旅游发展规划（2014—2020）［Z］. 2013.

［10］达茂旗政府. 达尔罕茂明安联合旗旅游发展总体规划（2013—2025）［Z］. 2013.

［11］德克、格莱泽. 旅游业危机管理［M］. 安辉译. 北京：中国旅游出版社，2004.

［12］董亚娟. 城市旅游形象设计的研究——以西安市为例［J］. 西北大学硕士学位论文，2004.

[13] 鄂尔多斯市杭锦旗人民政府. 杭锦旗旅游业发展总体规划 [Z]. 2009.

[14] 商都县旅游局. 乌兰察布市商都县旅游发展总体规划（2014—2030 年）[Z]. 2014.

[15] 谷慧敏. 旅游危机管理研究 [M]. 天津：南开大学出版社，2007.

[16] 金云峰，梁骏等. 旅游发展规划编制技术——旅游业发展与旅游目标的规划研究 [J]. 中国城市林业，2016，14（4）.

[17] 来宾市旅游局关于开展旅游资源普查的通知（资料来源：http：//laibin. gxta. gov. cn/Public/Article/ShowArt. asp？Art_ID=55520）.

[18] 丽萍. 震后四川旅游业现状分析及前景展望 [J]. 天府新论，2009（6）.

[19] 凉城县旅游局. 凉城县旅游发展总体规划（2011—2025）[Z]. 2011.

[20] 明鹏. 巴马生态养生旅游形象策划研究 [J]. 广西师范学院硕士学位论文，2011.

[21] 内蒙古财经学院，杭锦旗旅游业发展总体规划 [Z]. 2009.

[22] 苏振. 旅游产业演进与旅游公共政策研究 [D]. 云南大学博士学位论文，2011.

[23] 唐占应. 香纸沟旅游市场的细分和定位 [J]. 青年时代·论文专刊，2008（6）.

[24] 王思思，李娟娟. 海南国际旅游岛建设的政策保障研究 [J]. 中国商贸，2011（1）.

[25] 王泽群. 建设国际旅游岛视角下的法治环境 [J]. 海南日报，2009（5）.

[26] 魏凤云，王金超. 延边民俗旅游市场细分及目标市场的选择 [J]. 吉林农业，2012（8）.

[27] 乌铁红. 国内旅游形象研究述评 [J]. 内蒙古大学学报（人文社会科学版），2006（2）.

[28] 吴国清. 旅游线路设计 [M]. 北京：旅游教育出版社，2006.

[29] 徐建才. 西双版纳的旅游现状和发展趋势 [J]. 云南师范大学学报（哲学社会科学版），1996（6）.

［30］徐连强. 青岛海水浴场旅游资源开发研究［D］. 中国海洋大学硕士学位论文，2010.

［31］因斯克普. 旅游规划：一种综合性的可持续的开发方法［M］. 张凌云译. 北京：旅游教育出版社，2004.

［32］张述林. 旅游项目策划理论、方法与实践［M］. 重庆：重庆出版社，2004.

［33］张跃西. 旅游危机管理［M］. 中国旅游出版社，2017.

［34］郑泽国，景区营销案例分析：统一嘉园为何衰落？［EB/OL］. 价值中国网. www. chinavalue. net/zhengzeguo/Column. aspx. 2006. 1.

［35］郑泽国，丽江玉龙雪山景区营销成功案例分析［EB/OL］. 价值中国网. www. chinavalue. net/Management/Blog/2010-5-6/325266. aspx. 2010. 5.

［36］郑耀星，储德平等. 区域旅游规划、开发与管理［M］. 北京：高等教育出版社，2004.

［37］郑泽国，梅州旅游营销如何实现创新突破［P］. 中国旅游报2011年8月29日，第015版.

［38］中国科学院地理科学与资源研究所，内蒙古大学经济管理学院，凉城县旅游局. 凉城县旅游发展总体规划（2011—2025）［Z］. 2011.

［39］中科瑞图旅游规划设计院. 乌兰察布市商都县旅游发展总体规划（2014—2030年）［Z］. 2014.

［40］准格尔旗文化旅游局. 鄂尔多斯市准格尔旗旅游发展总体规划（修编/2016—2025）［Z］. 2016.